O FIM DAS BOAS MANEIRAS

Francesca Marciano

O FIM DAS BOAS MANEIRAS

Tradução de
José Eduardo Mendonça

EDITORA RECORD
RIO DE JANEIRO • SÃO PAULO
2010

CIP-Brasil. Catalogação-na-fonte
Sindicato Nacional dos Editores de Livros, RJ.

M266f
Marciano, Francesca, 1955-
    O fim das boas maneiras / Francesca Marciano; tradução José Eduardo Mendonça. – Rio de Janeiro: Record, 2010.

    Tradução de: The end of manners
    ISBN 978-85-01-08202-2

    1. Amizade – Ficção. 2. Mulheres – Afeganistão – Ficção. 3. Romance inglês. I. Mendonça, José Eduardo. II. Título

09-3375
                                        CDD: 823
                                        CDU: 821.111-3

Título original em inglês:
The End of Manners

Copyright © Francesca Marciano, 2007

Editoração eletrônica: Abreu's System
Capa: Rafael Saraiva

Texto revisado segundo o Novo Acordo Ortográfico da Língua Portuguesa

Todos os direitos reservados. Proibida a reprodução, no todo ou em parte, através de quaisquer meios.

Direitos exclusivos de publicação em língua portuguesa somente para o Brasil adquiridos pela
EDITORA RECORD LTDA.
Rua Argentina 171 – Rio de Janeiro, RJ – 20921-380 – Tel.: 2585-2000
que se reserva a propriedade literária desta tradução

Impresso no Brasil

ISBN 978-85-01-08202-2

PEDIDOS PELO REEMBOLSO POSTAL
Caixa Postal 23.052 – Rio de Janeiro, RJ – 20922-970

EDITORA AFILIADA

Um

— Não vão nos deixar entrar até o último minuto, e aqui fora deve estar pelo menos 10ºC abaixo de zero...

Estávamos todos de pé, perfeitamente parados, sob as rajadas de neve. Ao ar livre, segurando nossas bagagens em frente do prédio do aeroporto, olhando o único ser em movimento naquela cena congelada. Imo Glass, claro. Medindo o estacionamento com passos largos, olhos no chão. Gritando no celular.

— O que você disse?

Ela riu e jogou a cabeça para trás revelando sua garganta e apertando seu xale paquistanês de lã em torno dos ombros.

— Não, não tenho ideia. Acho que é por causa de carros-bomba, kamikazes, sei lá.

Os passageiros ocidentais, enrijecidos pelo frio, apesar de seus grossos casacos acolchoados e gorros de lã, olhavam-na hipnotizados, sem muita simpatia, ou pelo menos me pareceu. Talvez se ressentissem do modo como Imo insistia em caminhar para lá e para cá, na neve, coberta apenas por seu fino xale, jeans e um par de mocassins, apesar da temperatura polar. Ou talvez estivessem irritados pela maneira como continuava a rir das piadas da pessoa misteriosa do outro lado da linha, sem o mesmo ar preocupado de todos nós.

Os passageiros afegãos — todos homens, e uma minoria entre nós —, embora tão mal agasalhados quanto ela em seus *pattus** A observavam também com visível hostilidade. Uma mulher gritando e rindo ao telefone, na frente de todo mundo, não era exatamente a ideia que tinham de um comportamento comedido.

— Acontece que hoje de manhã doei todas as minhas roupas mais quentes... O quê? Está me ouvindo?... Sim, eu as dei para a mulher da limpeza na hospedaria e agora estou morrendo de frio... Alô... está me ouvindo? ESTÁ ME OUVINDO?

Hanif a olhava com preocupação. Eu o olhei enquanto fazia um gesto de balançar a cabeça e sorrir automaticamente, como se quisesse me assegurar de que tudo estava bem. Mas pude perceber que ele também estava no limite.

— ...Ela tinha apenas aquele agasalho fino e tamancos de plástico, e por isso lhe dei meu casaco, minhas botas e minhas meias de lã... O quê?... Demian? Estou perdendo o sinal... Demian? Está me ouvindo? Sim, eu estou ouvindo. O que você disse?... Não, achei que não precisaria mais deles, não tinha ideia de que nos deixariam de pé, num frio de rachar, por três horas.

No minuto em que terminou a conversa, Imo fechou o celular bruscamente e seus traços reassumiram imediatamente a expressão séria e vagamente imperiosa que habitualmente tinha. Juntou-se a mim na multidão de passageiros entorpecidos pelo frio.

— Que merda, minha bunda congelou. Cadê Hanif?

Apontei Hanif, que estava a uma curta distância cumprimentando um homem com um uniforme cor de lama e um bigode *à la* Stalin. Ela puxou sua manga.

---

* Do hindi. Espécie de lã semelhante ao tweed, tecida com pelos de cabra no norte da Índia. (*N. do T.*)

— Desculpe, Hanif, mas não há um jeito de nos pôr para dentro? Estou congelando sem casaco.

Hanif fez um gesto com a cabeça. Consultou em dari* o homem de bidoge uniformizado. Ele aquiesceu vigorosamente com a cabeça e gritou algo para os soldados, controlando a barreira que impedia os passageiros, ainda esperando, de entrar no edifício. Houve mais uma troca de amenidades, apresentações e apertar de mãos. A barreira foi erguida e Imo Glass, Hanif e eu, sob o olhar agora abertamente hostil dos cinco passageiros esculpidos no vento gelado, fomos transportados, através do estacionamento, com nossas malas arrastando e marchamos para dentro do edifício. Na porta havia mais guardas, totalmente armados. Depois de uma breve consulta e o devido reconhecimento de Hanif, deixaram-nos entrar.

Dentro, o terminal de partida parecia com o saguão vazio de uma espectral estrutura soviética: nenhum balcão de check-in, nenhum sinal de companhias aéreas, nenhum aquecimento. Apenas mármore escuro e luzes desligadas no frio glacial. Parecia mais uma prisão, ou um gigantesco freezer vazio onde podíamos ouvir o som de nossos próprios passos.

— Excelente — disse Imo, com um sorriso de alívio. — Vamos subir para o restaurante. Li em algum lugar que fazem um *pilau* delicioso.

HAVIA APENAS TRÊS SEMANAS, no meio de novembro, eu estava no estúdio em Milão fotografando um *soufflé di zucca* para a

---

* Variante da língua persa falada no Afeganistão. (*N. do T.*)

capa de *La Cucina Italiana*. O prato começava a parecer murcho e triste. Nori não conseguia torná-lo brilhante o bastante, nem com azeite de oliva borrifado nem com glicerina. Dario tentou alterar as luzes em torno para conseguir melhores focos luminosos, mas a coisa tinha um jeito medonho, e perdia volume visivelmente a cada segundo. Eram quase 20 horas e todos queríamos ir para casa, mas tínhamos de esperar que a cozinha fizesse outro *soufflé*. Àquela altura, sabíamos que não seria possível reviver o que tínhamos. A comida se desmancha rápido sob as luzes.

Nori e Dario saíram para fumar e eu liguei meu celular, só para ter alguma coisa a fazer. O estúdio de fotografia ficava em um subúrbio da cidade, uma insípida área industrial, onde não existia nem ao menos um café decente para se passar o tempo. Havia três mensagens de Pierre Le Clerc, de Londres. A primeira dizia: "Estou procurando você, ligue-me". Depois: "Onde você anda? É urgente." Terceira mensagem: "Ligue-me em casa, preciso falar com você até hoje de noite."

Pierre é meu agente. É um homem desengonçado e atraente com uma cabeça leonina, de cabelos prematuramente brancos, que ainda mantém um ligeiro sotaque francês. Mudara-se para Londres havia poucos anos porque achava que "Paris estava morrendo lentamente, em termos de cultura". Sua agência, a Focus 101, logo atraiu os melhores jovens fotógrafos de diferentes partes do mundo. Ele se ofereceu para me representar quando uma foto minha, de uma prostituta tailandesa de 10 anos, ganhou o World Press Photo Award, na categoria Temas Contemporâneos, há três anos. Com seu rosto belo e angular e os buracos em seus suéteres grossos e gastos, que usa de um modo informal, é um homem por quem me apaixonaria se eu me permitisse. Certa vez tive uma fantasia infantil. Estávamos os dois em uma casa no sul da França bebericando um Châteauneuf-du-Pape em frente à lareira, com um par de labradores a nossos pés.

Meu nome é Maria e tenho 32 anos. Sou ruiva, de olhos cinzentos e com uma pele sardenta que não se bronzeia facilmente. Ganhei as cores de minha mãe irlandesa. Sou magra, mas não do jeito que as modelos são. As roupas simplesmente me vestem de maneira estranha e, por isso, atenho-me à mesma coisa todo dia: jeans pretos e uma camiseta de mangas compridas, no inverno uma gola rulê grossa e botas de deserto. Prendo meus cabelos no alto com palitos que roubo de restaurantes japoneses ou chineses. Venho brincando com a ideia de fazer uma tatuagem de uma pantera negra prestes a saltar em meu antebraço, mas ainda não tive a coragem de levar esse projeto adiante, em parte porque a pantera tem pouco a ver com minha personalidade, em parte porque morro de medo da dor.

Quando estudava fotografia, queria fazer retratos. Arbus* era minha "ídola". Mas não tinha sua perversidade. Era tímida demais. Não tinha nem a autoridade, nem a capacidade de deixar meus fotografados à vontade. Então comecei a fazer fotojornalismo, tentando capturar coisas enquanto aconteciam, em vez de montá-las. Ironicamente, acho que o escolhi por conveniência. Esperava poder me mover em torno de temas como um olho invisível e assim tornar mais fácil mascarar meu desconforto.

Fiz matérias sobre imigrantes albaneses, vítimas da Aids, transexuais na Índia, operários revoltados em greve, mas era

---

* Diane Arbus, americana, 1923-1971, célebre por retratos de pessoas à margem da sociedade, aluna de Richard Avedon. (*N. do T.*)

uma corrente de histórias tristes que me faziam sentir igual a uma ladra, intrometendo-me no pesar dos outros, esperando como um abutre o segundo certo para clicar. Nunca conseguia dormir na noite anterior a uma matéria, de tão excitada que ficava.

E então, nos últimos dois anos, comecei a sofrer de ataques de pânico recorrentes e de uma severa claustrofobia. Tinha mais a ver com sentimentos pessoais do que com o estresse das fotografias. Uma relação amorosa terminou, seguida de uma longa depressão.

Um dia, no meio de uma sessão — uma matéria sobre os sem-teto que viviam dentro da estação de trens de Milão —, senti minha garganta apertar-se até não conseguir mais respirar. Meu assistente acabou tendo de chamar uma ambulância. Foi minha saída final: levada em uma maca, correndo pelas ruas congestionadas com as sirenes apitando. Depois disso, fiquei quatro meses sem trabalhar.

Pierre deu muito apoio, disse-me ser apenas uma questão de recomeçar, que eu precisava tirar o trabalho de minha cabeça, mas finalmente percebeu que não era uma piada. Acho que soube não poder, de jeito nenhum, contar comigo para uma grande pauta. Foi ele quem sugeriu o recomeço com fotografia comercial. A princípio rechacei, pensando em Arbus, Avedon e na ambição que haviam me inspirado. Mas no momento em que mudei para o trabalho em estúdio e tirei a primeira foto de comida — uma quiche de aspargos para a *Sale e Pepe* —, tive uma revelação. Senti-me confortável e segura dentro de um espaço contido. Dava para saber que as coisas ficariam novamente sob controle.

* * *

Hoje amo a comida como um objeto de arte. Sua estética tem apelo para mim. Tenho muitas vezes sonhos intensos com comida. Sonho com tinas brancas de porcelana transbordando com amoras tão vermelhas quanto manchas de sangue; bolos brancos envolvidos por gelo tão suave quanto neve recém-caída, cobertos de montes de pétalas violeta. Outro dia sonhei com uma enorme pirâmide de pequenas batatas reluzentes que pareciam ser feitas de ouro puro. As imagens são tão claras, as cores tão severas, que me acordam no meio da noite.

As coisas agora estão muito melhores: parei de tomar antidepressivos e comecei a trabalhar para as seções de culinária de diversas revistas baseadas em Milão e Londres. Recentemente fiz um livro sobre um chef napolitano para um editor americano, e pode ser que faça o próximo também. Em Milão tenho dois assistentes, cuidando da luz, e uma estilista de comida, Nori, que descobre maneiras inventivas de ressuscitar pratos murchos pincelando-os com esmalte transparente ou glicerina, e é capaz de fazer qualquer criação culinária fazer sentido com complexos arranjos de palitos de dentes. Passamos dias inteiros em frente a assados de porco, *orecchiette* com brócolis, *panna cotas*, e discutimos texturas, cor, forma, modos de fazer algo parecer mais mastigável, macio, enrugado ou úmido. Esses são os tipos de problemas que tenho de enfrentar. Para resolvê-los temos os nossos truques, como os mágicos, e os guardamos conosco.

Agora tudo que tenho de fazer é apontar minhas lentes para um risoto. A comida não responde e também não chora. Se não gosto do jeito como se apresenta, jogo tudo fora e peço à cozinha para preparar outra.

Depois de fotografar para *La Cucina Italiana* no estúdio da revista, fui para casa, tomei um banho com essência cítrica, acendi umas velas e coloquei para tocar as suítes para violoncelo de Bach. Não sei de onde tirei esta ideia pré-fabricada de conforto — provavelmente de alguma revista —, mas tornou-se um ritual quando chego em casa depois de uma longa sessão. Há uma longa lista de regras que nunca teria pensado em seguir antes — como tomar um banho frio pela manhã, comer complexos de carboidratos e proteínas no café da manhã, dormir em pijamas de flanela, só para citar algumas, e que tinha de observar rigorosamente. É como um roteiro. Mantém-me ocupada e eu gosto da disciplina.

Mudei-me para este apartamento na Via Settembrini há apenas um ano e meio, depois de Carlo e eu termos terminado. Fica num bairro antigo perto da Stazione Centrale, que todo mundo diz estar em vias de se tornar um lugar da moda. Apaixonei-me pelo prédio da virada do século com uma tapeçaria e a oficina de um ferreiro, onde batem, furam e serram o dia todo em um lindo pátio interno coberto de heras.

O lugar onde eu e Carlo moramos por seis anos ficava no centro da cidade. Eu poderia ter continuado lá depois de sua partida, mas o lugar guardava muitas lembranças. Não conseguiria viver no mesmo apartamento sem seus livros, roupas, mesa, sofá, quadros. Seria como viver em um local preenchido de buracos, paredes vazias e fantasmas por toda parte.

Na verdade, foi meu pai quem insistiu estar na hora de comprar uma casa própria. Acho que, tendo crescido durante a guerra — e dada sua intensa imaginação literária —, tinha medo de que eu pudesse terminar sem lar, nas ruas, como uma pequena menina órfã de um romance de Victor Hugo.

Tem apenas um quarto com uma grande sala de estar, mas possui um terraço — minúsculo, porém com vista para os telhados de Milão. O apartamento é decorado com um toque escandinavo que vem de Leo, meu irmão mais novo, negociante de mobiliário dinamarquês dos anos 1960. Ele vai e volta entre Copenhague e Milão, constantemente, carregando e descarregando mesas e cadeiras claras de sua van. Está convencido de que o estilo dinamarquês veio para ficar e é um bom investimento. Na verdade, até agora deu-se muito bem — muito melhor do que eu. Meu pai sempre confiou que meu irmão tinha um talento especial para levar uma vida de qualidade máxima com um mínimo de esforço.

Não, ele nunca projetou em Leo suas fantasias de Victor Hugo.

Levei o telefone para o banheiro e teclei o número de Pierre. Parecia um tanto perverso falar enquanto me aquecia naquele vapor de limão.

— Finalmente — resmungou Pierre. — Procurei-a em todo lugar. O editor de fotografia do *Observer* — da revista — tem um trabalho para você.

Por trás do forte sotaque havia um tom de ansiedade em sua voz, e gostei daquilo.

— Acho que é uma pauta fantástica. A jornalista é Imo Glass.

— Imo Glass? — Nunca ouvira o nome. Queria perguntar a Pierre se era um nome de homem ou mulher, mas decidi não fazê-lo.

Pierre disse que era uma jornalista muito boa, baseada em Londres e por acaso, também, uma boa amiga. Disse-me que eu tinha de partir logo e providenciar as vacinações e o visto imediatamente.

Não respondi. Não estava certa do que a palavra "vacinações" envolvia na verdade.

— Cabul. Você tem de ir a Cabul.

Uma pausa.

— O quê? Você está brincando? — Ri enquanto estourava com o dedo uma bolha de água e sabão. — Acho que você discou o número errado, Pierre.

Pierre tossiu, fingindo um tom indiferente.

— Não disquei não. Esta é para você.

— Pierre, você enlouqueceu? Como é que você chegou...?

— Espere, Maria...

— Não, ouça. Por que você está me ligando com essa história? Não tem nada a ver comigo. Mande outra pessoa. Um desses caras que cobrem zonas de guerra. Eles vão amar a aventura.

— É uma matéria sobre garotas afegãs e casamentos arranjados. Não dá para mandarmos um homem fotografar mulheres em países muçulmanos. E a coisa é a seguinte: Imo disse ao editor o quanto aprecia o seu trabalho. Na verdade, pediu que a contratássemos.

— Que trabalho?

— Bom, ela *viu* seu trabalho.

— Você quer dizer a foto da boneca Barbie?

Este era o apelido que eu e Pierre usávamos para a foto da menina prostituta tailandesa, ela tinha dado a volta ao mundo, fora publicada em muitas revistas e tornara-me famosa por um ano.

— Gostaria que não tivesse feito isso — eu disse.

— Feito o quê?

— Você sabe. Mostrar-lhe as fotos. Já que você me representa — representa, não? —, deveria ter-lhe dito que não faço mais reportagens.

— Eu não fiz *nada*. A foto está em nosso website, e qualquer um pode ver seu trabalho. Imo conhecia a foto perfeitamente bem. O editor de fotos está muito empolgado de tê-la na matéria. Além disso, acho que está na hora de fazer algo assim. Você está pronta para começar de novo, e é por isso que eu realmente insisto para aceitar o trabalho. Porque sou seu agente e a represento. É por isso.

Fez uma pausa. Não falei nada.

— Maria? Você está aí?

— Sim.

— Algo errado?

— Nada. Só não acredito que isto esteja acontecendo.

Três anos antes, numa época em que ainda tentávamos ficar juntos a maior parte do tempo, seguira Carlo até Bangcoc, onde compareceria a uma conferência sobre Aids. Achou que eu gostaria de acompanhá-lo. Planejara ver o Buda Dourado, alguns museus e o mercado flutuante enquanto ele estava na conferência, mas não me senti confortável nas ruas — barulho demais, poluição, trânsito congestionado, muitas bugigangas e etiquetas falsas de designers à venda por todo canto. Passei a maior parte do tempo em nosso quarto de hotel, com ar-condicionado, lendo romances e esperando Carlo voltar das reuniões.

Então, certa noite, quando nos dirigíamos a um restaurante, nosso táxi quebrou e tivemos de ficar na calçada. Enquanto Carlo e o motorista remexiam o motor, eu a vi. Devia ter cerca de 10 anos. Estava sentada em um banquinho baixo em uma calçada de uma pequena casa esquálida. Com o rosto maquiado, o corpo magro coberto de um tecido brilhante, pés sujos e sandálias. Tentava fazer tranças no cabelo de uma boneca Barbie quebrada, com o olhar sério que as crianças têm quando estão imaginando cenas e tramas secretas. No minuto seguinte eu a vi sair do banquinho e negociar com um cliente em uma scooter, com a boneca Barbie abandonada na cadeira. Procurei minha Leica digital na bolsa. E disparei.

O brilho, o rastro vermelho das luzes traseiras dos carros na distância, o batom vermelho-escuro, o rosto do homem na *scooter*, a boneca Barbie abandonada na cadeira, a maneira como inclinara as costas, como haviam lhe ensinado. A Barbie quebrada iluminada pelo neon parecia um pequeno cadáver nu. Era perfeito.

Só que eu não era mais aquela fotógrafa.

— Não gosto de dirigir em estrada — adverti. — Como se eu quisesse ir para o Afeganistão.

— Maria — Pierre implorou. Depois disse que estava pedindo de joelhos.

— Mas por que eu? Deve haver por aí um milhão de fotógrafos que poderiam...

— Eu tentei. Todos a quem confiaria este trabalho estão fotografando em algum lugar. Margaret De Haas deveria ir, ok? Sim, pensei nela primeiro. Mas na noite passada ela caiu — dá para acreditar? — de sua *bicicleta* e quebrou o pé.

— Então você devia chamar aquela mulher americana. Aquela que ficou em Bagdá seis meses, como é o nome?

— Liguei. Está grávida. — Eu o ouvi suspirar. Ele soprou no telefone. — Maria, estou lhe pedindo um favor pessoal.

— Mas há uma guerra...

— Que guerra? — perguntou, recobrando forças, sentindo que uma brecha fora aberta, e imediatamente enfiou o pé. — A guerra como tal terminou. Não *há* mais guerra no Afeganistão, Maria. No Iraque, sim, há uma guerra. Mas em Cabul há agora até um parlamento. Você não lê os jornais?

— Sim. E também leio que o Talibã, os sequestros e as bombas prosseguem. Sério, Pierre, quero ir.

— Vai ser uma matéria longa. Além disso, vou colocá-la de volta no mapa, Maria.

— Ah, por favor. Que mapa? Não me importo com o mapa.

— Eu me importo, como seu agente e amigo. Você sabe o que eu penso disso. Acho que quando você chegar aos 40 anos, olhará para trás, para este momento, e se arrependerá de não ter...

— Ah, Pierre, por favor. Por favor. Não comece com isso.

— Vamos nos assegurar de que você viaje com segurança, com todas as precauções necessárias. É uma grande matéria, Maria, material para outro World Press Photo Award. E você entrará e sairá da História. Não mais que duas semanas da sua vida, prometo.

— Pierre, eu...

— Durma com isso e me ligue de manhã. Você me deve ao menos isso.

— Tudo bem. Mas a resposta é não.

No dia seguinte eu estava sentada à mesa na pequena cozinha do apartamento de meu pai. Depois da morte de minha mãe, ele vendeu o apartamento da Via San Marco, onde cresceu — disse que não precisava mais do espaço —, e mudou-se para um bairro mais barato, agora pululante com imigrantes do norte da África, do Sri Lanka, e com ruas cheias de mercearias asiáticas e *deliveries* de comida chinesa. Gostava da sensação de estar cercado de pessoas de outros países, do falatório em línguas diferentes e ouvindo suas músicas regionais altas o dia todo. Disse que já chegava de viver próximo do *"sciurette e cummenda"* toda sua vida, uma expressão intraduzível que descreve os milaneses metidos.

Naquele dia observei meu pai ocupando-se com a cozinha e percebi que seu envelhecer na verdade significava tornar-se cada vez mais leve. Ele me fez um café com sua cafeteira de uma xícara. Envelhecer era isso também, pensei. As pessoas tornam-se cautelosas, econômicas. Tudo começa a encolher, não apenas o horizonte à frente, não apenas o tempo restante, mas também as necessidades. As pessoas tornam-se cuidadosas em não desperdiçar nada. As extravagâncias transformam-se em coisa do passado.

Falara com meu pai sobre o telefonema de Pierre, e ele já tinha separado para mim uma pasta com recortes de jornais e documentos que havia baixado da internet.

— *Ecco, guarda*, coloquei aqui algum material de pesquisa para você ler. Uma breve história da invasão soviética. Esta aqui é sobre a guerra civil e aqui tem uma matéria sobre o assassinato do general Massoud, quando dois kamikazes se fingiram de repórteres para entrevistá-lo. Você lembra disso, não?

— Sim... mais ou menos — assenti vagamente. Estava com pressa de ir para casa e não tinha tempo para uma aula.

— Consegui todo este material de um site do exército americano. Fala de movimento de tropas, contingentes, etc. Boa ideia dar uma olhada nisso de vez em quando. É interessante. Bem...

Folheou as páginas ordenadas, umedecendo o dedo, óculos de leitura pendurados no nariz. Já tinha sublinhado os parágrafos mais importantes em amarelo. Alisou as páginas com a mão e as alinhou, cuidando que as margens coincidissem perfeitamente.

Ainda usava os mesmos gestos professorais, mesmo depois de ter se aposentado da escola. Mas não parecia mais tão bem vestido como quando era professor de literatura italiana no Liceo Parini.

Ensinou literatura italiana por mais de quarenta anos. Teve centenas de alunos. De vez em quando eu cruzava com um deles.

— Maria Galante? Eu tive um professor chamado Galante na escola — explicavam, e quando contava que era meu pai, não paravam. O professor mais apaixonado que já tive, que inspiração; foi quem me encorajou a escrever; se não fosse ele... E daí por diante.

Por vezes, quando meu irmão e eu éramos adolescentes, ele mencionava os nomes dos alunos na mesa de jantar, falava de alguns que achara mais talentosos, daqueles que o fizeram rir, como se fossem parentes distantes, ou pessoas cujos nomes supostamente deveríamos lembrar. De vez em quando lia alto alguns dos trabalhos dos alunos para minha mãe. Via meus pais se debruçarem sobre a página, rirem, discutirem, fazerem comentários, com a mesma participação que teriam se fossem trabalhos de seus próprios filhos. Meu irmão e eu fazíamos caretas e ríamos em silêncio.

Agora, desde que minha mãe se fora, uma doce filipina, chamada Teodora, vinha duas horas por semana e passava as camisas de meu pai. Ele tinha aprendido a lavar as roupas e fazia suas próprias compras no supermercado com cupons de desconto. Quando minha mãe era viva, acho que nem mesmo sabia como cozinhar um ovo. Sinto muita ternura sempre que penso em como ajustou-se a essa nova vida, sem o menor traço de amargura. Demonstra disposição de se cuidar como se ser dono de casa fosse apenas outra habilidade que estivesse ansioso em aprender.

— O império báctrio, onde Alexandre, o Grande, passou. — Sorria, encantado. — O rio Oxus. Estou tão invejoso.

Tirou um livro da estante. *The Road to Oxana*, de Robert Byron, em uma antiga edição inglesa.

— De sua mãe. Você deveria ler isto antes de ir. É uma obra-prima.

Sorri. O punho da manga que aparecia por baixo de seu suéter parecia puído. O cabelo, comprido demais.

— Encontrei na internet um pequeno dicionário de dari e vi que não é uma língua difícil de aprender. Soa bela, como o farsi. Imprimi para você. Veja, vou colocar atrás. Tenho certeza de que as pessoas lá ficariam encantadas se falasse "bom dia, obrigada" em sua própria língua. Essas coisas fazem diferença.

Pude ver vindo à tona, revelando-se, a criança que fora um dia. Era essa criança — não o professor aposentado, o estudioso de *lingue romanze* — que sorria para mim, imaginando-se em Cabul.

— É um país sofrido e continua sofrendo. Um povo extraordinário, eu acho.

Baixou os óculos de leitura até o meio do nariz e olhou-me, checando minha expressão cansada.

— Quando terá de partir?

— Hummmm. Não tenho certeza. Vai ser logo, eu acho.

— Você aceitou, não? — perguntou.

— Ainda estou pensando, *papa*. Não é uma decisão fácil.

Ficara acordada grande parte da noite, preocupada e ansiosa. Enquanto fitava a escuridão de meu quarto, senti-me como na infância, de pé numa prancha de mergulho com todos atrás de mim gritando: "Pula! Pula!" Era tão grande a vergonha de me virar e voltar que fechei os olhos e mergulhei. Melhor resolver logo de uma vez do que encarar a humilhação. Mas um mergulho é apenas um pulo — iupiii, e você instantaneamente volta à superfície gritando de alegria, espantada com o feito — e o terror cede à euforia em meio segundo. Uma viagem ao Afeganistão, porém, parecia mais com um túnel sem fim. Um medo que não diminuiria até alcançar o outro lado e a luz.

A *metropolitana* estava cheia e abafada. Folheei rapidamente a pasta montada por meu pai. Muitos nomes, datas demais. Muitas facções e guerras. Muita complicada a trama daquele país nos últimos quinhentos anos. Quase imediatamente coloquei a pasta de volta à bolsa. Percebi que nunca tivera aquele traço particular de personalidade que sempre definiu meu pai: sempre mantivera sua incansável curiosidade, o desejo de engajar-se na vida de outras pessoas. A persistência em acompanhar o que se passava no mundo ainda parecia preocupá-lo, como se crises, guerras, fome, as pequenas vitórias emocionantes, as grandes derrotas do planeta acontecessem ali, na soleira de sua porta. Nada lhe era remoto, nem uma enchente, uma ditadura, nem a condição em um campo de refugiados de minorias desconhecidas. Em sua solidão, nunca estava sozinho. Estava ocupado e envolvido, participando de todas as queixas do mundo.

Naquela tarde, tive de fotografar um *cheseecake* de tofu e mirtilo perto de uma xícara de café fervendo, para uma revista de yoga. Dario inclinava-se sobre a montagem movendo pequenos mirtilos azuis, em torno da composição, com pinças. Nori estava ocupada soprando fumaça de cigarro na superfície do líquido marrom usando vários canudinhos juntos. Tinha de evitar a circulação do ar para que a fumaça se enrolasse sutilmente sobre a xícara e por isso, assim que soprou a fumaça, teve de retirar o canudo bem lentamente. Mas não conseguíamos fazer dar certo nunca — parecia mais uma nuvem de fumaça de cigarro do que de vapor. Depois de um tempo, Dario começou a queixar-se de uma dor aguda nas costas, e Nori disse que ia ficar enjoada se tivesse que inalar mais nicotina. Às 17h30 estávamos todos com um humor infernal e sentíamos que não víamos a hora de nos livrarmos uns dos outros.

Ouvi meu telefone tocar na outra ponta do estúdio. Dario correu para apanhá-lo, mas vi que havia uma chamada perdida e uma mensagem.

— Alô, Maria, Pierre. — A voz soava aborrecida e distante, como a de um estranho. — Já passa das 17 horas e ainda não me disse nada, e por isso imaginei que isso em sua linguagem queria dizer não, obrigado. Só para você saber, alertei Samantha Jordan, aquela da Cidade do Cabo, como você sabe. Acho que você a encontrou, uma vez, no escritório. Ligo para ela amanhã para confirmar, e com isso acho que estou coberto.

Fez uma pausa e suspirou.

— Para o caso de você estar sentindo-se culpada de me deixar na mão.

É claro que me lembrava de Sam Jordan. Uma loira esguia, de 30 e poucos anos, com olhos azuis penetrantes e um corpo muito bom. Checara seu trabalho depois de nos encontrarmos, esperando que não fosse tão bom quanto a sua aparência. Mas era.

Quando cheguei em casa naquela noite, procurei Sam Jordan no Google e olhei seu portfólio. Seus retratos eram impressionantes. As paisagens eram como pinturas, pinceladas em uma tela, uso brilhante da luz, manchas de cores vibrantes. As imagens eram diretas, irônicas e poéticas ao mesmo tempo. Ela se daria bem no Afeganistão. No momento em que Imo Glass e o editor vissem aquele portfólio, esqueceriam-se totalmente de mim.

Estava exausta e tinha uma longa lista de fotos para o dia seguinte. Sorvetes, musses e sorbets, num trabalho particularmente difícil, porque tendem a se esvair e têm de ser fotografados com rapidez. Pulei do sofá cerca de meia-noite, possuída de uma fúria incomum, e teclei o número de Pierre. Caí em seu correio de voz.

— Pierre, sou eu. Isso é uma loucura, não acredito que você não pegou minha mensagem antes. Liguei esta manhã para dizer que aceitava o trabalho. E agora recebo esta mensagem sobre Sam Jordan. Que droga está acontecendo? — Tornava-me mais confiante à medida que mentia.

— Cheguei até a mandar um texto três horas atrás. Você estava brincando? Nem ouse alertar ninguém. Isso não tem graça nenhuma.

Desliguei o telefone sem nem dizer tchau.

Um gesto de poder — eu sabia porque já tinha sido feito comigo muitas vezes.

MEUS PAIS SE CONHECERAM no começo dos anos 1960, em uma época em que uma garota irlandesa era uma jovem exótica para um jovem italiano trombar. Encontraram-se nos Babington's Tea Rooms, ao pé da Scalinata della Trinità dei Monti, o único lugar na Itália onde se podia beber um verdadeiro chá inglês e comer sanduíches de pepino. Na época meu pai estava morando com meu tio, teoricamente procurando emprego depois da faculdade, na verdade vadiando e sonhando com a ideia de se tornar um poeta. Toda tarde ele aparecia por lá por amar qualquer coisa estrangeira e porque a casa de chá ficava perto de onde Keats morrera, o que aumentava o clima romântico de suas tardes ociosas. Minha mãe era uma jovem recém-formada em suas primeiras férias no exterior — vinha de uma família modesta do sul da Irlanda e conhecia muito pouco do mundo. Estava hospedada em uma pensão barata ao lado da estação de trens, contando cada lira que gastava e apaixonando-se por tudo que era italiano. Mas naquela tarde chuvosa ela procurava uma xícara de chá de verdade e um *scone*. Levou dois minutos para que meu pai se convidasse à sua mesa. Ele queria se apaixonar por alguém diferente; ela tremia à ideia de voltar para casa, para o quarto insípido e malcheiroso que tinha em Dublin. Não falavam a mesma língua e conversaram em um francês precário, o que os excitou ainda mais.

Nas fotos da lua-de-mel, minha mãe sorri em uma ponte de Veneza usando um suéter de mangas curtas e uma saia xadrez, com uma fita prendendo os cabelos vermelhos cacheados. Meu pai parece magro, mais interessante do que bonito, impecavelmente vestido apesar do pouco dinheiro que ganhava na época como professor da rede pública, cercado pelo bando de pombos encontrado em toda foto da Piazza San Marco. Todos os anos, comemoravam a data viajando de Milão a Roma e retornando ao Babington para um chá elegante. Continuaram indo mesmo quando a viagem e as sofisticadas refeições da casa de chá tornaram-se muito caras. Temiam infortúnios se não comemorassem o aniversário de casamento. Acho que divertiam-se mantendo aquela única extravagância. Mantiveram o ritual até quando Leo eu terminamos a escola e saímos de casa. Àquela época, a viagem tornara-se muito cansativa e a piada perdera sua audiência — nós — e se esvaziara.

O fim do ritual não afetou o casamento. Mas talvez estivessem certos com relação ao azar. Logo depois de desistir do cerimonial, minha mãe adoeceu.

Minha mãe tinha a aparência romântica de uma pintura pré-rafaelita, mas ela não o sabia e não se portava como tal. Na verdade, sabia bem das sardas e dos cabelos flamejantes. Seu gosto para roupas era engraçado e muito não italiano. Não era desmazelada, mas vestia todas as cores erradas. Lembro de vê-la nas noites das reuniões de pais e mestres. Rezava para que meus professores não a achassem ridícula e meus colegas não rissem. Nunca o fizeram, mas ainda assim eu me preocupava. Para mim, ela parecia tão desamparada, envolta em seus engraçados caftans, ou com aquelas estampas arrojadas que gostava de vestir, as blusas com pregas e mangas bufantes guardadas para ocasiões especiais. Amava-a e temia por ela — podia sentir sua ansiedade, a insegurança que parecia segui-la aonde quer que fosse: no ônibus, na mercearia ou na praia. Corava quando as pessoas não entendiam sua pronúncia, ou quando usava os tempos de verbo incorretos. Não importava quantos anos vivesse na Itália — nunca pareceria pertencer ao lugar.

Preocupei-me demais com minha mãe. Com o passar dos anos, esta preocupação aninhou-se em minha personalidade e tornou-se minha.

Pierre era, como ele disse, *aux anges*, "para os anjos". Uma expressão extravagante para o extático, que invocava como anjos com trompas nas nuvens.

Enviou-me links para as matérias que Imo Glass escrevera para o *Guardian* e o *Observer* e artigos sobre a situação dos direitos das mulheres nas províncias do sul. Enviou-me também por *courier* um guia do Afeganistão que acabara de ser publicado na Inglaterra. Passei os dias seguintes, online, lendo o *Kabul Daily*, buscando anúncios de novos restaurantes e os classificados, fuçando a Wikipedia como louca atrás de diferentes verbetes sobre o Afeganistão, de geografia a literatura e comida. Esperei ansiosamente que o guia chegasse, como se o livro tivesse o poder de dissipar meus medos e responder a todas as minhas perguntas. No meio-tempo, a edição amarelada de minha mãe do livro *The Road to Oxiana* fornecia-me maravilhosas descrições de como haviam sido Kabul, Herat e Kandahar na década de 1940. "Com olhos de falcão e narizes de águia, os homens escuros deslizam pelo sombrio mercado com uma autoconfiança despreocupada. Carregam rifles para ir às compras da mesma maneira que os londrinos levam guarda-chuvas."

O guia finalmente chegou. Seu conteúdo se mostrou mais atualizado que o diário de Byron, mas muito menos atraente. Não se destinava a turistas — não tinha aparecido nenhum em décadas e tão cedo ninguém se aventuraria. Fora concebido para o uso de funcionários de agências humanitárias, repórteres, voluntários, ONGs locais. As dicas de segurança eram do tipo: "Não saia da estrada em direção aos arbustos para fazer xixi! As minas estão em toda parte. Não passe muito tempo em mercados e áreas populosas, varie suas rotas de casa para o escritório e vice-versa tanto quanto possível. Não saia à rua quando houver tiroteio. O que sobe desce."

Um curto parágrafo sobre mulheres e fotografia afirmava que fotografar mulheres afegãs era muitas vezes difícil, particularmente nas áreas Pashtun, mais conservadoras. Tirar retratos delas sem seu consentimento poderia levar a uma situação complicada. Uma equipe da CNN que filmara mulheres em um hospital, sem sua permissão, fora detida por homens armados.

Pierre ligou para dizer que o seguro para mim e Imo custaria uma fortuna ao jornal. Sua voz estava animada, quase exaltada.

— Viajará coberta por uma apólice que é a Ferrari dos seguros — informou. Acho que ele pensou que aquilo era reconfortante.

— Ótimo. Isso significa cobertura total do resgate caso sejamos sequestradas?

Pierre riu, como se eu tivesse dito algo muito engraçado.

— Provavelmente. De qualquer maneira, você está convidada a ler a apólice quando passar por Londres. Tem 30 páginas.
— E riu de novo.

— E o trabalho para a *Gambero Rosso?* — perguntei. — Eu tinha marcado as fotos para a primeira semana de dezembro. Como vamos fazer com...

— Eu tomo conta disso. Na verdade, será minha próxima ligação. Eles acham alguém, sem problemas. Não precisa se preocupar.

Ele estava borbulhando de entusiasmo, como se cancelar a sessão de fotos fosse uma vitória pessoal. Ouvi papéis sendo agitados do outro lado da linha. Sua eficiência me incomodava. Pierre disse-me que o seguro exigia que fizéssemos um curso.

— Treinamento para ambiente hostil — explicou. — É o mínimo que podem esperar, com o que estão cobrindo.

— O que isso quer dizer...?

— Ensinam a comportar-se em situações de perigo potencial. É como ir para a escola ter aulas de segurança, primeiros socorros, coisas desse tipo. Há apenas duas empresas no mundo que fornecem essa espécie de treinamento e ambas ficam na Inglaterra. Gente que tem de ir a áreas de risco vem para cá de todo o mundo. Por isso vamos enviar uma passagem e você começa o curso na segunda-feira. Enquanto isso vamos cuidar do visto e de outros detalhes, e você e Imo partirão de Heathrow na semana seguinte. Funcionará direitinho desse jeito.

Não disse nada. Pierre começava a me dar nos nervos com todo aquele otimismo e pensamento positivo acerca de tudo. Minha breve fantasia sobre nós dois no sul da França parecia pertencer a outra era de nossa relação, a anos-luz de distância.

— Serão umas 15 pessoas no curso. Será feito no campo, aqui perto de Londres.

— O que você quer dizer com *no campo*?

Pierre limpou a garganta.

— Bem, vão deportar vocês para uma espécie de mansão, em Hampshire, no interior da Inglaterra. Todos os participantes tem de residir lá durante o curso. Assistirão a aulas das 8 às 18 horas. Vai ser um trabalho duro.

Houve um silêncio. Não o preenchi.

Ele riu.

— Basicamente, irão para um acampamento militar.

Meu silêncio ficou mais profundo. Uma ausência de ar, mais que uma suspensão do som.

— Será divertido, você verá. Vai ter um monte de gente interessante que trabalha em lugares interessantes. É uma experiência, Maria. Na verdade, nem sabe como é sortuda. Eu estaria lá agora.

Estaria, sim. Ouvi os papéis sendo de novo agitados ao fundo.

Dois dias mais tarde encontrei meu pai para o almoço em uma *trattoria* no bairro, onde era conhecido havia anos e chamado de *"Professore"*. Sentamos na mesa costumeira dos fundos, de frente para uma gravura desbotada de Miró e a velha cristaleira de madeira. A mesa estava coberta por uma toalha de papel e haviam colocado entre nós metade de um litro de um vinho barato *della casa*. Naturalmente, meu pai imprimira mais páginas da internet sobre meu curso de sobrevivência.

— Fiz uma pesquisa e acabei encontrando este grupo. São chamados "Defenders". Devem ser eles. São os únicos a fazer este tipo de coisa. Parece saído de James Bond!

As fotos baixadas pareciam bastante turvas no branco-e-preto borrado de sua velha impressora. Mal conseguia distinguir um grupo de pessoas protegidas por coletes à prova de balas e capacetes. Outra foto mostrava uma mesa coberta com armas de todos os tipos: rifles, metralhadoras, granadas. Um *close-up* exibia um homem com roupa de camuflagem, o rosto pintado de negro como em um cartaz de *Platoon*.

— Não sei não, isso de James Bond — disse eu. — Para mim, parecem mais mercenários.

— *Não* são mercenários. São ex-fuzileiros navais britânicos. É uma coisa totalmente diferente, *mia cara*.

Domenico, o dono da *trattoria*, veio até nós em seu avental e tentou nos dizer que haviam acabado de chegar camarões frescos. Mas meu pai ainda não se achava disposto a prestar atenção em comida.

— Olhe isto, Domenico — falou, passando-lhe as folhas de papel. — Maria está indo para o Afeganistão como enviada do

Observer. Mas primeiro tem de fazer um curso de treinamento com estes sujeitos. *Guarda qui*, simulam todo tipo de cenários: tiroteio, carros-bomba, sei lá mais o quê. O que eles ensinam é como reagir, como evitar entrar em encrenca, *capito*? É um treinamento de forças especiais, veja só.

Domenico colocou de lado sua comanda e inclinou-se sobre a mesa para folhear as páginas que meu pai prontamente começou a traduzir.

— Veja como são durões — exclamou. — Estes homens estiveram no Iraque, Kosovo, Afeganistão. Quando voltar, ela vai poder nos ensinar alguns truques! — Riu e esticou o braço sobre a mesa, apertando o meu com carinho paternal. Domenico olhou-me e riu também, sacudindo a cabeça, incrédulo.

Olhei para os dois, com os óculos de leitura abaixados sobre o nariz: meu pai, ossudo e rangente, e Domenico, sem fôlego, barrigudo, com camadas de gordura e o nível de colesterol acima da tabela.

Examinaram as fotos com os olhos cobiçosos de dois meninos lidando com os brinquedos de outros.

— Brava, Maria! — disse Domenico. — Mande cartões para eu colocar ao lado da caixa. Mas cuide de voltar inteira.

Então reergueu-se e reassumiu sua postura profissional.

— Bom, hoje tenho linguine com camarões, aqueles frescos que mencionei antes, ou então recomendo *paccheri di gragnano* com flores de abobrinha...

Parti para Londres com duas malas muito diferentes. Desencavei minha surrada mala de lona Domke de meus dias de fotojornalismo para alojar os dois corpos de câmeras 35 milímetros, uma multidão de lentes, flashes, baterias, blocos de notas e canetas. Arrumei tudo na mesma sequência de antes, com a eficiência e rapidez de um cirurgião arranjando seus instrumentos. Sentia-me bem viajando com aquela bagagem leve, e não com a pesada caixa metálica onde levava minhas câmeras de estúdio e outra com o equipamento de iluminação.

A segunda mala, bem mais pesada, foi o resultado de uma busca interminável em meu closet, que durara toda uma tarde e boa parte da noite. A consequência foi um monte de meias, suéteres, lenços, luvas, retorcidos em um amontoado disforme de matéria amorfa que me dava náuseas só de olhar. Carreguei e arrastei aqueles dois pesos diferentes com um sentimento igual de orgulho e desprezo pela firmeza tranquilizadora do primeiro e o inchaço suspeito do segundo, que parecia um órgão vital prestes a explodir.

O *Observer* reservara-me um quarto em um hotel-butique pequeno mas moderno, em Kensington, decorado com o mínimo de mobília. O quarto tinha orquídeas em frascos no criado-mudo e CDs de música relaxante em uma estante. Eu estava debaixo de um gigantesco chuveiro, no banheiro negro, quando o telefone tocou. Corri para atendê-lo, respingando água por cima dos lençóis frescos. Era Imo Glass. Disse-me em um jorro de adjetivos hiperbólicos que estava muito feliz por trabalhar comigo e que achara minhas fotos "absolutamente extraordinárias".

Por minha vez, perguntei se por acaso ela era japonesa. Uma pergunta tola — percebi no momento em que a fiz —, mas no minuto em que ouvi Pierre dizer seu nome estabeleci, por alguma razão que agora me fugia, que ela devia ter uma mãe japonesa e um pai judeu. Subsequentemente, comecei a formar o retrato mental de Imo Glass: pequena, com óculos e cabelos negros, lisos, cortados curtos, com o ar estudado e genial que têm certas garotas japonesas.

Ela riu.

— Bem que eu gostaria. Mas por azar Imo é uma abreviação de Imogen.

A voz era rica, grave, e as vogais eram precisas. Outra imagem instantaneamente sobrepôs-se à da estudada garota japonesa: uma loira alta, com pele clara, uma rosa inglesa delicada e mesmo assim resistente, pronta a sobreviver a qualquer coisa, apesar da aparência frágil.

— Vamos tomar um café em meu clube. Você conhece o Front Line, não? — perguntou. — Foi fundado em homenagem a amigos jornalistas e fotógrafos mortos em zonas de guerra.

— Excelente — disse, embora francamente achasse que não pressagiava um bom começo. Quando cheguei — atrasada, depois de pegar a linha errada no metrô e ter de mudar de trens — ela me esperava no bar, recostada num sofá de veludo púrpura sob uma enorme foto de um homem louro vestido com um *keffiyeh** e apontando sua teleobjetiva para um tanque no meio de um deserto. Imaginei se ainda estava vivo.

Imo, finalmente, era lânguida, redonda como uma modelo reclinada de Rubens, com grossos cabelos castanhos ondulantes, pele bronzeada, lábios polpudos e vermelhos e o nariz aquilino de uma Nefertiti. A blusa branca, parcialmente desabotoada, deixava entrever pelo decote uma fina camada de suor e generosos seios. Vestia um cardigã de caxemira folgado com as mangas enroladas que poderia ter sido deixado para trás por um amante (ela não parecia o tipo casadouro). Grossos braceletes indianos tiniam nos pulsos, e quando me abraçou senti uma fragrância de patchuli. Imogen Glass emanava calor corporal, humores e fluidos femininos. Parecia ser alguém que adorava andar descalça

---

* Cobertura ou ornato para a cabeça, geralmente feita de algodão xadrez e usada por homens árabes. (*N. do T.*)

e não se queimava ao sol. Confessei-lhe de imediato que não se parecia com nada do que eu tinha imaginado. Ela riu.

— Acredito. Geneticamente falando, não tenho nada em comum com Imogen Glass. Meu nome verdadeiro é Lupita Jaramillo.

— Ah, então é isso — falei, sem na verdade saber o que ela queria dizer.

— Minha mãe adotiva resolveu me batizar em homenagem à mãe dela. Por azar, ela se chamava Imogen. Mas eu nasci em Medellín. — Fez uma pausa e especificou: — A cidade do cartel, sabe?

Riu e eu também, sem saber o que havia de tão engraçado naquilo.

— Não esperava que falasse um inglês tão fluente. Isso é outro bônus — comentou.

— Bom, minha mãe era irlandesa. Em casa, ela, eu e meu irmão conversávamos em inglês.

Imo notou o "era" e sorriu, compreensiva.

— Bom, mal posso esperar para lhe dizer quais são os planos. Pierre lhe disse mais ou menos do que se trata, não?

— Sim, mandou-me algumas matérias sobre casamentos forçados. Pesquisei online e...

— Claro, claro — interrompeu abruptamente. — Sei que a matéria já foi feita um milhão de vezes. Mas vamos fazer algo ligeiramente diferente.

Inclinou-se sobre a mesa, aproximando-se de mim, e abaixou a voz, em tom conspiratório:

— Caso você esteja interessada em sobremesas, aqui há ecleres de chocolate chocantes. Eu já pedi um.

Apanhou um bloco de notas, alguns recortes de jornal e colocou óculos de leitura com armação retangular vermelha.

Eles a faziam parecer boba, e admirei sua despreocupação em usá-los.

— Eu as chamo de as Vaginas do Jornalismo — Imo disse, arqueando uma sobrancelha.

— Quem?

— Ah, aquelas repórteres que construíram suas carreiras com abusos e sofrimentos de mulheres em todo o planeta. Sabe como é, mutilação genital, estupro, pode escolher. Não conseguiram acreditar em sua sorte quando o Talibã apareceu. Uma grande matéria que podia ser feita apenas por uma mulher com uma burca? Bom demais para ser verdade.

— Certo — eu confirmei, um tanto enfadonhamente.

— Algumas ainda dão palestras sobre suas experiências no tempo do regime talibã, de como arriscaram suas vidas atravessando incógnitas o Afeganistão fingindo ser as mulheres de algum pashtun. Aqui mesmo neste clube, por exemplo. Você deveria ter ouvido.

Fez um gesto vago em direção ao salão.

— As palestras, as conferências. Não conseguiam parar de contar suas histórias.

Sorri, demonstrando que me parecia entediante também. Porém ainda não estava claro no que nossa pauta seria diferente das que haviam sido feitas pelas Vaginas.

— Algumas ainda guardam a burca com a qual viajaram em seus armários, como um troféu. Eu as vi usando-as em festas. Quanto mau gosto.

Uma garçonete baixinha trouxe os ecleres. Eram enormes.

— O que nós vamos fazer tem um ângulo totalmente diferente. Primeiro, as mudanças foram pequenas para as mulheres das áreas rurais desde o fim do regime Talibã, e isso é um fato. Mas uma coisa está diferente: a informação. O que acontece é que agora, com a televisão, o rádio, a presença das ONGs e de toda a informação que chega do Ocidente, as mulheres começam a perceber quais são seus direitos. Antes, e sob o regime do Talibã, todas as meninas sabiam que pertenciam exclusivamente a seus pais e daí a seus maridos e fim de papo. Mas agora, quanto mais elas sabem, mais se desesperam com sua condição. Como resultado, aumentou a taxa de suicídio das mulheres forçadas a casar. Os números são imprecisos, mas estão aumentando.

Imo engoliu metade de seu ecler com um par de mordidas — deu para ver o recheio de pudim de ovo e não de creme verdadeiro. Deixou escapar um suspiro de prazer e limpou os lábios com o dedo do meio.

— Dá para desenhar um gráfico impressionante da situação. Basicamente, quanto mais informação, mais suicídios. Mais do que nunca as mulheres estão dispostas a dar cabo das próprias vidas porque sabem que o mundo está assistindo. Não é um perfeito paradoxo?

— É muito interessante. Não tinha a menor ideia — afirmei, sem conseguir encontrar algo mais inteligente para dizer.

Imo olhou-me, apertando ligeiramente os olhos, como se desejasse me focalizar. Temi que me achasse uma idiota. Mas sorriu, passou o dedo por um resto de chocolate deixado em seu prato e o lambeu.

— Eu sei. É uma grande matéria.

Remexeu em seus papéis.

— Primeiro temos de falar com esta aqui, como é o nome...? Roshana alguma coisa, do Comitê Afegão de Direitos Humanos. É quem tem todas as estatísticas e nos dará os números corretos. Depois iremos aos vilarejos onde essas garotas se imolaram. Tentaremos falar com as meninas prestes a se casar à força e veremos o que têm a dizer. E aí... você bate as fotos!

Contei-lhe o que tinha lido no guia sobre fotografar mulheres.

— Devo admitir que fiquei muito ansiosa — comentei.

Ela sorriu e apanhou minhas mãos por sobre a mesa. Apertou-as entre as dela, deixando-me perplexa.

— Eu sei, eu sei, é sempre a mesma história, não é? Daqui tudo parece impossível, mas aí se chega lá... Bom, a gente sempre dá um jeito, como você sabe por sua experiência. Você vai ver. Tenho certeza de que voltaremos com um material incrível. Além do mais, não sei como você se sente a respeito disto, mas quanto mais difícil for uma matéria, mais eu fico excitada. Chego mesmo a ficar obcecada.

Limpei a garganta e concordei com a cabeça, talvez muito timidamente. Tive a impressão de que a desapontava com minha falta de entusiasmo. Eu tinha uma lista bastante longa de perguntas a fazer, a maior parte sobre vacinações, sobre os remédios que teria de levar, do perigo verdadeiro das minas de solo, de ser sequestrada... Mas não quis parecer pequena diante do seu fervor.

Imo olhou para meu prato e viu que meu ecler estava quase intacto. Seus olhos arregalaram-se.

— Você não vai terminar?

Balancei minha cabeça. Ela pegou o ecler entre o dedão e o indicador e o engoliu de uma vez só. E isso, na linguagem secreta das mulheres, especialmente em uma com ancas tão largas como as dela, era uma manifestação clara de autoestima e força de caráter.

* * *

Ao final de nosso primeiro encontro em Londres, a personalidade de Imo tivera uma espécie de efeito miraculoso sobre mim. Sentia-me como uma adolescente apaixonada pela menina nova na classe. Ela me conquistara completamente. Contou-me algumas coisas sobre sua vida, nenhuma muito importante. Sua biografia parecia pertencer a quatro pessoas distintas. Crescera em Londres, mas como estudante vivera em São Petersburgo. Falava russo fluente (além de francês e espanhol, que aprendera vivendo na Cidade do México com um namorado). Cobrira guerras no Sudão, em Serra Leoa, no Kosovo. Praticava meditação tibetana e adorava futebol.

— Estou apaixonada por Francesco Totti — declarou. — É meu número um, junto com Ronaldinho.

Eu não estava preparada para tanta personalidade e charme, nem para a efusividade transbordante que expressava com tanta facilidade (apertou minhas mãos duas vezes durante a conversa, e na rua colocou casualmente seu braço em meu ombro). Senti-me lisonjeada com tal atenção, e a perspectiva de passar uma semana em Hampshire com aqueles fuzileiros, e com ela, tornava tudo mais aceitável. Já conseguia ver-me em um casaco de artilharia correndo pelo campo com Imo, escapando juntas de um ataque terrorista. Subitamente, a ideia de fazer o curso, em sua companhia, pareceu-me a oportunidade de viver uma grande aventura que consolidaria nossa amizade. Essencialmente, percebia na pele que qualquer missão na companhia de Imo ganharia uma luz totalmente nova.

Fiquei gratificada pelo respeito que ela pareceu me dedicar por nenhum motivo aparente e decidi não ser necessário lembrá-la de que havia anos eu não saía à rua e nunca estivera em uma zona de guerra. A foto da boneca Barbie parecia ter tido o poder bastante de fazê-la confiar em mim, completamente. Fosse qual fosse a razão, não queria frear sua confiança.

— Podíamos pegar o trem juntas amanhã — sugeri, quando nos despedíamos junto ao táxi no qual estava prestes a embarcar. — A menos que você esteja planejando dirigir.

— Para onde?

— Para o interior. Seja lá onde for. Para o curso.

— Ah, certo. Os Defenders — lembrou, deixando o nome pairar por um segundo no ar. — Ah, não, querida, eu não vou. Já fiz o curso *anos* atrás, quando fui ao Sudão. O seguro exige que a gente faça apenas uma vez. Mas não se preocupe. Vejo você semana que vem no check-in da Emirates, em Heathrow.

Abraçou-me com força e beijou-me no rosto, dos dois lados. O desapontamento deve ter redesenhado meu rosto, e eu vi minhas bochechas ficarem flácidas e meu nariz aumentar. Que idiota. Era alguém que pulava de uma zona de guerra para outra — o que eu esperava? Imo não precisava dos Defenders para defendê-la.

— Eles vão fazer de tudo com você. Espere e verá — avisou, embrulhando-se em sua caxemira preta. — Você é capaz de adorar!

Com um sorriso diabólico, desapareceu na escuridão do grande táxi, deixando para trás um aroma doce e apimentado.

Caminhei de volta ao hotel para digerir o encontro, checando constantemente o guia *Londres de A a Z* com medo de me perder de novo. Sentia Imo Glass como uma pessoa cuja definição me fugia. Talvez porque uma garota nascida Lupita Jaramillo nas favelas de uma cidade sul-americana dominada por traficantes de drogas, que subsequentemente transformou-se em uma mulher com o nome de Imogen, que cresceu em Notting

Hill com um historiador da arte (pai) e uma psicoterapeuta (mãe) como pais adotivos era uma criatura única, cujo DNA florescera em total anarquia. Era provavelmente por isso que parecia pular, sem esforço, de uma língua para outra, como se estivesse nadando sempre na mesma água e consequentemente conseguisse sentir-se em casa em praticamente qualquer lugar. Mas o que mais me impressionou foi sua total ausência de medo no jeito como abordava completos estranhos — a garçonete no clube, o motorista de táxi, eu — envolvendo a todos em festiva familiaridade, uma arma secreta que os amansava de imediato, neutralizando qualquer potencial agressivo.

Na manhã seguinte, às 7 horas, tinha um encontro na estação de Paddington com meus companheiros de curso. Pierre havia me dito pelo telefone que seria uma viagem curta e que um dos instrutores, supostamente, nos aguardaria na chegada, na estação de Hampshire.

Fui a última a chegar. Avistei-os imediatamente enquanto, cambaleando e suando, arrastava minha mala grande. Todos haviam se reunido na plataforma e observavam-me enquanto bamboleava em sua direção. Soube logo de saída que era a única italiana do grupo. Acho que tinham acabado de se conhecer, mas já pareciam um grupo muito unido ao sair de férias. Um grupo consolidado que via com suspeitas a única estranha, aquela com a qual ninguém queria dividir o quarto. Tinham uma aparência semelhante: informal e contemporânea, equipados com Nike e North Face, telefones celulares chamativos, revistas literárias insinuando-se para fora de malas, iPods e bonés de lã. Receberam a mim e à minha mala prestes a explodir com sorrisos incrédulos, já que todos levavam apenas bagagem de mão. Rapidamente apresentamo-nos e nem tentei memorizar qualquer nome. Durante a viagem toda fingi estar lendo o *Guardian*, meio ouvindo os comentários malvados sobre o que nos aguardava.

A estação de tijolos vermelhos ficava no meio do campo — parecia um idílico interior inglês, com certeza, com vacas Jersey e muito verde. Percebi de imediato o Defender que nos esperava porque ele nos observava a distância e não se moveu. Ficou perto de um pilar de tijolos, com um cigarro pendurado na boca e esperando que fôssemos até ele, como um bando de gansos ansiosos gingando até sua comida.

— Bem-vindos. Meu nome é Keith — disse, com um sotaque que me soou rude, enquanto esmagava a guimba do cigarro sob o sapato, embora meus ouvidos não fossem treinados para as nuances intermináveis da pronúncia de classe inglesa. Sua jaqueta ostentava a palavra "Defender", em azul claro contra um fundo amarelo. Parecia ter cerca de 50 anos, embora uns 50 um tanto estragados, corpulento e com a voz grave dos fumantes, e o olhar aquoso de alguém que bebe muita cerveja.

— Venham, vamos andando. A primeira aula começa às 9 horas. — Então olhou minhas malas.

— É que — a vontade de me justificar ergueu-se como uma onda — assim que terminar o curso tenho de voar direto para Cabul, com minhas câmeras e...

— Você é livre para trazer o que bem entender.

As pestanas de Keith abaixaram-se lentamente e ele deu de ombros.

— Seu guarda-roupa todo, se quiser — continuou, voltando-me as costas.

Na pequena sala de reuniões da pousada — luzes fluorescentes, cadeiras dobráveis, carpete cinza e uma tela para slides

— os Defenders apareceram em todo o seu esplendor, com o espírito de um time de futebol em uma sessão de fotos. Não mostravam interesse em agradar, nem tinham tempo para formalidades ou amenidades. Eram cerca de dez, todos vestindo camisetas azuis idênticas. Tinham um olhar estressado, lavado pelos elementos e por noites tardias no pub. Na verdade, quando passei por eles, minhas narinas sentiram uma mistura de cerveja misturada a pasta de dentes e gel de barba de pinho, o mesmo cheiro penetrante que sopra em todos os metrôs do mundo em torno das 8 horas da manhã.

Estavam de pé na frente da tela de slides com os braços cruzados sobre os estômagos consideráveis, pernas afastadas, na postura ameaçadora dos leões-de-chácara. Percebi como um deles — uma espécie de montanha celta que lembrava Obelix, o gigante personagem galês dos quadrinhos, com tranças e chifres em seu elmo, pronto a desenraizar uma árvore — usava seu cabelo loiro em um rabo de cavalo, apesar de passar bem dos 50 anos, o que me pareceu triste. Alguns eram mais jovens, não tão pesados, mas ainda assim assustadores. Tinham o olhar duro e diabólico de campeões de artes marciais, olhos gelados e tatuagens nos antebraços. Apresentaram-se um a um, resmungando seus nomes em voz baixa. — Sou Roger, darei o curso de primeiros socorros. Sou Alan, e juntos vamos conhecer as armas, munições e minas. Oi, sou Toby, e comigo estarão ao ar livre, em jogos de guerra, e juntos vamos simular situações de emergência.

Examinaram-nos com ar de polida superioridade. Era óbvio que não despertávamos a menor curiosidade. Lá estávamos nós, um bando de civis de classe média envoltos em caras camadas de polipropileno, com Blackberries enfiados nos bolsos, gente que só tinha visto guerra na televisão. Dava para ver em seus olhos o tédio por terem de nos aturar durante uma semana.

Naquele instante, o que parecia ser o mais velho, Tim — um homem de rosto suave com olhos azul-celeste e porte de King Kong —, convidou-nos a fazer as apresentações e dizermos a organização para a qual trabalhávamos.

— Por favor, digam também quais são seus destinos — acrescentou.

Ninguém se mexeu, e todos os olhares se cruzaram.

Um após outro, meus companheiros de curso levantaram-se e deram detalhes pessoais como se estivessem em um encontro dos Alcoólicos Anônimos.

— Oi, sou Bob Sheldon, trabalho para a Reuters, em Sidney, e no mês que vem vou para a Indonésia cobrir as eleições.

— Ah... Meu nome é Monika Schluss, venho de Bonn e vou para Belize trabalhar com a Christian Aid.

— Olá. Eu sou Liz Reading, sou de Londres e em seis meses vou para o Congo para... bem... — A morena sexy hesitou e riu. — Trabalho com uma ONG que ajuda povoações locais a fazer queijo. — Risos nervosos espalharam-se, ajudando a dissipar a tensão. Os Defenders não riram.

— Oi, meu nome é Jonathan Kirk. Trabalho para a Associated Press. Sou americano, mas vivo e trabalho em Bogotá. Não vou a lugar algum. Só preciso sobreviver onde eu moro.

— Oi, meu nome é Nkosi Mkele, trabalho em Joanesburgo. Como Jonathan, não vou para nenhuma zona perigosa, porque já vivo em uma que é uma panela de pressão.

Mais risos nervosos de aprovação e reação zero dos Defenders.

Quando levantei, gaguejei meu nome e disse que era uma fotógrafa freelance.

— Na segunda irei para Cabul — acrescentei, antes de me sentar de novo. Todos os meus colegas de curso voltaram as cabeças para mim e percebi, ou talvez apenas pensei perceber, mais respeito em seus olhos do que vira antes. Tim terminou, dirigindo-se a mim.

— Bem, Maria, mantenha os olhos abertos nos próximos dias, porque tudo que vai aprender poderá lhe ser muito útil. E com isso agradeço a todos. Terminamos por aqui, e podemos começar.

Às 10h eu já tinha desmaiado.

Voltei a mim aos poucos, numa espécie de *fade-in* lento. A escuridão extrema se descoloriu em diferentes tons de cinza, e então manchas de cor começaram a surgir e se separar do resto, e sons mais distintos passaram a destacar-se no ruído de fundo. Percebi que os borrões coloridos eram na verdade rostos inclinando-se sobre mim. Então o som abafado transformou-se em vozes e sentenças familiares.

— Água, tragam água. Pronto, está voltando a si. Ei, está tudo bem. Vamos, beba. Boa menina, assim mesmo.

Água não serve para nada. Sei porque sou dada a desmaiar e sempre há alguém que acha que beber alguma coisa vai me colocar de novo em pé.

Roger — um daqueles de olhos gelados e cabelos presos que pareciam assustadores — havia perguntado antes da apresentação de slides se alguém se perturbava com a visão de sangue. Nenhum braço se levantou e eu não me mexi.

— Sempre é melhor perguntar — Roger dissera. — Teve gente que já desmaiou antes.

Meus companheiros riram. Fiquei quieta, esperando que não acontecesse, não desta vez.

Estávamos sentados em cadeiras dobráveis, cada um com seu bloco de notas com o logotipo dos Defenders e canetas idem, enquanto Roger passava os slides, ilustrando os fatos básicos dos primeiros socorros extremos.

Ele começara a falar de hemorragias e em particular do sangramento arterial, quando comecei a me sentir estranha. A descrição da pressão sanguínea, mas principalmente o uso da palavra "esguicho", causa uma espécie de amolecimento em meu estômago. Tentei ficar focada quando Tim chamou Roger para atuar como cobaia e mostrou como apertar o torniquete na coxa, acima do ferimento, e como exercer pressão sobre a artéria pressionando o punho contra a virilha com a maior força possível. Quando começou a demonstrar como empurrar para deter o fluxo sanguíneo, enfatizando a velocidade com a qual a vítima pode sangrar até morrer, comecei a ter aquela sensação de languidez que conhecia tão bem. Monika Schluss, a alemã da Christian Aid — uma Louise Brooks de cabelos tingidos de vermelho, de óculos ovais —, tomava notas diligentemente a meu lado, imperturbável, enquanto eu não conseguia afastar a imagem de sangue jorrando, de lábios ficando cada vez mais brancos a cada segundo, e acima de tudo, da poça de líquido vermelho espalhando-se pelo chão.

Como alguém pode ouvir esses sons, perguntei-me — *arma de fogo, veia seccionada, esguichos, jorros, poça, sangue* —, e não sentir o mesmo arrepio atroz que lentamente tomava conta de mim?

Todos pareciam perfeitamente calmos, interessados, e alguns até entretidos. Já meu corpo começava a simular o mesmo processo que Roger descrevia. Eu sentia de verdade a vida fluir para longe de mim como a água de um rio, o sangue jorrando dos meus pulsos, descendo pelas minhas pernas, fugindo do meu coração e dos meus pulmões, esvaziando meu corpo, deixando-me seca. Dobrei os dedões dos pés para espantar aquela sonolência familiar, aquele desejo de estar em outro lugar. É o primeiro aviso de que meu corpo vai me abandonar. Não há nada que eu possa fazer. Meu corpo parece ter uma personalidade própria, como um amigo difícil que sai de um filme de terror sem uma palavra de alerta. Uma fração de segundo antes de desmaiar, um último pensamento atravessou minha mente. É verdadeiramente insuportável aceitar a ideia de quanto nossos corpos são vulneráveis frente a elementos, acidentes, ataques. Como podemos andar por toda a nossa vida com este entrelaçado de veias, órgãos, tubos, válvulas, glândulas, câmaras de ar, filtros, fluidos, membranas, protegidos por apenas dois milímetros de epiderme? Loucura, pensei, que tal fardo delicado — afinal de contas nossa vida não depende de seu funcionamento correto? — estivesse embrulhado em papel-toalha... E então apaguei.

No jantar decidi sentar junto de Nkosi, o jornalista sul-africano e a única pessoa negra do grupo, precisamente porque percebi que estava sozinho. Os outros já tinham formado pequenas turmas em todo canto, e tive a impressão de que ele poderia também estar sentindo-se deslocado, naquele interior inglês úmido e invernoso.

— É claro que você pode sentar aqui. — Sorriu. — Maria, certo? Você é aquela que está indo para Cabul, não?

Usava um par de óculos muito amarelos e um suéter de listas negras e laranja, que o faziam parecer uma abelha. Dava para dizer que vinha de um país cheio de sol. Não tinha medo de cores berrantes. Afastou a cadeira para eu me sentar, com um gesto charmosamente antiquado.

Liz Reading surgiu atrás de mim. Dirigia-se a uma mesa de jornalistas trajados com vestes pretas e cinza da Patagônia quando, como em uma meditação tardia, aproximou-se de minha mesa com uma falsa preocupação, cujo único propósito era o de me humilhar. Inclinou-se em minha direção.

— Roger me disse que a aula de amanhã será sobre membros amputados. Achei que você gostaria de saber caso... você sabe... possa desmaiar de novo. Há um bocado de sangue nesses slides, e daí...

— E daí? — perguntei abruptamente.

— Nada. Mas ele sugeriu que eu lhe dissesse, caso você queira deixar a sala — aconselhou em um tom melífluo.

— Eu *não* tenho medo de sangue. Só me assusta pensar como é fácil morrer — disse, olhando-a com frieza e enfatizando cada sílaba, como uma louca. Ela afastou-se rapidamente, segurando seu prato transbordante de rosbife com batatas perto do peito, como se tivesse encontrado uma testemunha de Jeová em sua porta, pronta e ansiosa para discutir o Juízo Final.

Quando ela saiu, Nkosi foi elegante o bastante para retomar a conversa no ponto em que havíamos parado e ignorou meu desmaio, como se não tivesse acontecido. Perguntou o que ia fazer em Cabul. Murmurei algo sobre casamentos arranjados e desviei a conversa para ele e a situação na África do Sul. Não estava ouvindo de verdade, apenas assentindo ocasionalmente com a cabeça quando ouvia nomes familiares, como Soweto, Mbeki, Mandela, Comissão da Verdade e Conciliação. Enquanto Nkosi mencionava como um dos seus melhores amigos fora baleado pela polícia nos anos 1980, e como ele mesmo estivera na cadeia, perdi-me olhando o rosbife com purê de batatas e cenouras cozidas em meu prato. Comecei a cutucálos imperceptivelmente com meu garfo, imitando a maneira como Nori arranja a comida para uma foto, criando montes de vegetais, perfeitamente simétricos, perto do prato principal.

Os Defenders estavam sentados todos juntos em uma mesa comprida no canto da sala, debruçados sobre seus pratos, ombros pesados encolhidos, cotovelos descansando sobre a mesa. Mastigavam a carne dos ossos, como personagens medievais em uma pintura. Estavam taciturnos e sombrios, sem vontade de passar por outra semana interminável de aulas repetidas, mais uma vez, para um bando de idiotas que desmaiavam à menção de sangue.

Tive a impressão de que podia ouvir seus dentes moendo os ossos.

— Jantei com um jornalista sul-africano muito simpático — contei a meu pai, que me ligou naquela noite.

Podia imaginá-lo, sentado na poltrona xadrez em frente da tela muda sintonizada no canal de notícias por satélite, cigarro na mão, ansioso por ouvir meu relato.

— Para qual jornal ele escreve? — perguntou, como se lesse regularmente os diários de Joanesburgo e soubesse os nomes.

— Ahmm... Não perguntei. É muito esperto. Acho que era um ativista durante os anos do Apartheid. — Suspirei, dando-me conta de que não ouvira Nkosi com concentração suficiente para apaziguar a curiosidade insaciável de meu pai.

— Como está o tempo? — indaguei.

— Tempo de novembro. O mesmo de quando você saiu. E por que se preocupa com o tempo? — Sua voz agora soava impaciente. — Conte-me mais sobre o jornalista sul-africano.

— O que quer saber? É inteligente, é gentil, é... Sei lá. Ele não me contou toda a história de sua vida.

— *Va bene.* E como é aí? E os fuzileiros? Que espécie de lugar é esse? *Allora?* Você acha que pode me dar algum tipo de descrição?

Àquela hora, já teria comido seu prato de macarrão e tomado o copo de vinho que o médico lhe permitia no jantar. Provavelmente tinha esperado para fazer a ligação até o final do dia, para poder saboreá-lo com seu último cigarro. Eu sentia a excitação vibrar pela linha do telefone.

— Tudo bem. O que é que você quer que lhe diga? É assim, como vou dizer...? Tem todos aqueles voluntários e jornalistas, a comida é horrível, o hotel é como uma antiga casa de campo redecorada que alugam para casamentos, com luzes fluorescentes e carpetes azuis em todos os andares. Parece uma casa de repouso. Na verdade, chega quase a ser engraçado. Os Defenders são... Sei lá, meio impenetráveis. Parecem uma manada de bisões. Quietos e perigosos. Como lhe parece?

— Uma descrição bastante cáustica.

Ouvi sua risada. Tinha conseguido diverti-lo. Agora — eu sabia — ele desligaria o telefone e repetiria tudo, palavra por palavra, para Leo.

No dia seguinte acordei às 5 horas. Fora, estava totalmente escuro e chovia.

Meu quarto era pequeno, não muito maior que um closet, e sentia-me claustrofóbica e infeliz. Outra fonte de ansiedade era a aula sobre armas que abriria o dia. Eu certamente não queria desmaiar de novo.

Comecei a surfar pelos canais da TV por satélite e subitamente deparei com as imagens de um dos reféns ingleses, no Iraque — um homem de meia-idade e aparência gentil, em um casaco laranja fosforescente —, pedindo ao seu governo que o ajudasse, ouvindo as exigências dos sequestradores. Passei imediatamente para outro canal, em que membros de uma família serviam-se de cereais em câmera lenta e sorriam uns para os outros. Ao fundo podia-se ouvir um jingle alegre.

— Bom, esta manhã vamos aprender algumas coisas sobre armas — Alan anunciou com um sorriso. Seu cabelo ainda estava molhado do chuveiro e penteado para trás como um garoto de escola. Apesar do frescor da colônia, a aparência cansada de alguém que lutava contra uma brava ressaca ainda estava espalhada em seu rosto. À sua frente, em duas mesas longas e estreitas, havia uma variedade de revólveres, automáticas, metralhadoras e bazucas, como uma vitrine de uma fantasmagórica loja de brinquedos.

— Nesta mesa, temos vários tipos de armas, aquelas que chamamos de baixa e de alta velocidade. Algumas delas podem atravessar o corpo sem danos significativos aos tecidos, algumas podem disparar 400 tiros em três segundos, outras podem causar esmagamento extenso na ferida. Na outra mesa temos mais deste arsenal daninho. M-16, lançadores de foguetes, granadas. É importante, naturalmente, que vocês distingam uma arma da outra, porque em caso de se encontrarem sob fogo, há escolhas vitais que terão de ser feitas rapidamente. Por exemplo, algumas destas armas podem penetrar até em concreto, e assim esconder-se atrás de uma parede não vai ajudar em nada. Mas vamos antes de mais nada examiná-las uma a uma e aprender primeiro a reconhecê-las pela forma.

Eu fora a última a chegar, e Alan me recebeu com uma pequena tosse, fazendo um gesto para que ocupasse um lugar no fundo. Liz Reading estava na primeira fileira e já tomava notas. Nkosi ocupava-se falando com o jornalista australiano da

Reuters. Fez um aceno para mim, mas eu não queria parecer grudenta e sentei bem no fundo, perto de um cara chamado Mike — um homem de 40 e poucos anos, baixo, quase careca, que não usava um uniforme e parecia normal e ultrapassado, mais um padre do que um repórter aventureiro.

Alan mostrou à classe uma arma depois da outra, passando os dedos pelos canos, gatilhos, alavancas e outros mecanismos com a mesma destreza e admiração que os mecânicos mostram por motores. Descreveu calibres, potência, capacidade de ferimento, teoria de energia cinética, buracos de entrada e saída. Depois começou a passar a bala que correspondia a cada arma em questão a Liz Reading, sentada na fileira mais próxima a ele, para que a passasse para os outros. Liz examinava o cartucho por um instante, ruminando sobre seu peso e sua forma, como se pudessem lhe revelar informações preciosas, e relutantemente a passava para a pessoa a seu lado. Depois de um passeio pela sala, a bala chegava finalmente até mim.

Duas horas depois tínhamos examinado apenas as armas da mesa número um e cerca de 20 balas de tamanhos diferentes. Meus companheiros ficavam cada vez mais excitados, fazendo perguntas e tomando notas. As mulheres em especial, percebi.

Mike, o cara silencioso ao meu lado, começara a mostrar sinais quase imperceptíveis de impaciência. Eu me lembrava vagamente de ele pertencer a alguma organização católica que trabalhava na Amazônia. Quando lhe passava os cartuchos, notei que nem se incomodava em girá-los nos dedos, fingindo interesse, como os outros — alguns até mesmo franziam as sobrancelhas, como se o objeto apresentasse características inesperadas. Mike, em vez disso, passava a bala diretamente à pessoa a seu lado sem mesmo se incomodar em olhá-la, como se achasse toda a coisa estúpida e não quisesse participar. Tentei interceptar sua atenção. Queria que soubesse que eu também estava começando a achar tudo ridículo. Começamos a passar nossas balas cada vez mais rápido, como se a cada segundo elas ficassem mais quentes, evitando-as com nossos olhos com expressões de idêntico menosprezo.

— Agora — Alan anunciou três horas depois, em um momento em que supostamente deveríamos ter memorizado os nomes e funções de cerca de 40 armas — vamos para fora exercitar o que chamamos de "trilha da conscientização". Os uniformes estão naquela mesa. Vistam-se. Eu os espero em dois minutos.

Alan saiu para fumar com alguns de seus colegas enquanto vestíamos uniformes azul-marinho feitos para homens muito avantajados. Através da porta eu via os Defenders fumando, sem se importar com a chuva, brincando entre si. E depois vi Obelix, Roger e Toby encaminhando-se para o bosque, armas penduradas nos ombros, uma imagem que parecia sinistra e agourenta. Enrolei meu uniforme nas mangas e no tornozelo tanto quanto pude, mas me senti estranhamente humilhada ao vesti-lo. Agora, com trajes idênticos, parecíamos um grupo de condenados. Olhamos uns para os outros com súbita cautela, um bando de vítimas involuntárias do que ainda estava por acontecer.

A terra estava empapada e escurecida por turfa e folhas de castanheiro.

Toby nos explicou que agora teríamos de seguir uma trilha e que coisas aconteceriam. Teríamos de reagir às situações levando em consideração o que tínhamos acabado de aprender.

— Não tenham medo. E ouçam o que ouvirem, não entrem em pânico. Tudo que usamos nos cenários é inócuo, ninguém vai se machucar. E agora vamos — disse Keith, apontando um caminho entre as árvores. — E boa sorte — sorriu.

Partimos, constrangidos pelos enormes uniformes, tímidos e hesitantes, como Chapeuzinhos Vermelhos que sabem que estão prestes a tropeçar no lobo. Apesar de sabermos perfeitamente bem que estávamos em um cenário, avançamos inseguros, grudados uns aos outros.

Na primeira saraivada de tiros, todos nos atiramos ao chão. Caímos uns sobre os outros — uma pirâmide humana de braços e pernas enroscados — nos achatando, com as cabeças baixas, sentindo em nossos narizes o cheiro de grama úmida.

— Não, não, não — gritou Toby. — O que vocês estão fazendo no chão? São alvos perfeitos, desse jeito. O que custaria fazer isso, por exemplo? — Levantou o rifle e simulou uma execução em massa. — Não, quando vocês ouvirem este tipo de tiros, de uma arma de baixa velocidade, têm de encontrar abrigo atrás de uma árvore, ou um arbusto. A única chance de vocês é se esconder. Jogarem-se ao chão é a pior coisa que podem fazer. Vamos, levantem, vamos sair daí.

Nós rimos. Não demorou nem um segundo para perceber que Toby estava certo.

— Que idiotas — alguém disse.

— Reação automática — outro alguém respondeu.

Enlameados, levantamo-nos e continuamos a avançar, com os ouvidos aguçados, prontos a detectar o menor sinal. A espera durante a caminhada começou a dar nos nervos. De repente, ouvimos quatro tiros, em sucessão. Corri por um segundo e meio e mergulhei de novo, achatando-me contra o chão congelado. Os outros fizeram exatamente o mesmo. Toby saiu dos arbustos balançando a cabeça.

— Não. Eu disse que esta não é uma opção. Vocês têm de aprender a pensar quando ouvem tiros, e não entrar em pânico. Têm de tentar descobrir, de imediato, de onde vêm os tiros e, pelo som, terão identificado o tipo de arma. Por exemplo, que tipo de arma vocês acham que ouviram?

Nkosi, Jonathan e Liz Reading pareciam os mais preparados. Gaguejaram alguns dos nomes e números que nós supostamente deveríamos ter memorizado. Toby meramente balançou a cabeça em desaprovação.

— Não, desculpem. Foi uma Beretta. Um revólver. Mas tudo bem, vamos lá. Continuem caminhando e mantenham os ouvidos alerta.

Fomos atingidos mais de uma vez. Primeiro, quando passamos por Toby, fomos apanhados em meio a um fogo cruzado, depois por um franco-atirador com um rifle de alta precisão, depois por um M-16 e, por fim, por uma granada. Sem hesitar, atiramo-nos no chão todas as vezes, sem um traço de qualquer tipo de estratégia. Pulamos a cada vez, como se uma janela pesada tivesse sido fechada com força a cada tiro e tudo que nossos corpos quisessem fazer fosse desaparecer. Não havia jeito de enfiar em nossos cérebros qualquer reação. Não ajudava nos lembrarmos de que as armas eram falsas.

A sequência foi idêntica em toda a trilha de conscientização: levantávamos do chão, aprendíamos o que houvera de errado e partíamos para outra. Outra explosão, outro mergulho, mais lama, mais folhas em nossas narinas.

Em um dado momento prendi a respiração, achando que podia me safar fingindo de morta.

No jantar, ficamos todos enfileirados, com os pratos na mão, em frente ao bufê costumeiro de carne assada e vegetais pálidos e congelados.

Nkosi acenou para que sentasse à sua mesa, perto de Jonathan Kirk, o jornalista americano de Bogotá, um homem de 40 anos que obviamente malhava muito na academia — queixo quadrado, cabelos amarelados e aquela aparência de super-herói de óculos atraente para qualquer mulher. Para quebrar o gelo e tirá-lo da mente, brincamos sobre nosso fracasso na trilha da conscientização. Nkosi, no entanto, resolveu recontar os cinco terríveis minutos que passou, em Serra Leoa, em uma guarnição controlada por rebeldes doidos para atirar. Jonathan Kirk pegou a deixa e por sua vez descreveu uma manifestação, em Jacarta, na qual as balas voavam para todos os lados. A troca de aventuras entre os dois durou um tempo. E não era nada interessante.

— Maria parte para Cabul na segunda — Nkosi disse a Jonathan, como se estivesse me dando uma dica para contar uma aventura perigosa finalmente.

Assenti com a cabeça, sem mais explicações. Jonathan sorriu. Nkosi limpou a garganta.

— Tenho um bom amigo que vive em Cabul — proferiu Jonathan. — Foi correspondente do *Financial Times*, mas agora trabalha para uma ONG. Talvez você saiba quem ele é... Steven Gilmore? Ele conhece todo mundo lá. Tenho certeza de que poderá ajudá-la.

— Ah, sim, Steven Gilmore — disse Nkosi. — Acho que conheço o cara. Ele não estava baseado em Nairóbi há cinco anos?

Jonathan e Nkosi falaram um tempo sobre Steven Gilmore. Soube que tinha acabado de se divorciar da mulher, uma brilhante correspondente da CNN que mudara para Xangai e que ambos descreveram em termos entusiasmados. Voltaram-se para mim para me colocar de volta na conversa, na esperança de ouvir alguma coisa, qualquer coisa, desde que contribuísse para aquela selva de nomes, lugares e aventuras ligando todos os correspondentes que vivem em zonas de guerra.

— Ouvi que Steven vive em um velho palácio decadente, no centro de Cabul — acrescentou Jonathan. — Devo ter seu número de telefone em algum lugar e posso lhe dar, se você quiser. E também tem aquele outro, correspondente da BBC, cujo nome não estou lembrando, que estava em Teerã, você sabe de quem estou falando.

— Na verdade, nunca estive em um lugar desse tipo. Quero dizer, nunca fui para uma zona de guerra — falei, desmanchando a composição de vegetais em meu prato. Levantei os olhos para ele com calma. — Fiz fotojornalismo no passado, mas agora sou mais uma fotógrafa de comida. Livros de cozinha, revistas de receitas. Às vezes ilustro matérias sobre culinária para jornais.

Nkosi e Jonathan apenas olharam para mim, com olhos vagos.

— Estou indo para Cabul por completo acaso — acrescentei rapidamente. — Para mim, é uma coisa totalmente fora do comum. Na verdade, estou bastante nervosa.

Nkosi e Jonathan riram sem jeito, tentando perceber se eu estava brincando.

— É verdade. — E sorri de volta, assegurando-lhes que estava tudo bem, minha confissão não me embaraçava, que ser uma pessoa comum e que não vive cercada por tiroteios e ataques kamikases não era nada de que se envergonhar.

— Então tudo isso, as aulas, os cenários... — Jonathan lançou um olhar para Nkosi. — Tudo que a gente está fazendo deve parecer completamente maluco para você.

— Maluco? Não. Por quê? No mínimo, me deixa mais consciente de que não tenho a mais vaga ideia do que me espera.

Nkosi chacoalhou a cabeça e riu. Despejou vinho em minha taça e ergueu a sua, como a me convidar para um brinde. Acho que de alguma forma ficou impressionado com minha abertura. Foi necessário coragem, creio, estando entre correspondentes de guerra.

Olhei de esguelha para Mike, no fundo, que havia escolhido comer sozinho. Trouxera um livro para ler e virava as páginas avidamente. Invejei-o. Bem que queria um pouco de paz e sossego.

Começávamos às 8 horas em ponto com uma aula teórica de primeiros socorros. Roger ilustrava situações cada vez mais complexas, como em uma escalada de horrores. Passamos de fraturas múltiplas para traqueotomias e a possibilidade de recuperação de membros separados do corpo.

Roger tinha uma atitude pragmática com relação a ferimentos e machucados. Tratava o corpo humano como algo que podia ser remendado com facilidade, ao menos temporariamente. Disse que sempre havia algo a fazer para evitar a morte das vítimas. Pelo menos por algumas horas, até chegar a um hospital.

— O que vocês fariam, por exemplo, se os intestinos do ferido estivessem saltando para fora?

Ninguém tinha a menor ideia, nem teve disposição para levantar a mão. Como seria possível? Até onde sabíamos, nos filmes, o soldado que segurava suas entranhas nas mãos já era. Esta é normalmente a cena, quando ele morre nos braços de seu companheiro. Fim da atuação.

Mas não, Roger nos assegurou — o intestino era como uma linguiça.

— Você pode reenfiá-lo para dentro, sem problemas. Tudo que você tem de fazer é empurrar de volta e fechar com um adesivo.

Gemidos e murmúrios de horror e incredulidade.

— Isso mesmo. Fita adesiva, normal. A de papel é melhor, mas a comum já serve. Mas se estiver sangrando — advertiu —, fica meio complicado porque um intestino sangrando não dura mais que seis horas. Nesse caso, apenas o amarre com um barbante.

— Amarrar *como*? — alguém perguntou humildemente.

Ele imitou o gesto de enrolar com barbante, dar um nó e apertar.

— Mão separada do corpo? Lave, enrole em gaze úmida e coloque em um saco de plástico. Se não tiver algum disponível, usem gelo. Nunca coloque um membro cortado em contato direto com gelo porque pode se queimar. Vocês não têm ideia de quantas mãos e dedos poderiam ser recolocados se esse procedimento simples fosse seguido.

Fiquei chocada com essa nova maneira de ver o corpo humano. Se apenas alguns dias antes pensava nele como um aparato complexo e frágil, tão tênue que me fazia desfalecer, agora, graças a Roger, minha visão começava a mudar. O corpo, eu principiava a ver, era algo em que se podia colocar as mãos sem medo. Parecido com uma grossa fatia de carne na cozinha: a gente pode cortar, rechear, amarrar com firmeza e colocar no forno.

Roger insistiu:

— O corpo humano é mais resistente do que vocês podem imaginar. É necessário muito dano para acabar com ele. Quando vocês administrarem os primeiros socorros numa situação de emergência, lembrem-se sempre de que têm mais tempo do que pensam. É raro que um acidente envolvendo morte aconteça. Façam sua avaliação, pensem, não se apressem e então façam o que tiverem de fazer, sem pânico. Noventa por cento das vezes, vocês conseguirão pelo menos levar seu ferido a um hospital.

Senti-me reconfortada. Anotei mentalmente que esta era a informação mais importante que recebera até aquele momento.

Roger acrescentou:

— Há poucos anos uma equipe de cientistas testou a resistência do corpo humano comparando-o com o de um porco. De todos os animais, o sistema do porco é o mais parecido com o nosso. Bom, fizeram tudo que podiam fazer durante um dia todo. Atiraram nele quatro vezes no pulmão, cortaram suas orelhas, suas pernas, fizeram uma traqueotomia, cortaram fora um grande pedaço do intestino e extirparam um pulmão. E adivinhem — no final do dia o porco ainda vivia. Verdade, ele não deu sinal de estar disposto a entregar os pontos.

No dia seguinte começamos com a parte mais intensa do treinamento, o que o prospecto chamava de "cenários traumáticos sob condições controladas". Eventos terríveis eram encenados todas as tardes — explosões, tiroteios, acidentes de todos os tipos. Tínhamos de colocar nossos uniformes fora de tamanho, agora duros de lama, para pôr em prática o que acabáramos de aprender, pela manhã, na aula de primeiros socorros de Roger.

Dois ou três Defenders revezavam-se fazendo o papel de feridos. Cada um vestia um aparato diferente — jaquetas militares, bonés afegãos, calças de camuflagem, turbantes — e o misturava de maneiras imaginativas que sugeriam, sem rodeios, grupos étnicos potencialmente agressivos. Tinham também uma variedade de próteses de látex (do tipo que pode ser usado por equipes de efeitos especiais em filmes), que eram grudadas a suas pernas, seus peitos, seus braços, para simular fraturas múltiplas, cotocos, feridas abertas. Para acrescentar verossimilhança, borrifavam jatos de sangue com uma pequena bomba para produzir hemorragias arteriais em grandes quantidades.

Havia temas diferentes, cada um deles preparado por cenógrafos invisíveis. O primeiro com o qual deparamos era um acidente muito realista, em uma estrada — dois carros se amontoavam, com um motorista caído sobre o volante, a buzina disparada e o outro preso sob o assento.

Em uma ocasião diferente, topamos com um campo de refugiados onde uma explosão de um cilindro de gás havia causado queimaduras de terceiro grau em um grupo de milicianos doidos e bêbados (neste evento, o cenário tinha barracas, uma fogueira e rifles encostados em uma árvore). Em outra ocasião, encontramos um tiroteio em uma guarnição, e lá as vítimas achavam-se caídas de cara na lama, ao lado da barreira, em poças de sangue.

Normalmente, éramos separados em pequenos grupos. Sempre nos aventurávamos com o mesmo passo hesitante, esperando o pior. Invariavelmente, depois de apenas uns minutos nas alamedas do campo, todo o tipo de explosões, estampidos altos e catástrofes vinha a nosso encontro, seguido de gritos lancinantes. Isso era um sinal de que acontecera um desastre e que precisavam de nossa ajuda.

Corríamos para o local do acidente, gritando (regra número um: aproxime-se apenas se for seguro fazê-lo, anuncie sempre sua presença, Roger recomendara), e nos apressávamos em socorrer as vítimas. Não havia tempo de determinar quem estava mais seriamente ferido, ou de escolher a vítima que apresentava menos complicações. Era o puro acaso que juntava o salvador e o ferido.

Com um experimentado ar viking, Obelix era, de todos os Defenders, aquele pelo qual eu começara a nutrir algo próximo de um sentimento. Durante nossos cenários diários, eu o havia socorrido mais de uma vez, e isso — sem que ele o soubesse — o tornara estranhamente familiar.

No dia do acidente de carro, corri para o veículo amassado e encontrei meu ferido caído sobre o volante, com o rosto e o cabelo salpicados de sangue, o pé pressionado contra o acelerador. A buzina tocava e o motor roncava, conferindo à situação uma emergência nervosa.

Apenas quando cheguei, gritando com todos os meus pulmões "Estou aqui. Tudo vai ficar bem agora. Vou tirá-lo daí", que o reconheci. Seu cabelo estava empastado de sangue — com certeza um ferimento no crânio.

Nessa ocasião particular, Obelix estava tonto mas acordado (durante os exercícios os Defenders tinham a opção de decidir se permaneceriam conscientes, desmaiariam ou morreriam nos braços de seus salvadores, dependendo da gravidade dos ferimentos e da eficiência da assistência.)

"Não entre em pânico, isto é apenas um exercício, tente pensar", eu continuava repetindo para mim mesma, enquanto sentia a adrenalina subir e o pânico apertando-me a garganta.

Antes de tudo, desliguei o motor (regra número dois: cheque qualquer perigo para si mesmo, para o ferido e outros a seu redor.) Apanhei-o pelos ombros e levantei-o da buzina. Ele caiu de costas sobre o banco, com a cabeça inclinada no descanso, e fez-se silêncio, finalmente. Chequei se suas vias aéreas estavam desobstruídas e se ainda respirava. Também certifiquei-me de que a ferida na cabeça era apenas superficial e rapidamente a estanquei com uma bandagem, antes que a visão de todo aquele sangue me fizesse desmaiar. Depois inspecionei o corpo buscando outros ferimentos, enquanto ele permanecia gemendo em uma fala arrastada, dizendo que tudo doía e com certeza iria morrer.

Roger nos ensinou que deveríamos sentir o torso, correndo as mãos sob o casaco da vítima para verificar se havia sangue. Tive que enfiar minhas mãos por baixo da camisa para saber. E senti a pele morna e pegajosa. Quando rocei em seu corpo, dei-me conta da intimidade do gesto. Fiquei perturbada.

— Aqui também não há nada — continuei em voz alta. Depois percorri com as mãos as coxas e pernas, da forma impessoal como os funcionários de um aeroporto revistam passageiros com detectores de metal. Notei uma protuberância na pele. Toquei-a e notei algo fora do lugar. Peguei a tesoura do kit de primeiros socorros que carregávamos na algibeira e cortei o tecido da calça para ver o que havia embaixo. E o fiz mostrando autoconfiança para contrabalançar o embaraço que na verdade sentia com o que estava fazendo.

— Não se preocupe, vai dar tudo certo, você está bem — sussurrei-lhe, como vira os médicos fazerem no cinema. — Ah! Parece que há uma fratura aqui — repeti, de acordo com a cena que representávamos. Uma prótese de látex pregada à sua perna revelava a carne lacerada e um osso saltando da canela.

Até aquele ponto, Obelix ainda estava sentado no banco do motorista enquanto eu trabalhava em suas calças. A cabeça caía repetidamente contra o peito, sugerindo que ficaria melhor deitado. E, claro, a bandagem que eu colocara em torno da cabeça desfizera-se e a gaze pendia contra seu rosto.

— Agora, em um minuto vamos tirar você daqui, OK? — disse com hesitação. Obelix não respondeu. — Não posso arrumar sua perna se você não se deitar no chão — expliquei.

Ele me ignorou. Mesmo assim consegui colocá-lo sobre meu ombro e arrastá-lo para fora do carro, adotando o método que nos haviam mostrado na aula sobre evacuação de feridos. Na verdade havia um jeito, usando a alavancagem dos braços e ombros, para que até alguém do meu tamanho conseguisse mover um homem com a corpulência de Obelix.

— Você está me machucando, sua vagabunda — ele rosnou, enquanto o ajudava a sair do carro.

Fiquei chocada ao ouvir o insulto. Eu presumira que a afronta pessoal não fizesse parte do jogo.

— O que mais posso fazer? Não posso consertar sua perna se você não...

— Foda-se. Você está me machucando. Não dá para notar? Quem foi o imbecil que mandou você aqui?

Na aula, Roger havia nos prevenido que os feridos podem não ser polidos. Tentei me lembrar do que dissera exatamente e a maneira específica de responder:

— Uma pessoa que sofre tende a não seguir a etiqueta, mas você tem de ficar firme e continuar fazendo o que sabe estar certo, mesmo que doa.

Deitei-o sobre um cobertor (regra número três: tente sempre cobrir a vítima, ou colocar uma proteção entre ela e o solo. O choque e a perda de sangue abaixam a temperatura do corpo e criam hipotermia) e comecei a trabalhar na fratura, atando-a firme com uma tala.

— Não toque em mim, sua idiota de merda! Chame um médico. Você não tem ideia da merda que está fazendo!

— Pare de encher o saco. Já — disse, com uma firmeza que eu não sabia ter. — E deixe-me trabalhar em paz.

Fiquei surpresa com a velocidade com que o calei.

Embrulhei-o na coberta e arrumei a bandagem solta em sua cabeça. Acho que cuidei dele bastante bem. Foi um feito vê-lo todo encolhido no cobertor, com as bandagens firmes, parecendo tão mais limpo e arrumado do que quando o encontrei.

Agora tinha certeza de que iria sobreviver.

Mais ou menos neste ponto, quanto tínhamos dado assistência a todos os feridos, ou os evacuado dos locais de acidentes, eles levantavam como zumbis borrados de sangue, cabeças e braços em bandagens de jeitos variados, gazes pendendo, roupas rasgadas e, na frente do grupo que se juntava em torno, davam sua avaliação do socorro que fora prestado. Era uma espécie de apanhado rápido e muito técnico, em que eram apontadas falhas e erros.

Obelix saltou como um boneco ensanguentado e, na frente de todos, avaliou minha intervenção.

— Vamos ver o que temos aqui. Maria, você agiu rápido, e desligou o motor imediatamente — muito bem, era a primeira coisa a fazer. Você checou de cara as vias respiratórias e a resposta, e isso também foi bom.

Ele reassumira um tom distanciado e impessoal, voltara a ser um instrutor. Senti um certo desapontamento, por uma razão que ainda não conseguia entender plenamente. Havia apenas dois minutos eu o confortara enquanto gemia, assegurando-o de que não ia morrer, que tudo ficaria bem, e agora esta mudança súbita em nosso relacionamento me apanhava de surpresa.

— Você percebeu de saída que o ferimento na cabeça era apenas superficial, e tratou disso com rapidez — o que é certo, embora sua técnica com as bandagens tenha de ser melhorada.

Tossiu uma tosse rouca de fumante que parecia vir do fundo de seus pulmões. Limpou a boca com as costas das mãos.

— Até aí, tudo bem. Mas tem uma coisa na qual você não prestou atenção.

Ele apontou sua orelha e perguntou ao grupo:

— Alguém pode me dizer o que é?

Poucos adiantaram-se cautelosamente para observar, mas chacoalharam suas cabeças.

Senti uma pontada de ciúme. Obelix e seus ferimentos eram minha responsabilidade, pertenciam a mim, e não queria que ninguém se colocasse entre nós. Adiantei-me e estudei o fio de sangue que escorria de sua orelha pelo pescoço. Não tinha a menor ideia do que deveria significar. Olhei para Obelix, esperando que ele me desse uma dica. Balancei a cabeça.

— Vazamento de fluido cérebro-espinhal — anunciou sombriamente. — Significa um ferimento sério na cabeça, possivelmente uma fratura de crânio. Você não teria me jogado para a frente e para trás se tivesse consciência disso.

— Bom, na verdade eu não...

— Você esqueceu de checar se meu pescoço ou minha espinha estavam quebrados — prosseguiu, ignorando-me —, e esse foi um erro sério. Que mais? Você me arrastou para fora do carro rapidamente e lembrou-se de me deitar em um cobertor para impedir a hipotermia. Muito bem. A tala não foi bem colocada o bastante. Mas no final, você não se saiu tão mal.

— Acho que estou começando a pegar o jeito — vangloriei-me para meu pai, na ligação daquela noite. Ele estava excitado com minha rotina diária e não queria perder um detalhe. — Amanhã teremos uma aula sobre minas terrestres e depois disso iremos a uma simulação de uma barreira.

— E isso quer dizer o quê?

— É uma barreira como essas que a gente encontra onde há uma revolução, uma guerra civil, alguma coisa assim. Dividem-nos em grupos e cada grupo finge ser uma equipe de reportagem que precisa atravessar. Um de nós é o produtor, o outro o câmera e o outro, o jornalista.

— Hummm...

— Chegamos à barreira com nosso veículo e os caras, milicianos, sei lá, começam a perguntar sobre dinheiro, passaportes, documentos, subornos. Em outras palavras, começam a complicar as coisas, impedindo a nossa travessia, que nossos papéis não estão em ordem, blá-blá-blá. Basicamente, ameaçam nos reter. Coisa assim.

— Mas o que na verdade estão ensinando a você, *tesoro*? Ainda não entendi.

Apesar do carinho, meu pai principiava a soar irritado.

— Bom, a questão é que temos de aprender a livrar-nos da situação, aprender a reagir sem nos enroscarmos mais. Há toda uma série de regras não escritas que precisamos saber, como tirar os óculos escuros, manter as mãos sobre o painel do carro.

— No painel?

— Sim. Depois você tem de saber quanto de dinheiro precisa ter à mão caso decidam reter seu passaporte, como lidar com os caras realmente agressivos, a quem pagar e como. Aparentemente, as barreiras em zonas de perigo são onde acontecem mais incidentes. Nas barreiras atiram nas pessoas o tempo todo, como você sabe.

Começava a falar como Nkosi e Jonathan. Sentia-me bem usando o jargão.

— Basicamente, o que você está dizendo é que lhe ensinam a *subornar* guardas na barreira, certo?

— É, basicamente, sim, se necessário — expliquei, na defensiva. — Caso a situação fique estranha.

Aborrecia-me ver meu pai, entre todas as pessoas, não perceber o sentido daquilo. Ele não era afinal o Senhor que sabe tudo sobre golpes de Estado, guerrilhas e conflitos tribais?

— Mas, Maria, isso me parece mais uma aula de teatro que um curso de treinamento. Como se você estivesse brincando de perigo — replicou. — Imagino como isso irá ajudá-la caso você realmente se encontre na situa...

— O Afeganistão é uma *imensa* barreira.

— Está bem — meu pai disse, ceticamente.

— O quê?

— Nada. Soa apenas um pouco sinistro, pelo menos de onde estou. Além disso, você sabe como é impressionável. Eu não gostaria que você...

— Não, estou bem, acredite. Nos primeiros dois dias, talvez. Mas agora estou por dentro de tudo.

Talvez estivesse começando a se sentir culpado por ter me empurrado para isto, já que podia ver a aventura tomando forma, com todos os seus detalhes horríveis. Mas, àquela altura, não queria lembrá-lo de como eu era inadequada para a missão. Não agora, que começava a me virar. Agora que conseguira fazer Obelix calar a boca.

Mesmo as classes de primeiros socorros tinham assumido outro clima. Todo o papo sobre sangue e amputações não me tirava do sério tanto quanto dois dias antes. Algo mudara nas últimas 48 horas. Eu adquirira uma fé inesperada na resistência do corpo humano agora que começara a vê-lo de outro jeito, como um bloco sólido de carne e ossos, ou ainda melhor, como linguiças. Parecia que, no final das contas, tudo podia ser consertado com uma incisão aqui, alguns pontos bem dados ali, e uma bandagem boa e apertada.

No jantar, Liz Reading conquistara uma posição na mesa de Nkosi e sentava-se entre ele e Jonathan Kirk, rindo e jogando seus volumosos cabelos escuros para trás enquanto Jonathan lhe servia uma generosa taça de vinho. Bob Sheldon, o jornalista australiano — um homem peludo, corpulento e com um ar bovino —, juntara-se a eles. Acenei para Nkosi enquanto segurava meu prato em frente do bolo de carne moída e a couve-flor *au gratin*, mas rapidamente virei o rosto, temendo que me convidasse a me juntar e eles. Eu ouvia a risada tonitruante de Jonathan enquanto ele, sem se preocupar com o volume, contava uma história divertida sobre um encontro com Chávez. Dirigi-me a Mike, o rebelde quieto e quase careca, sentado em uma mesa do fundo sozinho.

— Como andam as coisas? — perguntei.

Ele largou o livro.

— Acho que a novidade se esgotou.

— Quem foi sua vítima hoje?

— Alan, aquele de olhos azuis. Estava ferido na coxa. Uma hemorragia arterial.

— Ah — eu disse. — E foi difícil de tratar?

— Não, resolvi de cara. Ele ficou esguichando sangue em meu rosto com aquela bomba, e não parava. Fazem de propósito. É uma das piadas deles. Escolhem uma vítima para rir dela depois. Eu não estava com ânimo de brincar.

Fungou o nariz e voltou para seu assado.

— Você o deixou deitado, lá no chão, sangrando até morrer?

— Foi. De qualquer modo, não tinha ideia do que fazer com todo aquele sangue borrando meus óculos.

Fizera uma greve. Incrível.

— Olhe, eu sou apenas um contador de uma ONG. Trabalhamos com refugiados — explicou. — Fico o dia todo sentado no escritório com ar-condicionado e um porteiro. Acho que não terei muitas oportunidades de salvar alguém com uma artéria rompida. Se alguma coisa parecida vier a acontecer, acho que chamarei uma ambulância pelo celular para lidar com o problema.

Olhei Mike com mais atenção. Óculos de molduras prateadas, pálpebras caídas, cabelos sem brilho. A textura de suas roupas era mole, confusa e sem vida. Não tinha certeza se estava sendo sarcástico. Cândido, eu diria. Comemos em silêncio por alguns minutos.

— Desculpe, mas posso perguntar uma coisa?

— Claro.

— Você por acaso não é um padre, é?

— Não.

Balançou a cabeça lentamente. Parecia se divertir.

Foi apenas então que notei o livro que estava lendo todo aquele tempo: *O artista interior: uma jornada para a descoberta de sua criatividade escondida.*

* * *

No dia seguinte, o cenário da barreira não se desenrolou exatamente como o planejado.

Estava quase escuro e íamos apertados na van. Keith nos dirigia para o local da ação. A paisagem assumira uma aparência espectral. Garoava de novo e o frio entrava em nossos ossos. Não era o tipo de tarde para passar ao ar livre. Eu teria preferido ler um livro perto da lareira. Os outros riam e contavam histórias, em uma animação ruidosa como a de um ônibus escolar.

Foi aí que ouvimos os tiros. A van brecou subitamente, e fomos engolfados por gritos, saraivadas de tiros, explosões do lado da van. Alguém escancarou a porta. Tive uma rápida visão de roupas de camuflagem e balaclavas negras. Todos gritavam feito doidos. Parecia o fim do mundo.

— Vamos sair desta porra! Fora, seus merdas, mexam-se!

Mãos me apanharam e me jogaram para fora junto com os outros. Antes que tivesse uma ideia do se passava, alguém empurrou minha cabeça para a frente e a enfiou em um saco escuro e áspero. Havia gritos e pancadas para todo lado. Eu não conseguia pensar direito.

— Para baixo! Eu disse para baixo, sua filha da puta!

Senti uma pancada detrás de meus joelhos enquanto duas mãos pesadas me empurravam para baixo pelo ombro. Logo em seguida eu estava deitada de cara na lama fria e escorregadia. Meu coração disparara, o tecido do saco grudava-se a minhas narinas como uma ventosa de sucção e eu batalhava por ar.

Depois as vozes diminuíram todas ao mesmo tempo e desceu um silêncio sobrenatural. Tudo que ouvia eram os passos dos homens na grama molhada (quantos eram? E *quem* eram?). Moviam-se de maneira lenta, de propósito. Eu só conseguia distinguir sons abafados e o farfalhar de folhagem, como se sacos pesados estivessem sendo arrastados. Ouvi passos se aproximando. Alguém chutou meu tornozelo, forçando-me a abrir as pernas. As mãos agarraram meus braços e os afastaram de meu corpo.

Lá estava eu, crucificada, de cara na terra congelada, com a cabeça enfiada em um saco.

Comecei a sentir uma raiva surda. Era inconcebível o que faziam com a gente. Os filhos da mãe. Isso era demais, completamente além da medida. Pagar para ser empurrada, com a cara na lama. Dava facilmente para se pegar pneumonia, ficando daquele jeito na chuva.

— Não vou aguentar isto nem mais um segundo. Vou me levantar.

Mas não levantei. Um lado de meu cérebro me instruía que era melhor ficar no chão, perfeitamente imóvel, se não quisesse arranjar mais problemas.

Ouvi passos cercando-me, sorrateiramente. Ouvi meus sequestradores ocupados com alguma coisa, da qual eu não fazia a menor ideia. Tentei inalar plenamente o pouco de ar que passava pelo tecido — precisava demais respirar — mas o saco colava-se ainda mais a minhas narinas. Comecei a hiperventilar.

Que bom. Ia morrer de asfixia.

Comecei furtivamente a movimentar minhas mãos em direção de meu rosto. Queria pelo menos puxar o tecido de minhas narinas para criar espaço suficiente para que o ar se filtrasse. Mas algo duro me bateu na cabeça (uma bota, a coronha de um rifle? Eu não conseguia mais dizer o que era qualquer coisa). E foi um golpe pesado. Senti uma mão agarrar meu punho e puxar meu braço, empurrando-o violentamente para o chão.

Tentei lembrar do exercício de respiração que aprendera anos antes, que me ajudou a aliviar tensão e ansiedade. Tinha-se de inspirar muito lentamente, segurar a respiração por seis segundos inteiros e depois, lentamente, expirar.

Não conseguia imaginar onde estavam meus companheiros, se estavam longe de mim, e se haviam sido arrastados. Não ouvia suas vozes, ou sentia suas presenças. Será que tínhamos todos afundado naquele silêncio horrível, perdidos uns para os outros, sem a coragem nem de enviar um sinal?

Era isso o necessário? Apenas um momento atrás éramos um grupo, e agora estávamos isolados, cegos, cada um de nós cedendo à gelada solidão.

Não sabia quanto tempo havia se passado. Ouvia a chuva leve batendo nas folhas das árvores, os passos, mais sons que não conseguia identificar, como um tinido metálico contra algo, aqui e ali. Gradualmente comecei a respirar mais normalmente. De qualquer maneira, não sentia mais a lã enfiada em meu nariz.

Passos aproximaram-se. Mais uma vez, o aperto violento e brutal. Senti as mãos buscarem dentro dos bolsos da jaqueta, de minhas calças, virando-me para a esquerda e para a direita como um peso morto, enquanto continuavam pressionando minhas costas com algo pontiagudo. As mãos removeram minha carteira, meu telefone celular, meus óculos e minha chave do quarto. Tocaram-me com uma sensação de impaciência e perigo. Arrancaram meu relógio e meu bracelete, prenderam meu punho tentando tirar meu anel de prata, que estava muito apertado e não saiu.

De alguma forma, embora soubesse que o homem estava apenas desempenhando um papel (podia ser Tim, Alan, Obelix, alguém que eu conhecia), não conseguia me comunicar para explicar que não conseguia tirar o anel havia anos, e que ele provavelmente precisava de sabão se pretendesse tirá-lo. Estava determinado a tirar tudo de mim, e não largou de meu dedo até conseguir, girando o anel de um lado para outro. Depois as mãos levantaram meu cabelo e percorreram meu pescoço, em busca de brincos. Os dedos eram rudes e mal-cheirosos. Seu toque me repugnava. Arrancaram a corrente de ouro de minha mãe.

Usava-a desde que ela morrera, sem jamais tirá-la. Isso fazia dez anos. Comecei a chorar.

— Odeio você — disse. — Eu odeio muito você. Você tinha que fazer esta merda com a gente.

Fez-se um silêncio de chumbo. Mais que silêncio, era uma ausência de vida, como se alguém tivesse desligado o ruído de fundo de insetos, pássaros, plantas e calado a respiração da natureza.

Um tiro subitamente ecoou naquele vazio assombroso. Um tiro distante e isolado, como um instrumento solo. Depois sons de farfalhar em um tumulto em torno de mim. Ouvi pés arrastarem-se no chão como se estivessem sendo levados contra a vontade. Senti medo naqueles passos.

Estão levando-os agora. Um a um. Talvez estejam mortos, pensei.

Outro tiro foi disparado. Nenhum grito, ou luta. Por que nenhum de nós reagia, ou pelo menos tentava descobrir o que acontecia com os outros? Por que ninguém chamava os outros pelos nomes?

Jonathan, Mike, Nkosi, Liz? Não queria que morressem, não queria que nada lhes acontecesse. Eram meus colegas.

Ainda assim, obedecíamos passivamente. Cada um fechado em seu próprio capuz negro, com todas as referências espaciais e todo o senso de orientação perdidos, agora meramente vítimas aguardando a execução. Outro estampido na distância. Havia também alguém apontado uma arma para minha cabeça, pronto a disparar se me mexesse ou chamasse alguém?

Ouvi passos vindo rapidamente em minha direção. Soube de imediato, de alguma forma. Minha vez chegara.

Levantaram-me como uma trouxa de trapos e me empurraram para a frente. Tropecei nos arbustos, no solo irregular, com mãos apalpando-me as costas. Ouvia a respiração pesada dos homens ao me conduzirem. E então as mãos comprimiram meus ombros, forçando-me a me agachar de novo. Senti os joelhos na grama molhada. As mãos apanharam os meus braços e os obrigaram a se cruzar em minhas costas.

Então, é isso.

De joelhos, mãos cruzadas atrás da cabeça, esperando por uma bala que eu nem podia ver chegar. Como um animal em um matadouro.

É assim que se morre. No escuro e frio de uma noite como outra qualquer. Sem uma voz a chamá-lo pelo nome, sem mesmo a visão de outro ser humano. Com a cabeça metida dentro de um saco, sozinho. E você nem mesmo sabe por que isso está acontecendo.

Memórias e imagens se misturam. O refém inglês, o simpático homem de meia-idade no casaco laranja fosforescente. Um momento no carro. O próximo no chão com um revólver na cabeça. Pânico travando minha garganta. E agora o gosto metálico da morte.

É simples assim, e é assim para todos nós. Eu achava que sabia. Mas agora sabia de verdade.

Senti as mãos relaxarem o nó no saco.

Decapitada, não consegui evitar pensar.

Tiraram a máscara do meu rosto. Vi Tim, o Defender sênior. Ele colocou a mão em meu ombro e inclinou-se sobre mim com um sorriso gentil.

— Tudo bem? Na boa? — murmurou, enquanto Alan filmava meu rosto com uma pequena câmera de vídeo.

Sorriu e falou suavemente, para não ser ouvido.

— Você pode ir para dentro, junto com os outros, e tomar um chá. Vejo você na aula assim que terminar com isto.

Aquiesci com a cabeça. Entregou-me um saco plástico com o meu anel, a carteira e a corrente.

— Obrigada — eu disse.

Antes de sair, vi Keith empurrando um Jonathan encapuzado em nossa direção. Olhei-o se ajoelhar em frente de Tim e da câmera.

Vi que Keith o forçara a cruzar os braços atrás da cabeça.

Virei-me em direção ao hotel. Não queria ficar ali. Não queria ver o rosto dele quando tirassem o capuz e revelassem seus olhos.

— Antes de mais nada, olhem bem para vocês mesmos — começou Tim, enquanto passava o vídeo na tela atrás dele. — Depois falaremos do que aconteceu e analisaremos.

A sequência era a mesma para cada um de nós. Lá estávamos, tropeçando pelo caminho, sacos escuros em nossas cabeças. Hesitantes, tomados pelo medo, um bando de grotescas figuras encapuzadas não mais reconhecíveis, ou humanas. A imagem de nossas silhuetas azuladas e granuladas oscilando para fora da floresta em direção à câmera parecia sair direto de algum pedaço sinistro de noticiário.

Agora desabávamos sobre nossos joelhos, com os braços atrás da cabeça. Uma mão puxa o capuz. As expressões aterrorizadas e contraídas, cabelos desarranjados, olhos bem abertos e fixos. Um ensaio geral para o horror.

Ninguém riu quando vimos nossos rostos sem os sacos. Na verdade, a sala estava muda e fria. Era como olhar para si mesmo do além, mirando nossas pupilas um momento antes do gatilho ser disparado. Era nosso último olhar, imortalizado.

Não há dignidade no terror. Se era para ser nossa última imagem, nenhum de nós parecia com o que queria parecer.

— Em segundo lugar, desculpe-nos por aplicarmos, digamos, um truque em vocês, assim sem aviso — Tim continuou, esticando os braços para a frente, num tímido gesto de embaraço —, mas todo o ponto deste exercício é que ele tem de ser completamente inesperado. Num cenário de sequestro, o fator surpresa é crucial.

Neste momento a porta abriu-se e Liz Reading entrou. Devia ter ido lavar o rosto e retocar a maquiagem. Seus olhos ainda estavam inchados e vermelhos de chorar. Sentou-se a meu lado, vestida com uma camiseta de capuz. Meio que gesticulamos uma para a outra, como se quiséssemos reconhecer uma mudança em nossa relação. Senti vontade de dar um tapinha em suas costas, mas me contive.

— Vamos juntos, agora, seguir as várias fases. A primeira é chamada de "dominação inicial". É a fase em que os sequestradores usam muitos gritos e tiros para induzir o choque e subjugar os reféns. Esta é fase mais perigosa da abdução. A adrenalina está no topo e um movimento errado pode lhes custar a vida.

Era exatamente esta a fase da qual nos envergonhávamos. Ficarmos sentados lá, com o copo de chá na mão, observando-nos na tela e analisando o que acontecera, como se fosse um incidente que pudesse ser dividido em fases, tivesse variáveis, quantidades desconhecidas de perigo, um evento que apresentava um problema, mas provavelmente tinha uma *solução*.

A vergonha estava na soma astronômica — Pierre não disse exatamente isso? — que tínhamos de pagar para experimentar nossa própria execução para depois podermos ver seu replay no conforto de uma sala de aula e estudar os comportamentos que salvariam nossa pele.

— A busca é a próxima fase — disse Tim —, e nela o refém é depenado de sua identidade. O propósito principal é criar uma sensação de desorientação. Quem de vocês tentou reagir?

Mãos levantaram-se devagar, e outros começavam a voltar do torpor e atuar de novo. O gelo gradualmente derreteu, com todos aliviados por ter alguma resposta para as perguntas. Afinal de contas fora apenas um exercício, uma encenação, não fora? Desse jeito, o que acabara de acontecer iria embora rápido.

Tim prosseguiu, explicando que, uma vez acalmada a violência inicial, seria o momento de estabelecer um princípio de comunicação com os captores ensaiando pequenos gestos. Instruiu-nos sobre como a fase — número quatro, acho — era crucial porque permitia aos sequestrados negociar água, comida ou cobertores. Meus companheiros tomavam notas. Haviam então voltado a ser os estudantes diligentes que tinham sido a semana toda. Apenas Liz Reading, a espevitada primeira da classe, pronta a flertar com o perigo, parecia incapaz de se controlar. Assoava o tempo todo o nariz com lenços de papel e secava os olhos para conter as lágrimas a descer lentamente, como uma torneira vazando.

Tim continuava, com sua voz grave:

— Pode durar muito tempo. Meses, às vezes até anos. Se as negociações não derem certo de saída, você terá de recorrer a alguns truques para evitar enlouquecer. Um soldado americano foi feito refém dos norte-vietnamitas por cinco anos. Mantiveram-no trancado em uma jaula de bambu, e todo dia o mergulhavam até a cintura em um rio infestado de ratos e deixavam-no lá para apodrecer até escurecer. Bom, vou contar como ele conseguiu não ficar louco. Descobriu um método, uma espécie de disciplina mental. Durante cinco anos, trabalhou para construir em sua mente um hotel de cinco estrelas. Começou com a fundação, depois colocou os pilares, a estrutura de concreto reforçado, o encanamento, a fiação, acessórios, e assim por diante. Todo dia acrescentava uma peça, até ter completado todos os andares, janelas, camas, criados-mudos e penduradores de toalhas. Em uma situação como esta, vocês têm de achar uma saída, e se não houver uma, têm de encontrar uma fuga dentro de suas próprias cabeças.

Liz Reading engoliu um soluço. Sorri-lhe com delicadeza. Ela tentou responder com um esgar. Seu rosto estava todo vermelho e inchado. Coloquei a mão em seu ombro. Ela a agarrou e não a soltou.

O ensaio geral de horror mudou tudo. Nós nos unimos.

Agora, quando chegávamos juntos para mais um jantar, alinhados em frente a outro assado de carneiro e molho de hortelã, olhávamos uns para os outros com uma espécie de gratidão, uma cumplicidade recém-descoberta. Não apenas éramos agora um grupo de sobreviventes, mas outro fator a nos unir era o conhecimento de que todos agíramos do mesmo jeito. O filme dera uma prova irrefutável disso: vimos a parada sombria de nossos close-ups. Tremendo, apavorados e, o pior de tudo, reduzidos ao silêncio imediatamente, sem exceção. Não houvera heróis no grupo — fôramos todos incapazes de chegar a tentar nos salvarmos, sem falar nos outros. Ninguém reagiu, nem quando fomos roubados de nossos mais preciosos e sagrados pertences. Todos sentíramos um terror idêntico, como testemunhara a sucessão de olhares golpeando as lentes da câmera de Alan.

Não era hora de contarmos vantagem sobre balas, explosões de carros, campos minados ou bandidos em fronteiras. Nenhuma experiência prévia na vida real tinha ultrapassado o evento, ainda que simulado, que vivenciamos juntos. Porque debaixo daquela chuva fria, sós em nossos capuzes de aniagem, cada um de nós teve um encontro com aquele eu acovardado que sabíamos que hospedávamos — aquele ser tão desprezível do qual sentiríamos pena, com o qual nos irritaríamos ou do qual nos envergonharíamos, se se manifestasse em outra pessoa. Mas agora, descobrindo-o em nós mesmos, forçados a reconhecê-lo e aceitá-lo, nos tornara mais humildes, abertos e leves.

Empilhamo-nos em um carro depois do jantar, surfando na onda desta nova camaradagem. Alguém sugerira: afinal de contas, precisamos celebrar.

O pub recendia a cerveja e tabaco, pés úmidos e hálitos rançosos. Havia seis ou sete Defenders sentados no bar em frente a uma fileira de garrafas vazias. Brincavam uns com os outros, flertando com a garçonete, que parecia conhecê-los havia séculos. Não era jovem — cabelos tingidos de um negro de graxa de sapato, pálpebras caídas, rugas de fumante em torno dos lábios — e inclinava os ombros sobre o balcão em uma pose que mostrava um decote generoso. Tinha aquela aparência ligeiramente indócil e ordinária de mulheres sensíveis que vivem em espaços apertados, usavam meias grossas debaixo de seus aventais e sabiam como confortar um homem cansado.

Os Defenders deram-nos um tímido gesto de reconhecimento — um meio sorriso, um acenar de cabeça, um ligeiro levantar de uma garrafa — para confirmar que a regra não escrita era que não devíamos confraternizar. Este era o pub deles, onde aliviavam as tensões no final do dia. A última coisa que queriam era nos ouvir resmungar sobre nossos traumas como pseudorreféns. A mensagem implícita era: deixem-nos em paz. Assim, desincentivados por aquela recepção fria, mas ainda excitados com o acontecimento do dia, rumamos para um sofá mambembe na parte dos fundos e pedimos nossos drinques.

A presença simultânea de pseudorreféns e pseudossequestradores no mesmo lugar amorteceu um tanto nossa missão, que era a de nos atirarmos em um *post-mortem* dos eventos do dia, com um ardor turbinado pelo álcool. Esta era a compensação pela qual ansiávamos, sermos nós mesmos afinal, livres para repetir, comparar, elaborar detalhes e dramatizar.

Obelix virou-se ligeiramente, sem um meneio, que dirá um sorriso, de reconhecimento. Passei por ele, esperando que enviasse um sinal ao menos para mim, ao menos pela razão do contato extremamente pessoal que ocorrera entre nós. Afinal de contas, minhas mãos, ensopadas de sangue falso, haviam sentido a pele sob sua camisa. Mas ele apenas dardejou um olhar e voltou-se para a garçonete, que estava rindo, acariciando lentamente seus braços nus.

Talvez aqueles dois tivessem um caso. Tendo de encarar aquele interior desolado por meses a fio, os Defenders tinham de encontrar alguma distração. Talvez cada um deles tivesse uma amiga na cidade com quem pudessem passar a noite, alguma divorciada apimentada que conheceram em um café, ou no supermercado.

A visão das costas amplas de Obelix voltadas para mim, dos seios transbordando do decote profundo da garçonete, da proximidade de seus corpos e de sua perfeita intimidade me incomodava.

Ao final da semana, já me acostumara à rotina militar de nossos dias, à exaustão que baixava sobre mim em torno das 17 horas, ao frio durante os exercícios de campo, a viver em grupo, a comer com os outros e desabar na cama às 22 horas.

Aprendemos como nos livrarmos de minas de solo e sairmos inteiros cutucando o solo, seção por seção, com o mesmo tipo de espeto usado para fazer kebabs. Armávamos macas provisórias com cobertores dobrados de uma certa forma, praticávamos respiração boca a boca e técnicas de ressuscitação cardiopulmonar: disseram-nos como cavar um abrigo na neve caso fôssemos apanhados em uma tempestade, tivemos algumas noções de navegação pelas estrelas, de como fornecer nossa posição pelo compasso, a reconhecer um pacote cheio de explosivos e a checar se a ignição de um carro não estava ligada a um dispositivo explosivo. Enchi caderno após caderno com notas, assisti a uma série infinita de vídeos e slides, minha cabeça estava cheia de regras, advertências e procedimentos.

Eu me acostumara a acordar todas as manhãs antes do dia clarear e ir direto para a academia do hotel, uma pequena sala com cheiro azedo. Geralmente Monika Schluss já estava lá, malhando nas máquinas com lentidão metódica, ouvindo seu iPod. Sorríamos rapidamente uma para a outra, e depois eu corria 20 minutos na esteira. Olhava direto à minha frente e pensava sobre minha vida e em como ela tinha sido tediosa nos últimos anos, até o sol começar a entrar pela janela e as silhuetas das primeiras árvores formarem-se fora — era o sinal de que eu devia ir tomar banho e começar um novo dia de guerra.

No último dia do curso acordei mais cedo do que de costume. Não senti vontade de correr na esteira e comecei a zapear entre os canais de TV enquanto lá fora ainda estava escuro como breu.

Os reféns do Iraque ainda vestiam suas jaquetas laranja, e suas faces pareciam granuladas na luz vívida. Assisti às imagens mudas enquanto o apresentador fazia um relato dos últimos movimentos. Nada acontecera, e era uma questão só de tempo, disse. Quase dois meses haviam se passado desde que foram sequestrados. Quem sabe como eles teriam passado seu tempo, se haviam encontrado uma técnica, uma rota mental de fuga, para evitar a loucura enquanto continuavam a esperar.

Embora o vídeo fosse sempre o mesmo — aquele que os sequestradores haviam enviado para a Al Jazeera fora exibido incontáveis vezes nas últimas semanas —, ele agora me parecia diferente. Era como se a palidez cadavérica deles, os chumaços de cabelo sujo grudados na testa, seus olhares vazios significassem agora, para mim, o prenúncio de suas mortes certas. Como se o destino estivesse escondido nos detalhes, e a cada nova exibição começassem a vir à tona.

Tive de mudar de canal. Um documentário sobre a passagem do tsunami mostrava imagens de arquivo feitas imediatamente após a catástrofe. Um braço saindo dos escombros, uma mãe batendo seus punhos na areia ao lado do corpo do filho, corpos de turistas dando à praia como peixes mortos, uma ruiva em um maiô florido deitada de costas na água como uma boneca. Mudei de canal de novo. Um bombardeio em Tel Aviv. Sirenes de polícia, crianças ensanguentadas fugindo de uma discoteca, macas, cães, detritos, poeira, gente gritando, corpos sob plástico. Ouvi o som abafado de um despertador disparando no quarto ao lado. Hora de levantar. Desliguei a TV com um toque no controle remoto encardido.

O último cenário que os Defenders conceberam foi como a queima de fogos do Quatro de Julho, onde as explosões nunca terminam. Era o auge de todas as catástrofes. Armagedom, o Cogumelo Atômico.

Ouvimos gritos em algum lugar, a distância, e nos encaminhamos naquela direção. Quando chegamos à clareira no lago artificial, deparamos com um massacre.

Não estava claro o que acontecera exatamente, mas talvez essa nem fosse a questão: parecia que todos os acidentes, ataques, explosões, fogo e tiroteios que se pudesse imaginar tivessem acontecido ao mesmo tempo.

Nossos mortos estavam em poças de sangue, cabelos empastados, roupas ensopadas de sangue. Tinham estilhaços de vidro enfiados na carnes, feridas de tiros, mãos cortadas, barrigas abertas. Alguns gritavam, outros buscavam ar, alguns pareciam mortos ou inconscientes.

Peguei um corpo pelos ombros, o primeiro à mão. Lutei para virá-lo e podia ouvi-lo ofegando. Era ele de novo — o ferido da vez, o homem a quem havia socorrido mais que outro qualquer na história da minha vida.

Afastei minhas mãos. Estavam pegajosas e úmidas e, na verdade, já cobertas de sangue. Debaixo da camisa, que eu prontamente cortara com minha tesoura, senti algo macio e quente. Seus intestinos, os famosos intestinos de látex, saíam do corte em sua barriga. Arrastei Obelix pelos ombros até uma árvore e o coloquei recostado, dobrando suas pernas para evitar que os intestinos pulassem para fora. Havia sangue por toda parte e ele também não tinha uma das mãos.

De repente, algo abriu-se em mim. A tensão, a ansiedade que até aquele momento me mantivera funcionando, respondendo e agindo com prontidão, desfaleceram como um paraquedas tocando o chão.

Àquela hora, Obelix mal respirava. O chiado emitido e a mancha de sangue que se espalhava rapidamente em torno de seus pulmões exigiam ação rápida, em apenas alguns minutos antes que seus pulmões entrassem em falência e ele se esvaísse em sangue por causa dos ferimentos.

Mas nem mesmo tentei tirar as bandagens ou a fita adesiva de minha mochila. Ajoelhei-me ao lado e peguei sua mão. Ele me deixou segurá-la sem resistência. Eu a acariciei. Fiquei sentada lá, olhando-o enquanto a chuva batia em meu rosto e minhas botas lentamente afundavam na lama. Esperei até que a respiração ofegante de Obelix se transformasse em um estertor oco. Não me mexi até ele parar completamente de respirar. Só aí larguei sua mão e fechei suas pálpebras com meus dedões. Deitei-o suavemente no chão e cobri seu rosto com um cobertor.

Deixei-o lá e comecei a andar devagar trilha abaixo.

Atrás de mim, ouvia os gritos e lamentos dos feridos tornarem-se mais fracos, assim como as ordens que meus companheiros davam uns aos outros — formavam uma equipe perfeitamente sincronizada — enquanto estancavam sangue, colocavam bandagens, davam pontos, ressuscitavam as vítimas e retiravam-nas do cenário.

Apenas então comecei a soluçar incontrolavelmente.

Porque sabia que não havia nada a fazer. Pelo menos nada, em um cenário como aquele ou na vida real. Porque sabia que nunca conseguiria consertar algo tão trágico quanto o corpo lacerado de Obelix; não havia nada que alguém pudesse fazer para impedir que sua vida fugisse. Porque ver um homem morrer é uma visão insuportável de qualquer maneira, muito mais do que eu podia aguentar.

E porque aquele gesto — afastar-me de Obelix e deixá-lo na lama — havia disparado algo mais profundo que o medo.

Era como uma rachadura começando a se espalhar por paredes íngremes. Eram minhas paredes, e desabavam.

Agora eu via: a morte deitada em um lado da rua, a morte na guerra era diferente da que eu experimentara no branco da enfermaria do hospital onde minha mãe morrera.

Sim, agora eu via. Uma pessoa podia afastar-se de um corpo, deixando-o na lama, como um animal apodrecendo na chuva. Inchado, cheio de sangue, seminu porque suas roupas haviam sido rasgadas. Podia afastar-se, ou tínhamos de nos afastar, para podermos seguir em frente, porque havia muitos mortos, ou simplesmente porque não havia nada que se pudesse fazer. A morte no pó, no chão, era um corpo morto a nos pedir para fechar-lhe os olhos, limpar seu sangue usando nossas mãos, erguer seu peso em nossos ombros.

E é assim que a morte se parece todos os dias, em tantas partes do mundo.

A morte de minha mãe na cama do hospital fora assistida com todos os procedimentos adequados, e ainda assim não consegui tocá-la também. Havia outras pessoas encarregadas de lavá-la, vesti-la, levando-a da cama para o necrotério e daí para o caixão. Gente cujo trabalho era fazer este: preparar os corpos mortos de estranhos todos os dias. Eu, em vez disso, fizera tudo que pudera para evitar olhá-la depois, quando se tornou aquela coisa apavorante, e não mais minha mãe. Quis fugir desesperadamente.

Eu chorava de raiva, porque o jogo sinistro que havia sido forçada a jogar, durante toda a semana, deixara-me mais fraca que antes. O que achava, que um truque de um alfaiate ou açougueiro seria suficiente para costurar um corpo cheio de buracos? Que seria o bastante para impedir-me de desmaiar à vista de sangue? Meu pai estava certo — estivéramos apenas brincando de perigo, de morte. Mas na segunda-feira eu iria para um lugar onde nada soava como um jogo.

Minha entrega final não surpreendeu os Defenders. É verdade que eu deixara Obelix morrer sem ao menos tentar salvar-lhe a vida, mas duvido de que tenha sido a primeira a levantar a bandeira branca. Nem a primeira a ter um colapso que requeresse um chá de camomila e um tranquilizante.

Todos os meus colegas conseguiram, sem exceção, completar o último exercício sem falhas. Mesmo Liz Reading, apesar de sua crise depois do sequestro, recuperara-se plenamente e terminara com uma nota brilhante. Keith, sua vítima do dia, cumprimentara-a durante a avaliação final. Liz corara, ainda com a respiração curta do esforço, o rosto manchado de sangue, o capacete torto sobre a cabeça, os cabelos empastados de lama, incrédula e radiante, como uma adolescente curvando-se aos aplausos na peça da escola. Mesmo Mike, o contador rebelde, havia se atirado de cabeça no tratamento dos feridos da *Guerra dos mundos* e surpreendera todos com sua presença de espírito e suas respostas rápidas, dando ordens a torto e a direito, revelando insuspeitadas qualidades de liderança.

A euforia da última noite na sala de jantar era palpável. Todos se ocupavam trocando números de celular e endereços de e-mail, promessas de manter contato e enviar fotos.

Todos os meus companheiros sentiam-se recompensados por seus esforços. Graças aos Defenders, haviam descoberto uma segunda natureza adormecida no fundo de suas almas, cuja existência lhes fora desconhecida até então. Bastara um pouco de treino para despertá-la, como se fosse um músculo atrofiado. Durante a semana, viram diminuir a ansiedade e o pânico e crescer a capacidade de tomar decisões rápidas e eficientes. O que os havia aterrorizado na segunda-feira não os incomodava mais no sábado.

Vi-os totalmente transformados pela descoberta. Haviam adquirido força, caráter, saíam do curso rejuvenescidos. Essa confiança nova que tinham em si mesmos não me irritava, mas minha derrota pessoal, minha covardia, era infinitamente mais real para mim.

Tim entregou os certificados a todos, um pedaço usual de papel com o nome escrito com letra rebuscada. Deu o meu sem comentário (os Defenders foram elegantes o bastante para ignorar meu fracasso e nunca mencioná-lo na frente dos outros) e me desejaram, sem ironia, acredito, uma boa sorte no Afeganistão.

Aquele pedaço de papel nada valia. Era apenas um certificado de comparecimento que alguns de meus companheiros emoldurariam e pendurariam casualmente nas paredes de seus escritórios, com a ideia de fazer comentários jocosos sempre que perguntados sobre ele. Mas até onde enxergava, ele significava uma coisa com certeza: que eu possuía uma segunda natureza.

Não havia ninguém dentro de mim, à espera de um Defender que a despertasse.

Eu pegaria o primeiro trem para Londres às 7 horas da manhã do dia seguinte. Antes de deitar fui me despedir de meus instrutores. Senti-me insegura de me arrastar até a mesa deles, sozinha, mas não haveria outra ocasião para despedidas.

Permaneciam sentados, com a mesa cheia de restos do jantar e garrafas vazias. Obelix limpava os dentes com um palito.

— Oi, só queria agradecer-lhes. Parto amanhã e à noite pego meu voo para Cabul — informei.

Os Defenders grunhiram. Keith, que estava mais próximo, apertou minha mão.

— Bom, faça uma boa viagem. Se você conseguir colocar em prática pelo menos um décimo do que aprendeu, o curso terá sido útil.

Era provavelmente uma frase feita, proferida mecanicamente, como se fosse a centésima vez que o fizesse.

Olhei para Obelix. Era a quem eu desejara dizer alguma coisa. Queria achar um jeito de falar que ele significara muito para mim, que eu sentia muito tê-lo abandonado.

— Desculpe ter falhado. Eu não consegui encarar — disse, esperando cruzar com seu olhar.

Obelix encolheu os ombros, ainda ocupado em desalojar o que estava preso a seus dentes. Seu cabelo parecia esticado e descorado, amarrado naquele triste rabo de cavalo. Seu bronzeado era muito escuro para ser natural.

— Acontece — murmurou, olhando para o teto enquanto manobrava seu palito de dentes. Tossiu e virou a cabeça, cobrindo a boca com a mão.

— Tudo bem. Até mais, então — cumprimentei.

Estiquei a mão. Quis dizer algo como espero vê-lo de novo. Era minha última chance de fazê-lo saber que seu corpo fora para mim mais que um espécime de anatomia. Não era apenas uma cobaia com a qual eu fizera experiências.

Mas Obelix não se virou para apertar minha mão. Continuou tossindo, como se seus pulmões fossem arrebentar.

Dois

— Então, enfiaram um saco na sua cabeça?

Na segunda à noite Imo me esperava no check-in da Emirates embrulhada em um casaco preto que ia até os pés, usando na cintura um cinto masculino de couro largo. Com botas velhas de uso e um gorro de pele de carneiro, parecia pronta para uma aventura no Afeganistão, pelo menos quanto à roupa. Presumi que sua inspiração ficava a meio caminho entre Clint Eastwood e Tolstoi, mas de alguma forma parecia que ela sempre se vestira daquele jeito.

— Sim... foi — gaguejei. — Sequestraram você também?

— Claro. É a *pièce de resistance* do curso. Todo mundo sabe que num dado momento você é jogada para fora de uma van com uma porção de gritos e enfiam sua cabeça num saco de aniagem. Grande surpresa.

Começou a vasculhar na grande bolsa que tinha no ombro.

— Esses caras que dirigem o negócio são todos aposentados. Fala sério. Eles têm de botar comida em casa, certo? *Por favor*, onde foi que eu coloquei...? Isso me deixa maluca. Nunca consigo achar nada aqui dentro.

Ajoelhou-se, esvaziando o conteúdo da bolsa no chão. Saíram a carteira, uma volumosa nécessaire de maquiagem, uma vela perfumada, um par de meias de lã perfeitamente dobradas, um xale muito macio — provavelmente um daqueles *shahtooshes* proibidos —, uma biografia de Catarina, a Grande, o iPod Nano mais recente, um pote de creme La Mer.

— Ah, achei. — Apanhou seu pequeno celular e começou a colocar tudo de volta na bolsa. — Lembre-me depois de ligar para o jornal e pegar o número daquele cara em Cabul onde temos de apanhar nossas coisas.

— Que coisas?

— Os coletes à prova de bala, os capacetes e o telefone por satélite. — Piscou os olhos e suspirou enquanto fechava o zíper da bolsa.

— Ah, bom — repliquei, aliviada. Esperava ela mencionar que pegaríamos aquele tipo de equipamento no caminho.

Tivéramos uma aula inteira sobre vários tipos de roupas à prova de balas, e examinamos tipos diferentes do material — era chamado Kevlar, mas eu aprendera que havia várias espécies de Kevlar com capacidades diferentes de absorver o impacto de uma bala. Agora eu me sentia mais ou menos uma especialista e não podia deixar de me exibir.

— Disseram que tipo de colete vão nos dar?

— Não tenho a menor ideia, mas não faz mesmo diferença, querida — afirmou Imo, ficando de pé e pegando-me pelo braço. — Não vamos vesti-los, de qualquer forma. Ficarão atrás do carro, para o caso de precisarmos, para manter alegres o editor e a companhia de seguro. Ele foi incisivo de que devíamos tê-los à mão. Mas não há hipótese de ficarmos rodando parecendo soldados.

— Não vamos vesti-los, então?

— Claro que não. Isso é tudo de que a gente precisa, aparecer de capacete e colete. Seria como ter "alvo ocidental, por favor sequestre" escrito em nossas testas. Bom, vamos embora, chamarão logo nosso voo. Nossa, olhe o tamanho desta mala. Quanta coisa você trouxe?

— É que... eu pensei que... olhe, Imo. Sobre os coletes: os Defenders disseram que nós devíamos...

— Esqueça o curso agora, Maria. É útil, mas eles também falam um monte de besteiras. Acredite-me, é melhor ficarmos parecendo gente local, sabe, pessoais normais. A questão é nos misturarmos o mais possível.

Imo certamente tinha informações privilegiadas, e isso parecia não bater com as regras básicas de segurança pessoal que eu acabara de aprender.

— Está bem. Mas então, devemos vestir o quê? Burcas, como as Vaginas do Jornalismo? — Tentei soar sarcástica, procurando esconder minha desorientação.

— Não, só quero dizer que não devemos ficar dando bandeira, só isso. Roupas regulares. Sem mostrar os peitos e as pernas, claro.

Olhou meu casaco.

— Você não tem nada menos vistoso que isso, tem?

— Não, esta é a coisa mais quente...

— Hum. — Chacoalhou de leve a cabeça. Dava para ver que não gostara nem um pouco do meu grosso casaco de xadrez verde. A cor era abominável e não combinava mesmo comigo. Eu o comprara em uma liquidação, no último minuto, apavorada com as temperaturas polares de Cabul que vira online.

— O que há de errado com ele?

— Nada, é que com esta cor verão você chegando a quilômetros de distância. Além disso, apenas uma mulher ocidental vestiria uma jaqueta verde fosforescente. A ideia é nos camuflarmos com as cores usadas lá, entendeu?

— Claro. Mas infelizmente acho que não trouxe nada...

Ela me pegou pela manga.

— Tudo bem, não se preocupe. Eu lhe empresto alguma coisa. Venha, vamos comprar algumas revistas idiotas. É um voo interminável.

Então seu celular tocou. Ela leu o nome no visor e fez um gracioso giro sobre os pés, curvando-os para dentro.

— Alô? — Depois, explodiu numa gargalhada e começou a falar muito rápido em russo.

Segurou meu braço e afastou-se em grandes passadas, com a expressão se tornando subitamente séria e atenta, perguntando a seu interlocutor uma questão atrás da outra. Manteve um aperto forte em meu cotovelo durante a conversa e dirigiu-me para a banca de jornais. Ainda falando, e agora parecendo um pouco preocupada, apontou com o queixo *Vogue*, *Harper's & Queen*, foi até a próxima prateleira e indicou *The New Yorker*, que diligentemente apanhei junto com as outras duas. Então, direcionou-me para o caixa, onde fez um gesto com a mão, segurando o celular entre a orelha e ombro enquanto mexia na bolsa, querendo dizer que pagaria, ouvindo agora o monólogo do interlocutor e aquiescendo com uma série de esparsos *"da... da... da..."* enquanto apanhava a carteira. Pagou e disse um obrigada mudo ao caixa, ainda conversando em russo, e fomos para o portão de embarque. Quando finalmente chamaram o voo para Dubai, ela ainda estava andando para lá e para cá a uma certa distância, imersa em sua ligação. Tive de abanar meus braços com vigor para chamar sua atenção, indicando-lhe que todos os outros passageiros já haviam embarcado e que sobráramos apenas nós duas. Dirigiu-se a mim, desligou o telefone e suspirou.

— Trabalho, trabalho, trabalho. Você sabe como é.

* * *

No avião, Imo dormiu quase o tempo todo, encolhida em seu *shahtoosh* com os fones do Nano nos ouvidos, usando aquele mesmo par de meias de caxemira que carregava na bolsa.

Não consegui fechar os olhos por um segundo. Passei a maior parte do voo olhando o monitor que mostrava nosso progresso. Enquanto avançávamos, os nomes das cidades na tela azul adquiriam um som crescentemente fabuloso: primeiro Baden, Budapeste, depois Teerã, Baku, Tashkent, Samarcanda, Dushanbe. Protegidos como estávamos no casulo do avião, embalados pelo sussurro do ar-condicionado e os sons baixos da cabine, era incrível pensar que estas duas realidades — o avião preenchido por pessoas de várias procedências e as terras abaixo — haviam na verdade se fundido em uma coisa só. Olhei para os lustrosos executivos árabes trabalhando em seus laptops, as barulhentas crianças paquistanesas correndo pelo corredor, as comissárias do Leste Europeu em seus uniformes discretos da Emirates distribuindo suco do carrinho de lanches, o jovem casal australiano checando seu guia de viagem Lonely Planet. Se tivéssemos de fazer um pouso forçado, iríamos nos ver cercados por tendas nômades? Ou seriam as estepes? Ou o deserto? Ou era na Mongólia que havia o deserto e as tendas nômades?

À luz da alvorada, o Hindu Kuch subitamente revelou-se abaixo da barriga do avião. Brilhando na luz dos primeiros raios de sol que a tingiam de rosa, aquela gigantesca cadeia de montanhas era uma aparição hercúlea que evocava trombetas soando alto, uma trilha sonora wagneriana. Queria acordar Imo e gritar-lhe que estávamos voando sobre os Himalaias. Eu estava possuída de uma euforia inesperada e doida (mas o que era aquilo mesmo? Os Himalaias ou o Kuch, ou eram a mesma coisa? Como era irritante não saber), mas ela dormia tão profundamente que nem parecia respirar: assemelhava-se a um embrulho de lã cara esquecido no assento.

Além dos picos, vi o deserto pedregoso começar a se espalhar nos sopés das montanhas, anunciando o Afeganistão. A trilha sonora wagneriana subiu um ponto. Eu conhecia aquele deserto. Eu o havia visto e desenhado em mapas consultados nas semanas anteriores. Quando o avião começou a descida percebi que a vastidão do deserto e a aspereza do terreno não eram mais apenas abstrações, meras cores em um mapa. Em poucos minutos, quando a porta da cabine se abrisse, eu cairia direto naquele lugar chamado Afeganistão. Olhando de cima, aquele território imenso e enrugado, cercado por montanhas, fora o bastante para me dizer que lá o jogo tomava proporções imensas. Subitamente, toda a semana passada com os Defenders — os slides, os tiros falsos, as bolsas esguichando sangue, os intestinos de látex e as explosões entre sebes podadas e carvalhos úmidos — pareceu uma tentativa patética de colocar ordem em uma vastidão dominada por forças titânicas.

Tendo chegado tão longe quanto aquela terra de ninguém, senti que voltara à estaca zero.

Hanif havia sido altamente recomendado a Imo por um colega na BBC e supostamente era o homem que resolveria qualquer problema assim que puséssemos os pés no país. Fora descrito como um excelente quebra-galhos, alguém que conhecia um monte de gente em vários ministérios e poderia facilmente conseguir passes, fazer-nos passar por barreiras sem problemas, que falava bem o inglês e estava acostumado a trabalhar com ocidentais. Nos primeiros dias do regime Talibã, Hanif fugira para o Paquistão e vivera em Peshawar como refugiado. Tinha voltado a Cabul havia poucos anos e atualmente trabalhava na recém-renascida TV afegã. Em resumo, Hanif tinha a reputação de ser o número um no que dizia respeito a eficiência e carisma, e Imo fizera de tudo para assegurar seus serviços.

— Ele é o cara que realmente *lê* o noticiário das 6 horas. Aparentemente, nos últimos meses vem sendo também o apresentador de um programa de conhecimentos gerais que vai ao ar uma vez por semana. Todo mundo pedirá seu autógrafo na rua. Será como viajar com Madonna — Imo afirmou enquanto iniciávamos a descida.

Cabul parecia uma mancha empoeirada e sem cor.

— Por que precisa de um trabalho extra se é estrela da TV? — perguntei.

— Porque lhe pagamos 180 dólares por dia, que é provavelmente mais que metade de seu salário mensal, é por isso. Acho que você não entendeu: não há eletricidade nem estradas neste país. — Olhou-me nos olhos. — Todo mundo é pobre, Maria, todo mundo está lutando. Ninguém é uma estrela no Afeganistão, Maria.

Ela tirou da agenda uma cópia de um e-mail que ele lhe mandara.

"Bom dia, senhorita Glass, espero que esteja bem de saúde, assim como sua família. Desejo que sua profissão siga como deseja e desejo-lhe muita prosperidade. Estarei honrado de trabalhar à sua inteira disposição, mas sou obrigado a alertá-la, a estrada para o vilarejo que quer visitar está muito prejudicada pelos detritos de uma explosão e atualmente não é possível passar pela cratera, mas *inshallah*, talvez os detritos sejam removidos antes de sua chegada e possamos prosseguir."

A primeira coisa a nos dar as boas-vindas em chão afegão, na luz do começo da manhã, foram três grandes pôsteres pregados do lado de fora do edifício do aeroporto. Um deles era um enorme retrato do presidente Hamid Karzai com seu gorro de astracã, citando uma frase em inglês sobre paz e democracia. O segundo era uma imagem ainda maior, do grande herói afegão, o general-comandante Massoud, o Leão de Panjshir, líder da resistência contra o Talibã — um belo homem com olhos amendoados e um *pakol*, o chapéu de lã pashtun. Abaixo de seu rosto havia uma frase explicando como a paz e a democracia foram sua missão, mas que ele infelizmente não vivera para vê-la cumprida. O terceiro pôster, verdadeiramente gigantesco, era um anúncio da Roshan, a nova companhia de telefonia móvel, dando as boas-vindas aos passageiros chegados ao novo Afeganistão.

— Excelente — ponderou Imo, fitando o anúncio da Roshan. — Ainda não têm eletricidade, e querem vender telefones celulares.

Olhamos em volta, esperando ver um sujeito de peruca e óculos escuros, com uma jaqueta cheia de bolsos, apoiado em um SUV. Em vez disso, Hanif — gordo, com nariz proeminente, papada dupla, olhos negros cansados — parecia mais uma versão oriental do inspetor Clouseau, com sobrancelhas grossas e um bigode bem-aparado. Apesar da temperatura abaixo de zero, vestia um terno azul-marinho listrado — o mesmo que usava para ler as notícias das 6 horas, como descobrimos depois —, gravata vermelha, uma capa leve e sapatos de couro preto com sola de borracha. Eu o havia visto logo que chegamos ao desembarque, segurando uma folha que dizia "Imo Glass". Meu coração encolheu. Parecia mais um chofer de limusine que um repórter destemido trabalhando em uma zona de guerra. Ajudou-nos a pegar as malas e rapidamente levou-nos para o estacionamento. Havia muita gente andando depressa, entrando e saindo de carros, acenando e chamando uns aos outros. Todos tinham armas. Enquanto nossos companheiros de voo saíam em disparada do estacionamento do aeroporto em peruas high-tech, a diesel, dirigidas por homens musculosos, Hanif abriu as portas de um velho Ford empoeirado — o carro estava incluído em seu pagamento diário — cujo escapamento parecia arrastar no chão. Nenhum Defender digno daquele nome aprovaria os padrões de segurança do veículo.

— Tem certeza de que isso nos levará até o vilarejo? — Imo perguntou.

— Sem problemas. Já fomos a todo lugar nisto. É perfeito. Muito seguro.

— E a cratera?

— Ainda há detritos, mas acredito que podemos passar. Não será um problema.

— Hummmm.

Imo olhou desconfiada para o cano de escapamento. Depois voltou-se para mim e deu de ombros.

— O que posso dizer? Provavelmente ele tem razão. E nós certamente não vamos nos expor nesta coisa.

Dei uma olhada nos motoristas dos 4WDs em jaquetas de camuflagem e vidros escuros, desejando estar dentro de um de seus carros. Mas Imo tinha uma opinião diferente.

— Homens-bomba não vão perder tempo explodindo duas mulheres em um Ford esbagaçado. Aqueles caras parecem muito mais promissores como material de resgate.

Fora do aeroporto, a primeira coisa que vimos foi um veículo militar do exército italiano. Rostos napolitanos e sicilianos, estranhamente familiares, parecendo tensos e cansados em seus pesados uniformes de camuflagem. Senti vontade de acenar-lhes, como se fossem um bom presságio. Sabia que desde 2001 milhares de soldados haviam sido mandados para o Afeganistão, de 37 países, em sua maioria americanos e ingleses. A Força de Assistência e Segurança Internacional tinha cerca de 32 mil homens espalhados entre Cabul e as províncias. Soldados americanos pareciam estar em todo canto, dirigindo o trânsito, portando armas do lado de fora de edifícios com altos muros contra explosões.

Além dos soldados, Hanif nos disse, havia milhares de civis estrangeiros vivendo em Cabul: pessoal da ONU, consultores de todo tipo, funcionários de ONGs, construtores e executivos astuciosos. Milhares que precisavam de alojamento apropriado, telefones que funcionassem, bons restaurantes, bons carros, TV por satélite, macarrão, pasta de dente Crest, pão branco, flocos de milho, papel higiênico macio, Coca-Cola e álcool. Havia um mercado negro que supria essas extravagantes necessidades. Na época da invasão soviética chamava-se o Bazar Brezhnev e vendia produtos russos. Agora fora rebatizado de Bush.

— No Bazar Bush vocês podem achar biscoitos Oreo e xarope de panqueca Aunt Jemima. É uma loucura o que vendem lá. Até óleo de bronzear de coco — Hanif riu. Por causa dos estrangeiros, os preços de quase tudo haviam disparado a tal ponto que a vida se tornara fora do alcance dos habitantes locais, mais agora que antes da intervenção americana. Embora a cidade fosse uma pilha de detritos, "o custo da moradia era mais alto que em Manhattan", Hanif dissera. E os preços ainda estavam subindo.

— Eu devia ter comprado a casa na qual vivo quando minha mulher e eu voltamos de Peshawar. Agora ela custa 20 vezes mais — contou, sem amargura, balançando a cabeça.

Hanif levou-nos direto ao hotel que havia nos reservado. Era uma pensão novinha em folha que pertencia a um primo de sua mulher.

— Conforto máximo — assegurou-nos.

— Você tem certeza de que tem conexão com a internet? — Imo perguntou, desconfiada.

— Sim, sim, conexão. Há telefone, televisão, tudo. Meu primo voltou de Londres há seis meses e construiu esta pensão no estilo europeu. — Hanif riu, satisfeito. Vi seu rosto sorrindo para mim no espelho retrovisor, no qual estava pendurada uma peça ornada com uma borla na forma de uma letra árabe.

Fora da janela estava Cabul.

Perscrutei pela janela, apertando meus olhos cansados. Apenas uma palavra me vinha à mente para descrevê-la. Marrom.

A cidade espalha-se como um manto sobre duas colinas. Havia subido as colinas obstinadamente, como trepadeira, não deixando espaço, e conseguira cobri-las e a extensão a seus pés. Tudo era marrom: a cor das casas, as árvores peladas, a sujeira pousando sobre tudo. Marrons eram os rostos dos homens que andavam em grupos, marrons eram seus casacos, marrons os sacos de aniagem de carvão empilhados ao lado da rua. O céu era marrom. Uma cidade com cor de camelo, coberta por uma camada de pó: um panorama que na primeira luz da manhã já parecia gasto.

A pensão do primo de Hanif era uma obra em construção. Alguém misturava cimento no pátio. Dois homens construíam uma parede que supostamente seria o lobby. Uma geladeira enorme estava estacionada na entrada, ainda embrulhada em plástico. Outros homens cuidavam da fiação. Hanif indicou o caminho, sorrindo enquanto abria caminho com os cotovelos entre os trabalhadores, desviando de latas de tinta, tábuas, escadas.

— Por aqui, por favor. Sigam-me. — Havia um cheiro de gesso e tinta e o som de uma furadeira. Hanif chamou alguém e sua voz ressoou na sala vazia.

— Ficará tudo bem. Só mais um pouquinho de trabalho, mas os quartos de vocês estão prontos.

Seu primo apareceu. Era o sujeito magro com a furadeira. Seu nome era Rashid. Fora motorista de táxi em Londres durante dez anos, disse, e incentivado por sua experiência metropolitana, decidiu retornar a Cabul e ingressar no turismo. Imo e eu fomos conduzidas a quartos recém-pintados. Um estava vazio, e a mobília estava empilhada em uma pirâmide no outro.

— A água estará funcionando amanhã — disse Rashid. Hanif assentiu, convencido. Não havia azulejos, nem pia, nem vaso no banheiro.

— Mas o quarto está pronto... Tem uma cama grande, a mesa, a televisão...

Senti meu coração afundar. A temperatura no quarto não podia estar acima dos cinco graus, já que uma fumaça branca saía de minha boca quando eu respirava.

— Grande. Agora ouça, Rashid. Tem algumas coisas.

Imo não parara de sorrir. Sentou-se na cadeira que tirara do meio da pirâmide e cruzou as pernas. Olhava em torno, medindo o espaço como se fosse editora do *The World of Interiors* e procurasse um ângulo para uma foto.

— Antes de mais nada, eu gostaria de cumprimentar você. Este hotel será sensacional. Benfeito, mesmo. Acho que você teve uma ideia brilhante. É verdade que Cabul precisa de mais hotéis — haverá cada vez mais ocidentais que precisarão de lugares confortáveis para ficar. — Ela fez um gesto em direção aos móveis. — Olhe esta cama adorável, a mesa, todas estas coisas antigas. O principal é colocar uma porção de tapetes lindos no quarto, não acha? Tapetes ajudam mesmo, mas...

Levantou-se e me pegou pelo braço, puxando-me como se eu fosse sua mala.

— Agora precisamos ir, porque não podemos esperar outros cinco minutos antes de tomar um banho. Nós viajamos 18 horas, sabe? Maria não dormiu, eu estou desesperada por um prato de ovos mexidos com bacon e algumas frutas, e parece que vocês ainda não estão prontos para arrumar o tipo de café da manhã que eu imagino. Obrigada por tudo, meus cumprimentos de novo, meu amigo, continue trabalhando bem. Venha, Hanif, vamos embora.

Imo estendeu a mão para Rashid, que a olhou perplexo, talvez despreparado por aquela reação tão brusca.

— Tudo de bom para você e sua família, seu negócio, eu lhe desejo grande prosperidade e sucesso. Foi um prazer conhecê-lo, de verdade. Meus cumprimentos mais uma vez.

O sorriso de Hanif desabou. Trocou um olhar desconcertado e desapontado com o primo, mas desistiu de tentar e não foi mais persuasivo.

No carro, Imo evitou qualquer referência ao desconforto de Rashid. Ela folheava um guia.

— Vejamos. Aqui, olhe: Hotel do Babur, ou o Jardim de Cabul, por exemplo. Hanif, o que você acha? Sabe onde ficam? Tem um número de telefone para qualquer destes lugares?

Era uma chamada à ordem, e estava claro que não iria perder mais tempo, mas fez aquilo soar como se pedisse um conselho e se importasse com sua opinião. Hanif gaguejou que sim, conhecia os dois lugares, não era um problema, e começou a mexer em seu velho Nokia.

As ruas, lentamente, enchiam-se de gente. Correntes de homens andavam em colunas, ou empurravam carroças ao lado da estrada. Um sol pálido rompeu as nuvens cor de areia e agora iluminava os borrões coloridos das barracas das ruas: montanhas de romãs, maçãs vermelhas, folhas verde-escuro.

Aqui e ali uma mulher cruzava a rua, uma mancha azul-celeste, um fantasma, um farfalhar cerúleo que se expandia com o ar e desaparecia atrás de um carro. Era como dar pela primeira vez com uma girafa na África. Afinal de contas, uma girafa não era apenas uma singularidade em uma foto? De certa forma, sempre achei difícil acreditar que um animal tão pré-histórico, com um pescoço tão longo, existisse de verdade em algum lugar. Loucura pensar que se podia cruzar com uma delas, pastando placidamente em uma acácia espinhosa. E agora, cercadas por absoluta indiferença, elas também apareciam — mulheres em burcas, como as que vira em muitas fotos, claro — mas estas mulheres estavam ocupadas fazendo compras, contando dinheiro em suas bolsas, ou esperando o ônibus na calçada, aparentemente envolvidas por seus afazeres cotidianos, como se fosse completamente normal viver sob uma tenda.

O Jardim de Cabul havia fechado, mas depois de alguma pechincha, Hanif convenceu o gerente do Hotel do Babur a nos dar dois quartos, com a promessa de que sairíamos em uma semana, já que estavam reservados havia tempo.

Meu quarto era espaçoso, com mobília escura e pesada, tapetes no chão, espelhos. Debaixo da janela havia um sofá-cama de veludo verde, uma velha escrivaninha laqueada e uma cadeira giratória de madeira. Um aquecedor a gás em um canto difundia um calor agradável. Inspecionei as almofadas no sofá, corri um dedo pelo batente da janela, olhei debaixo dos tapetes: havia poeira em todo canto. Os tapetes eram surrados e o forro do sofá estava rasgado. Os soquetes elétricos pareciam datar da Primeira Guerra. O silvar do aquecedor me deixava nervosa. Pensei nos vapores de gás que tinham um cheiro tão tóxico.

O banheiro ficava na passagem e não tinha aquecimento. Ir lá era como entrar em um iglu. No batente da janela havia um número de pistas indicando presença masculina. Um pote de creme de barbear e uma fatia fina de sabonete amarelado, um xampu barato comprado em um supermercado americano. Grudados no sabão, encontrei dois grossos fios de cabelo negros.

Uma hora mais tarde, bati na porta de Imo. Encontrei-a encolhida no sofá, cabelo enrolado em uma toalha e um sorriso triunfante no rosto. Cheirava a xampu. Acendera uma vareta de incenso e conectara seu iPod em um par de alto-falantes portáteis. Ouvia alguma estranha música eletrônica misturada com o que soava como monges tibetanos cantando. Xales e roupas coloridas estavam pendurados no armário, e livros perfeitamente alinhados na escrivaninha. Parecia que vivia lá havia séculos.

— Olhe isso. Não é perfeito? Estou morrendo de fome, e você?

Na mesa baixa havia uma bandeja com ovos mexidos e bacon para dois, suco de laranja, um bule de chá preto e duas fatias de bolo. Deu uma palmadinha no sofá ao lado dela, como se chamasse um cachorrinho.

— Venha cá, Maria. Merecemos um café da manhã de verdade. Olhe lá.

Apontou para a janela, que oferecia uma vista de uma das duas colinas, com suas ladeiras atapetadas de casas de tijolos. O céu havia clareado — de marrom, havia se tingido de um intenso azul. Soprava um vento suave, varrendo a poeira e as nuvens acinzentadas.

O plano era ficar em Cabul alguns dias fazendo entrevistas, conseguindo vistos para viajar para fora da cidade, e depois dirigirmo-nos para os vilarejos, onde tentaríamos falar com as famílias das mulheres que haviam se imolado, e possivelmente com outras garotas em idade de casar. No papel, parecia factível. Pela hora do almoço, tanto Imo quanto eu tínhamos percebido que no Afeganistão o conceito de movimento necessitava de reinterpretação.

Depois de nosso suntuoso e caseiro café da manhã, encontramos Hanif na grande sala de almoço do hotel. No fundo, os hóspedes tomavam café da manhã sentados juntos em uma longa mesa, como uma família. Pareciam ser todos homens e ocidentais. Ousei dar apenas uma espiada e vi relances de costas poderosas, coletes militares, botas de deserto. Entreouvi um sotaque nasalado do sul dos Estados Unidos. Alguma coisa na atitude deles tinha me desencorajado instantaneamente. Talvez fosse a falta de resposta à minha aparição. Nem uma única cabeça se virou, nenhuma saudação foi ouvida, nem um sorriso produzido. Na verdade, a julgar pela sensação de gelo que vinha da mesa, parecia que nossa chegada não os havia perturbado.

Imo sentou-se em uma mesa menor, de costas, abertamente ignorando-os. Abriu um mapa do país sobre a mesa e mostrou a Hanif aonde queria ir. Ele pareceu incerto (em dúvida) quanto à possibilidade de se cobrir grandes distâncias. Muitas extensões de estrada estavam interrompidas, mas, acima de tudo, viajar não era seguro em lugar algum.

Toda vez que Imo lhe perguntava sobre algum vilarejo, eu o via inclinar a cabeça em um movimento que mostrava certa apreensão, mas nunca dizia abertamente não. Era quase como se temesse que sua prudência fosse interpretada como rudeza. Invariavelmente, assumia uma postura vaga e falsamente disposta, o que de fato para mim transmitia uma sensação de incerteza terrível.

— Tudo pode ser feito, sem problemas. Só temos de ir devagar.

— Mas estas áreas são seguras? Podemos ser atacadas? — perguntei, alarmada, enquanto Imo dobrava o mapa, contente com seu plano.

— Não, mas talvez seja uma boa ideia viajarem com as cabeças cobertas fora da cidade. Melhor parecerem com mulheres afegãs. Desse jeito ninguém vai nos incomodar — disse Hanif, satisfeito de ter apresentado uma solução.

Será que "incomodar" queria dizer em seu léxico "sequestrar"?, perguntei-me.

Nos dois dias seguintes descobrimos que andar pela cidade também não era coisa fácil. Cabul não tinha eletricidade, e quando chegava a noite a cidade mergulhava na escuridão. Ainda que o toque de recolher tivesse sido suspenso, Hanif nos disse que era melhor não sair no escuro. E nunca, jamais, caminhar.

Havia bloqueios com soldados armados em todos os cruzamentos principais, arame farpado serpenteando sobre os muros, blocos gigantes de concretos colocados em torno das embaixadas e das sedes de organizações militares, para protegê-las de possíveis ataques. As ruas eram fechadas ao tráfego durante horas se veículos militares tivessem que passar, e o trânsito ficava infernal. Grandalhões do exército americano em capacetes paravam os carros, apontando metralhadoras e gritando com os motoristas para abrirem caminho aos veículos militares de seu país. E estes disparavam de dentro de suas bases cantando pneus, acompanhados de gritos intimidadores, por uma onda de tensão que fazia pressentir perigo, ansiedade, acontecimentos iminentes imprevistos.

A guerra acabara e este era um período de reconstrução, diziam os políticos. Pierre também enfatizara isso em seu primeiro telefonema — a presença militar era apenas uma força para assegurar o processo de paz e democracia, mas não havia qualquer sensação de paz. Não apenas por conta do que vi nas ruas — uma cidade semidestruída cercada por soldados e armas —, mas pelo que sentia no ar, como um odor venenoso. Era evidente que entráramos em um mundo sem fronteiras, um mundo de insanidade muito maior do que qualquer coisa que eu imaginara em casa. O que era pior é que se podia dizer que ninguém controlava a situação. Sentia-me como se sente um cão que cheira medo em torno de si: todos tinham de estar alerta para qualquer eventualidade. Não, nada parecia em paz para mim nas ruas de Cabul.

A primeira coisa que fizemos foi apanhar equipamentos que Pierre nos disse que mantivéssemos conosco o tempo todo. Havia nos instruído a pegar as coisas no escritório de Jeremy

Barnes, um repórter freelance para a Sky News. Imo torceu o nariz.

— Sei quem ele é. Trabalhava para o *Guardian*, séculos atrás. Nunca o encontrei, mas ele teve um caso com alguém que conheço.

Não tive dúvidas de que Imo o conhecera e o classificara. Antes de entrar no carro, cutucou-me com o cotovelo.

— Não fale nada sobre este cara na frente de Hanif. Ele trabalhou para Jeremy e o adora completamente. Diz que ele é o jornalista número um em Cabul.

Imo arqueou uma sobrancelha.

No caminho para o escritório de Jeremy, Hanif repetiu para mim que eram velhos amigos e enfatizou entusiasticamente como Jeremy fora o melhor repórter com o qual trabalhara.

Ele abaixou a janela do carro e acenou para o guarda armado no posto de sentinela na entrada. O guarda despertou ao reconhecer Hanif e inclinou-se para dentro do carro, querendo apertar sua mão.

Caminhamos para um edifício modesto. O andar térreo estava vazio, sem mobília, e um vento gelado vinha das janelas quebradas. Um homem em um casaco de lã estava sentado em uma cadeira perto de um aquecedor, com uma chaleira em um fogareiro elétrico. Abraçou e cumprimentou Hanif.

O escritório de Barnes ficava no primeiro andar. Era uma sala grande com mapas militares e fotos pregados nas paredes, um par de computadores, uma TV antiga, linóleo dobrando-se nos cantos do chão. Jeremy estava escarrapachado em uma cadeira giratória com os pés na mesa, a cabeça inclinada para trás, falando animadamente ao telefone com uma caneta na mão. Acenou vagamente para nós indicando com a ponta da caneta que devíamos sentar no sofá baixo, coberto com o xale de lã marrom que eu via todos os homens usarem. Fez um gesto de "eu falo com vocês em um minutinho". Hanif não se sentou, mas examinou as paredes para estudar as fotos, com ar de satisfação. Pegou uma delas e a trouxe até nós. Mostrava ele e Jeremy em uma passagem rochosa e coberta de neve, um tanque ao fundo, ambos com armas, entre um par de homens barbados, com metralhadoras e bandoleiras atravessadas sobre o peito. Os quatro usavam chapéus afegãos enbranquecidos pela neve.

Passei a foto para Imo. Fingi mais admiração que o necessário para compensar a evidente falta de interesse dela.

Naquele momento, Jeremy desligou o telefone e abraçou Hanif com grande entusiasmo, falando o que era aparentemente uma série de gentilezas em dari.

— Bem-vindas a Cabul — falou com um sotaque britânico decididamente de classe alta, apertando nossas mãos. — Então, o que posso fazer por vocês?

— Nada — Imo disparou. — Não queremos incomodá-lo. Só viemos pegar nossos telefones e coletes.

— Ah, sim, claro, os coletes. Espero que não estejam planejando vesti-los, porque...

— Não, claro que não — Imo replicou. — Nem sonharíamos com isso. É só uma formalidade, para tirar o editor do meu pé. O seguro, você sabe.

— Sim, claro — Jeremy concordou. — Essas companhias de seguro são uma doideira.

Ele era bastante atraente. Muito, na verdade. Maçãs do rosto altas, cabelos um pouco mais compridos atrás, cerca de 35 anos. Olhos inteligentes, bons dentes.

— Não me diga que tiveram também de fazer aquele curso maluco, aquela coisa hostil...

— Não, eu não tive — Imo declarou rapidamente. — Eu o fiz no pré-Sudão, graças a Deus. Mas Maria fez, coitadinha. Aliás, esta é Maria Galante, a fotógrafa.

— Prazer em conhecê-la — cumprimentou, voltando-se para mim. — Eu também fiz, há muitos anos. Lembro que foi um pesadelo.

— É verdade. Ainda assim...

— Acho que algumas coisas podem ser oportunas, se a gente se lembrar delas. Mas toda aquela bobageira de armas de fogo, explosões, minas de solo... A coisa toda é um *circo*, não?

— Bom, não sei — respondi, quando o homem com o casaco entrou com uma bandeja com xícaras de chá fumegantes. — Não conhecia nada daquelas coisas todas, então para mim foi uma completa...

— Claro — interrompeu-me. — Acho que você nunca esteve em uma zona de conflito.

Neste momento Jeremy voltou-se para Imo, percebendo que, de nós duas, era ela a profissional.

— Essas são coisas que se aprendem com a experiência. Não dá para aprender em uma sala, olhando slides, dá? De qualquer modo, a esta altura dos acontecimentos, creio que gente como nós provavelmente passou mais tempo em zona de guerra do que aqueles caras, não acha?

Mas Imo não estava em clima receptivo. Balançou os ombros com uma expressão de indiferença, significando que não tinha uma opinião ou não se importava em dar uma. O sorriso de Jeremy desapareceu. Ele então se voltou para o homem que trouxera o chá e disse algo a ele rapidamente em dari. O homem deixou a sala imediatamente.

— Pedi-lhe que colocasse os coletes, o telefone e o estojo de primeiros socorros em seu carro. Faz tempo que chequei o kit,

113

e talvez vocês tenham de checar para ter certeza de que tem tudo de que precisam. As pessoas aqui pedem emprestado as coisas, o tempo todo, e nunca as repõem. E o telefone tem de ser recarregado. Eu nunca o uso, e a bateria acabou.

Imo assentiu de novo vagamente, como se não se importasse em registrar.

Jeremy acendeu um cigarro e soprou a fumaça para o teto enquanto acomodava-se de novo na cadeira, esticando braços e pernas como se tivesse acabado de acordar.

— E que tipo de matéria vocês...

— Casamentos forçados e suicídios — Imo cortou.

— Ah, sim, claro — Jeremy disse calmamente, mas com alguma condescendência, como se para um veterano como ele aquela fosse uma pauta batida e surrada para despertar-lhe qualquer excitação particular.

Àquela altura, estava claro que Imo e Jeremy estavam envolvidos em algum tipo de competição não declarada e que Imo estava perdendo.

Jeremy coçou a cabeça.

— A estrada para esses vilarejos está fechada há um tempo e duvido que vocês...

— Eu sei que ainda há uma cratera, mas segundo Hanif...

— Certo, Hanif é o cara. Ele sabe tudo. Com ele vocês estarão seguras. É o melhor quebra-galhos de todo o país. Já salvou minha vida, uma vez.

Jeremy voltou-se para Hanif.

— Lembra-se, meu amigo?

Hanif fez que sim e riu. Jeremy deu outra tragada voluptuosa e apontou para a foto que Hanif nos havia mostrado.

— Estávamos viajando para Bamyan, nevava muito e nos arrastávamos, lembra? Em dado momento, Hanif percebeu que um carro nos seguia.

— É, um carro do qual não gostei, e que não largava da gente. Decidi que tínhamos de despistá-lo — disse Hanif.

— Aí Hanif acelerou. Estávamos em seu Ford caído, lembra? E pensei, meu Deus, um dos pneus vai estourar a qualquer momento. Conseguimos andar mais rápido que eles e depois de um tempo demos com um caminhão carregado de pessoas, cabras e sabe Deus mais o quê. Hanif me fez sair do carro na hora, gritou umas ordens para o cara ao volante e colocou-me atrás do caminhão. Saiu dirigindo o Ford, lentamente, para que pudessem alcançá-lo e pará-lo.

— Sim, dirigia bem devagar de propósito para me alcançarem. — Hanif estava excitado. Deve ter sido uma grande aventura, contada e recontada muitas vezes.

— Então, os caras que vinham nos seguindo de carro o pararam, fizeram com que ele saísse e revistaram tudo, mesmo no porta-malas, mas eu tinha saído havia tempo e tiveram de ir embora de mãos abanando.

Jeremy e Hanif riram, como se a coisa toda tivesse sido uma mixaria.

— Bom, nós vamos embora, então. Não quero mais tomar o seu tempo — Imo disse, ficando em pé abruptamente, evitando qualquer comentário sobre a história.

Jeremy abriu os braços no ar.

— Bem, por favor, se precisarem de qualquer ajuda, informação, se houver algo que possa fazer por vocês... — Ele nos levou até a porta. — Por favor, apareçam qualquer hora para um drinque, um prato de macarrão, qualquer coisa. Estamos sempre em casa de noite.

Imaginei o que aquele plural implicava. Uma esposa? Por alguma razão, parecia improvável.

— Devo lhe deixar meu telefone? — ofereceu a Imo.

— Sim, claro, mas meu celular está desligado agora. Você pode salvar no seu, Maria?

Digitei o número de Jeremy em meu celular enquanto Imo afastava-se apressadamente.

— Que babaca pretensioso — disse entre dentes, assim que entramos no carro.

— Gente como nós... Provavelmente eu passei mais tempo sob fogo do que qualquer um desses caras. *Por favor.* Quem é que fala desse jeito? Ele é ridículo ou o quê?

Fechou os olhos e balançou a cabeça vigorosamente.

— E eu nem vou começar a contar como ele se comportou com minha amiga há dois anos!

Passamos pelos muros destruídos e crivados de balas da cidade, através de grandes fendas na terra, uma espécie de cenário interminável de esqueletos e buracos. Meu coração apertou. Embora tivesse visto muitas vezes imagens de Cabul no noticiário, estava chocada com a real extensão das ruínas. Mesmo assim, em todos os lugares, apesar da devastação, vi afegãos caminhando rápidos e atarefados, retirando pilhas de detritos de edifícios alquebrados, como formigas seguindo um fluxo constante e ordenado, sem se importar com os obstáculos. Em todo lugar havia conversas nas ruas, quiosques vendendo detergente, leite condensado, montanhas de amêndoas e uvas-passas, carroças puxadas por burros absurdamente sobrecarregadas de bens.

Cambistas tiravam rolos de notas surradas de seus casacos, contando chumaços encardidos, crianças pediam esmolas e riam — crianças sem traço de melancolia ou atitudes comoventes, mas bochechudas e deslumbradas, exibindo aquele mesmo talento cômico de certos moleques de rua napolitanos

— e dando a impressão de que pediam dinheiro mais por travessura que por necessidade. A cidade marrom e coberta de poeira revelava cortes inesperados de cor intensa, fortalecendo o contraste entre o arcaico e o industrial: sandálias de tiras de plástico feitas na China com o logotipo da Nike perto de tapetes feitos à mão e copos azuis de vidro de Herat, pilhas de cópias piratas de DVDs de *Titanic* lado a lado com galos de briga e falcões engaiolados.

Peguei minha câmera. Via uma foto em todo lugar para onde olhava. De repente me dei conta de que não tirara uma única foto desde que chegáramos e precisava me familiarizar com a luz.

— Hanif, podemos parar, por favor? Quero tirar algumas fotos.

Hanif hesitou.

— Dá para encostar? Só um segundo.

— Nesta área, melhor não. Tem muita gente.

Olhou para mim pelo retrovisor com uma expressão contrita.

— Sinto muito. Aqui não é seguro — afirmou, como se fosse sua culpa.

— É embaraçoso como esses homens são atraentes — Imo disse enquanto olhava pela janela do carro, com o nariz praticamente pressionado contra o vidro. — Eles é que deviam usar um véu.

Tinha razão. Para onde olhava, via homens incrivelmente bonitos. Crianças, mais velhos, jovens, os hazaras de nariz achatado com seus olhos amendoados, rostos redondos que tinham marcas do Tibete e da China em suas feições, os pashtuns e tadiques com impressionantes olhos azuis e verdes que brilhavam na luz penetrante como lápis-lazúli. Os velhos homens de turbante com grossas barbas brancas manchadas por toques laranja de hena, que andavam atrás de seus burros como reis bíblicos.

Perguntei se podia parar para tirar umas fotos. Mais uma vez, Hanif hesitou.

Os homens ficavam de mãos dadas quando conversavam, quando caminhavam e quando se cumprimentavam. Homens grandes e fogosos, guerreiros com armas nos ombros, andando de mãos dadas como garotinhas.

Uma burca azul-clara bateu em nossa janela no congestionamento. Não tinha rosto. Apenas a mão seca, batendo no estômago, sinalizando fome. Batia insistente e agressivamente. Hanif deu-lhe uma moeda antes que Imo e eu conseguíssemos alcançar nossas bolsas e pediu-lhe, gentilmente, que nos deixasse passar.

Hanif parou o carro em frente a um edifício de dois andares que mal se sustentava em pé. Saiu e nós o seguimos.

— Isto foi um dia um cinema famoso. Vínhamos ver filmes aqui, quando eu era menino — contou, com um voltear do braço que um romano usaria para mostrar as ruínas do Fórum ou o Coliseu para um turista.

— Podemos subir. As escadarias ainda se seguram, mas tomem cuidado. Por favor, leve a câmera. Aqui pode tirar fotos, sem problemas.

Peguei a câmera da sacola de lona e segui Imo subindo a escada meio desabada. Parecia repousar apenas em um par de barras de aço salientando-se debaixo dela, e que seria impossível aguentar nosso peso. Subi prendendo a respiração, mas Imo parecia entediada.

— Já vi este lugar em um documentário. Deve ser um daqueles lugares aonde levam todos os jornalistas ocidentais — sussurrou para mim.

No segundo andar, a fachada do prédio tinha gigantescos buracos, dos quais barras de metal pendiam no ar — o que sobrara das molduras das janelas após a explosão. Pareciam gavinhas oscilando ao vento e prestes a cair, mas provavelmente estavam lá, assim, havia anos.

A cidade estendia-se a nossos pés como um morro de cupius amassado no solo. Imo olhou a destruição abaixo, apontando em diversas direções.

— Bombas soviéticas ou guerra civil?

Cada ruína tinha seu assassino diferente. A destruição viera de fora, primeiro com os russos, e depois das facções rivais dos *mujahideen*. E então, quando tudo terminou, vieram os danos colaterais americanos e a vingança do Talibã.

Enquanto Imo e Hanif continuavam sua conversa, limpei a lente da câmera com camurça e andei no que sobrara do telhado.

Curtas rajadas de vento fizeram meu xale esvoaçar, tufos de cabelo entraram em meus olhos. Aquele era o momento — e queria saboreá-lo. No alto daquele prédio em ruínas senti-me de novo uma fotógrafa.

Fotografei os entulhos, os espaços vazios, um grupo de homens abaixo carregando uma carroça com madeira e enormes sacos de aniagem. E, do outro lado da rua, um cartaz na frente de uma fachada recém-construída. Dizia "Aryana Billiard Club", em letras rosa-brilhante e verde. Parecia o começo de algo novo em uma vizinhança semelhante a Hiroshima.

Imo e eu ficamos silenciosas no carro de volta ao hotel. Uma tristeza inesperada infiltrara-se em nossos poros como a poeira. Estava quase escuro, as pessoas ainda se movimentavam em torno, embora houvesse uma sensação de que todas voltavam para algum lugar. Para seus barracos, casas semidestruídas, sabe-se lá para onde iam. Todos carregavam alguma coisa, um pacote, uma cesta, madeira, um saco de carvão. Naquela noite, em todas as casas haveria um fogo e alguma comida, e amanhã elas começariam de novo.

No alto da escada acima de nosso andar na pensão, havia uma porta para um terceiro quarto. Tive uma forte suspeita de que era ocupado pelo dono dos cabelos grudados no sabonete.

Nós o encontramos na mesa comunal onde todos os hóspedes do Hotel do Babur tomavam café da manhã todos os dias, como uma família. Ou não ele — na verdade, eles —, porque havia dois ocupantes no quarto. Ambos eram americanos, e depois de nosso terceiro dia lá, haviam se tornado uma visão familiar. Um era alto, loiro, de pele escandinava, cabelos compridos e grandes cílios albinos. Deveria ter no máximo 25 anos e parecia um jogador de basquete ou um estudante — não parecia ter a brutalidade dos outros. Usava sempre a mesma camiseta desbotada, calças cargo e um *pakol* na cabeça. Nunca dizia uma palavra no café da manhã, e mantinha os olhos colados em um jornal, escondendo-se atrás do *Kabul Daily* como se ele fosse uma cerca. Seu colega era menor, com um físico mais magro e agitado, cabelos pretos e uma barbicha. Tinha um rosto agradável, um pouco pontudo para meu gosto, como o focinho de uma fuinha. Havia nele um ar mais carregado, ameaçador.

Todas as manhãs pedia ovos mexidos, feijões refogados com cebolas e ketchup. O que chegava era um prato desproporcionalmente grande, que ele atacava lentamente e com método.

Achei que aquele ritual de ovos e feijões devia ser algum tipo de comida que tinha para ele um significado especial, como se aqueles ovos fossem um cordão umbilical até algum restaurante perto de casa, em alguma cidade desalentada onde ele tomara café da manhã todos os dias. Devia ter passado um tempo considerável ensinando à cozinha como preparar aquele prato. O jovem garçom afegão que o trazia fazia-o com grande orgulho, como se a cada manhã um milagre acontecesse na cozinha. O garçom sempre colocava os ovos à sua frente, a cada vez pedindo sua aprovação, o que o americano fazia com um ligeiro gesto de cabeça

Aqueles dois hóspedes não se apresentaram, nem tinham notado nossa presença ou falado conosco, mas pensei neles como *Il Biondo* e *Il Bruno*. Sempre que nos encontrávamos na passagem indo ou voltando do banheiro, eu sentia invadir o espaço deles, e que nossa presença perto do quarto os perturbava. Eram intimidadores e sempre mexiam com meus nervos.

Imo ignorava a existência deles. Ela já invadira o banheiro, colocara suas coisas em um canto do batente da janela, enchera a beirada da banheira com seus xampus de sândalo e tangerina, condicionador aromaterápico, potes de creme diurno, todo o arsenal feminino de limpeza, discos de algodão, desodorante sem álcool, escovas, como se aquilo fosse a coisa mais natural do mundo.

Embora eu tivesse cuidadosamente evitado deixar qualquer pista de minha existência e mantido todas as minhas coisas no quarto, sentia-me responsável por aquela invasão territorial. Afinal de contas, não havia rótulos com o nome de Imo naquela loja de cosméticos agora em exibição no banheiro, e sabia que também deviam ressentir-se de mim por aquilo.

Quando terminaram de comer, Il Biondo e Il Bruno saíram juntos sem se despedir de ninguém, empurrando suas cadeiras para trás e deixando os guardanapos amassados em cima da mesa. Atravessaram a porta e logo em seguida um motor roncando os levou embora.

— Segurança — esclareceu Imo.

— Como assim?

— São guarda-costas.

— De quem?

— Não sei. Mas para mim parecem assassinos.

— Como você sabe?

— Dá para dizer, e depois perguntei ao garçom, o mais velho. Dei uma espiada no quarto quando a mulher da limpeza estava lá. Eles têm armas automáticas sobre os criados-mudos, ao lado das garrafas de água mineral.

Os outros hóspedes eram igualmente sem encantos e me deixavam inquieta. Outro americano — cabelos grisalhos, troncudo e compacto como um boneco de ação com músculos sarados — sempre se sentava na cabeceira da mesa, com uma camisa bem passada e um casaco cheio de bolsos. Seu café da manhã parecia fazer parte de um plano de perda de peso: um pequeno copo de suco de laranja, mingau de aveia e frutas. Falava em um ritmo constante, sem inflexão. Não ficava exatamente claro com quem falava, e contentava-se em se manter falando indefinidamente até a bateria acabar. Os outros mastigavam, meneando a cabeça de vez em quando, menos Il Biondo, que mantinha os olhos imperturbavelmente colados na primeira página do jornal. O único que prestava qualquer atenção ativamente, comentando em intervalos, era um pequeno homem com cara de camundongo, bigode fino e um forte sotaque sul-africano.

No segundo dia, enquanto nos sentávamos todos para o café da manhã, o americano falava havia tempo sobre um tipo específico de tanque que fora usado na Coreia. Imo levantou os olhos de sua tigela de iogurte e o interrompeu.

— Não entendo essa coisa de solo congelado.

Houve um momento de agitar geral de asas em torno da mesa.

O americano olhou para Imo como se a percebesse pela primeira vez. Todos moveram os olhares do homem para Imo e de volta, de Imo para ele, como se seguissem um jogo de tênis. O homem considerou a questão e não parou. Continuou falando no mesmo tom monocórdio, como aqueles porta-vozes militares que dão informações aos jornalistas na sala de imprensa da Casa Branca.

— Eram os tanques que usávamos na Coreia, mas o calor que produziam durante o dia derretia a superfície congelada do terreno e eles afundavam nos campos de arroz. Tínhamos de ficar empurrando-os, para a frente e para trás, impedindo que atolassem. Mas acho que funcionariam aqui, porque o terreno afegão é bastante sólido e pedregoso. Não afundariam aqui, como o faziam lá.

Imo manteve o olhar e jogou um pedaço de pão com manteiga dentro da boca, piscando ligeiramente.

— O que é que você *faz*, exatamente?

A pergunta caiu sobre a mesa como um golpe.

Eu me encolhi. Achei que era subentendido que não se faziam perguntas assim diretas a pessoas como aquelas. Era mais que rude — era contra as regras.

— Eu sou o general Dynamics — respondeu, como se afirmasse "eu sou mórmon", "sou espanhol" ou "sou vegetariano".

— E isso quer dizer? — Imo devolveu.

— Fornecemos material de guerra, armamentos, sistemas de comunicações ao governo afegão, baseados em nossas experiências de compras.

— E isso quer dizer o quê, *exatamente*?

O homem torceu os lábios em um sorriso afetado e condescendente e traduziu:

— Quer dizer que eu viajo pelo mundo fazendo compras em nome do governo afegão, usando minhas conexões e minhas experiências em compras de armas, munições e veículos adequados a este terreno e este clima.

— Engraçado, não é, que eles devam pedir a americanos que façam essas compras em nome deles? — Imo comentou com a boca cheia.

O homem não moveu um músculo.

— Eles não têm escolha. Estão ainda lutando com armas dos anos 1980, não têm ideia de como elas evoluíram, ou onde comprá-las. Se fosse por eles, talvez ainda estivessem guerreando com espadas.

Os outros riram silenciosamente para apoiá-lo. Então, o general Dynamics passou o guardanapo na boca, empurrou a cadeira para trás e saiu.

Ele também, sem se preocupar em dar um até logo ou até mais.

Para viajar para fora de Cabul precisávamos de uma autorização por escrito do Ministério da Informação. Hanif explicou que deveríamos estar com ela o tempo todo, caso fôssemos paradas em bloqueios fora da cidade. O ministério ficava em um velho edifício com um belo jardim sombreado, o único pedaço de verde que vira até então.

Subimos uma escada de madeira que rangia e sentamos em uma sala espaçosa com mobiliário dos anos 1930 que meu irmão, Leo, certamente teria apreciado. Dois funcionários sonolentos nos deram requerimentos para preencher. Percebi que havia um telefone de baquelite sobre uma das mesas e não vi computadores. Olhei pela janela para o jardim abaixo e me lembrei como em *The Road to Oxiana* eu lera sobre os suntuosos jardins de Cabul, o cheiro doce de oleastro, as árvores sombreadas cobertas de campânulas e columbinas. E como certa vez, depois de uma recepção pelo aniversário do rei no legado britânico, todos os ministros afegãos — amantes extremados das rosas — mandaram seus jardineiros buscar amostras das roseiras que haviam visto em pleno desabrochar. "A diplomacia britânica agora repousa nas rosas do ministro", escreveu laconicamente Byron.

Hanif nos levou ao palácio Darulaman enquanto esperávamos que nossos vistos fossem expedidos. Fora construído pelo rei Amanullah nos anos 1920, desenhado com a influência da aristocracia europeia, cheio de domos, espirais e pequenas torres. Pousado sobre uma colina fora da cidade, era uma estrutura sólida, impositiva, neoclássica, com vista para um vale plano e poeirento. Dava para vê-lo sobressaindo-se contra as montanhas no horizonte, comandando a paisagem, mas já a distância notava-se que algo não estava muito certo. O palácio mantivera sua forma, mas fora crivado por fogo de morteiros de todos os lados e inclinava-se de lado, lascado e bamboleante. Nenhum arco, capitel ou coluna estava intacto. Pode ter sido uma deformação profissional, mas me lembrou um bolo de casamento que tivesse sido agitado demais e os enfeites e arabescos da cobertura, destruídos. Fotografei-o a distância. Gostei de sua postura inclinada contra o azul profundo do céu varrido pelo vento, do jeito como parecia prestes a desabar a qualquer momento. Uma sobremesa grandiosa, planejada para um grande evento que não saiu como se esperara.

Os soldados, atrás da barreira com a inscrição "Zona Militar Proibido Fotografar" pareciam entediados. Fizeram um gesto em minha direção e gritaram algo que soou ameaçador. Hanif foi até eles e apresentou-se, acho que explicando quem éramos e o que estávamos fazendo. Houve uma troca de saudações incomumente longa e alegre, apertar de mãos e risadas excitadas. Hanif retornou para onde estávamos Imo e eu.

— Querem que tire uma foto deles. Querem que eu também esteja na foto.

— OK, tudo bem.

— Eles me veem na TV. Alguns também me conhecem do programa de conhecimentos de terça à noite — acrescentou, timidamente.

Fui atrás de Hanif, em direção aos soldados. Pareciam todos muito jovens, mal passando dos 20 anos. Mexi minhas mãos rapidamente, mostrando as posições que deviam ocupar para ficar sob a luz adequada. Riram, fazendo graça enquanto arrastavam os pés. Talvez estivessem excitados com a presença de uma mulher ocidental, ou achavam engraçado que uma mulher lhes dissesse o que fazer. Troquei as lentes, coloquei um filme e apontei a câmera. As expressões mudaram imediatamente, as risadas e os sorrisos deram lugar a rostos sérios e graves. Enrijeceram e inflaram os peitos, segurando as armas. Hanif ficou no meio como um general entre seus soldados.

— OK, Hanif, onde fica o melhor restaurante de Cabul? — Imo perguntou quando voltamos ao carro. — Quero mergulhar na verdadeira comida afegã.

Hanif riu e assentiu com a cabeça.

— O melhor? Claro. O melhor. OK. Eu as levo lá.

A extravagância de Imo o divertia, mas também o atemorizava. A autoconfiança, o modo como se movia, como se fosse dona do lugar, o fizeram intranquilo desde o início. Observei-o baixando a janela e falando com expressão obsequiosa com um guarda que nos fez encostar para uma inspeção. O homem lhe fez perguntas enquanto examinava descaradamente a mim e a Imo, a ponta do cano de sua arma tocando no bigode de Hanif. Apesar de seu status atual como estrela, o olhar de Hanif mostrava um misto de cortesia e medo sempre que tinha de lidar com a autoridade, como um cão que apanhara no passado e teme que possa acontecer de novo, com o estalar de um dedo, sem aviso.

O restaurante não tinha qualquer clima. Era vasto, com teto muito alto e mal iluminado. Mesas compridas e cadeiras de plástico estavam espalhadas como na cafeteria de uma fábrica, e todo som reverberava com um eco. Os poucos consumidores pareciam políticos ou executivos afegãos envoltos em xales de lã. Havia também uma longa mesa que parecia ocupada por um grupo de funcionários de uma agência de ajuda com seus colegas afegãos. Na ponta da mesa sentava-se um loiro com uma boina, falando constantemente ao celular.

Imo tirou os óculos e estudou o homem com grande concentração, enquanto Hanif explicava em detalhes cada prato. Finalmente, decidimos por um prato muito elaborado de carne e frango grelhados, arroz *kabuli* com pistache, castanhas de caju, açafrão e coalhada.

— Mas será suficiente para nós três? — Imo perguntou.

— Estou morta de fome, e vocês?

Hanif confessou que estava de dieta e comeria muito pouco.

— Ah, fala sério! — Imo gargalhou alto. — Por que quer perder peso? Parece muito bem assim, não deveria emagrecer nada.

Hanif corou ao cumprimento e bateu na barriga.

— Minha esposa diz que preciso perder um pouco...

— É mesmo? Bem, então, se a sua esposa diz... Ela é a única pessoa que pode pedir...

Hanif riu e concordou.

— Conte um pouco sobre sua esposa. — Imo baixou os óculos sobre o nariz e sorriu para Hanif.

— Ela é muito jovem — admitiu com uma ponta de embaraço, com as faces enrubescendo, como se ele, um narigudo de 40 anos com uns quilos a mais para queimar, houvesse recebido um presente inesperado do céu, do qual não se sentia merecedor.

— Está grávida, de quase sete meses — contou, radiante. — É meu primeiro filho.

— Que ótimo. Sua mulher é bonita? — Imo perguntou.

— Muito linda. — Mais uma vez, Hanif pareceu corar.

— Mostre-nos uma foto. Você tem uma foto de sua esposa, não tem? — pressionou Imo.

— Não, não tenho, desculpe.

Um garçom chegou, sorriu e cumprimentou Hanif, que ou o conhecia ou o reconheceu — não estava certa — e Hanif fez o pedido.

— Viu? Eles não fazem isso, aqui — sussurrei enquanto Hanif falava com o garçom.

— Fazem o quê?

— Levar fotos de suas esposas nas carteiras. Não se mostra o rosto da mulher a estranhos. Se Hanif, que trabalha como apresentador de televisão, não gosta de mostrar seu retrato, imagine como vai ser para nós nos vilarejos.

— Ele só não leva uma foto com ele, é só isso. Não fique neurótica com isso, Maria. Por favor! Está me deixando nervosa.

A comida chegou. Era um banquete, mas Hanif colocou à sua frente apenas uma tigela de coalhada temperada.

— Isto é muito bom para a digestão. É o segredo da longevidade — riu. — Não tivesse sido pela guerra e os afegãos alcançariam uma idade avançada, graças a isto.

Ilmo cutucou-me com o cotovelo.

— Veja aquela foto em grupo. E pare de falar do que não se faz aqui.

Então vi o funcionário do grupo de ajuda francês com o boné e todos os seus colegas posando em frente de uma mulher tirando uma foto. Nenhuma das garotas afegãs usava véu na cabeça. Todas riam e tinham os braços em torno das outras. Senti-me ridícula e desejei ter ficado calada.

Antes de nos deixar no hotel naquela noite, Hanif revelou com um certo orgulho que seu programa de conhecimentos iria ao ar às 19 horas, como em todas as terças.

— Todos querem ganhar o prêmio! — informou. — Uma bicicleta de corrida japonesa, novinha em folha.

Imo e eu dissemos que assistiríamos com certeza. Depois do jantar, perguntamos a um dos garçons onde ficava a TV, e soube de imediato o que procurávamos.

— O senhor Hanif?

— Sim! — respondeu Imo imediatamente. — Gostaria de assistir conosco?

Não tinha certeza se entendia algum inglês, mas concordou com a cabeça veementemente e o seguimos até uma pequena sala no primeiro andar, onde havia um sofá e umas cadeiras. Havia cinzeiros cheios e garrafas de cerveja vazias por todo canto, uma pilha de DVDs em cima da TV. O garçom remexeu na antena e no controle remoto até a imagem de Hanif ficar em foco.

Imo afundou no sofá, pegou um maço de cigarros e acendeu um.

— Adoro. Eis o nosso Hanif. Veja. Incrível.

— Não sabia que você fumava — disse.

— Nem eu. Mas é só para relaxar no final do dia, sabe?

Hanif lia de uma folha de papel, em pé. O estúdio era bem básico, apenas um fundo azul-escuro sem qualquer acessório, só com a bicicleta de corrida a seu lado, brilhando sob um holofote, como um totem. Dois jovens com cabelos esticados para trás e trajes ocidentais sentavam-se em uma pequena mesa, com as mãos prontas para apertar os botões. O cenário era bizarro: não parecia um programa de conhecimentos, mas um interrogatório ou uma entrevista de emprego. Não havia música, nem auditório, e Hanif não parecia apresentador de um programa de variedades. Parecia mais um burocrata. Ainda assim, apesar do constrangimento, sentia-se que aquele tímido início de consumismo — shows de variedades, prêmios e brilho depois de anos das restrições dos talibãs — era a coisa mais excitante que já havia penetrado na casa de qualquer lar afegão que podia possuir um aparelho de TV. O garçom parecia enfeitiçado.

— O que ele está dizendo? — perguntou Imo, apontando para Hanif.

— Sim, sim — o garçom assentiu com a cabeça, excitado. Apanhou uma cadeira e sentou-se muito próximo da TV.

— É bom?

— Sim. Muito bom.

Naquele instante a porta se abriu e o general Dynamics junto com o Loiro e o Moreno entraram, acompanhados por dois homens que eu nunca vira antes. O Moreno ficou em frente à TV, obscurecendo a imagem, mexeu com as caixas de DVD até encontrar o que procurava e o colocou no player.

— Vamos ver um vídeo — anunciou, mais para as paredes que para nós, e se apossou do controle remoto.

Imo se levantou e apontou para a televisão.

— Na verdade estávamos tentando assistir ao programa, se você não se importa.

Os homens sentaram-se e acenderam seus cigarros, ignorando o comentário. Os créditos de *Jarhead* apareceram na tela.

Imo levantou os braços e girou os olhos para o teto.

— Não acredito nesta porra — reclamou alto.

Ninguém reagiu. O Moreno aumentou o volume e rapidamente ocupou o lugar de Imo no sofá com um suspiro de satisfação. Alguém apagou a luz e a sala mergulhou na escuridão.

Na manhã seguinte, estávamos sentadas, no sol, em um sofá velho e cheio de protuberâncias, no pátio do escritório de uma ONG que apoiava os direitos da mulher. Um gatinho esfregava-se contra meu tornozelo e ronronava. Fomos recebidas por uma garota francesa com um lenço na cabeça e um *shalwar kameez** — sem muita efusão, na verdade — que nos disse, com um inglês de forte sotaque, que esperássemos. Havia uma reunião importante acontecendo, e Roshana Habib, a responsável, estaria conosco assim que pudesse. Apontou o sofá surrado, largado no meio do pátio, e desapareceu sem perguntar se gostaríamos de tomar um chá. Imo rabiscava no-

---

* Vestimenta tradicional de homens e mulheres no sul da Ásia. (*N. do T.*)

tas em seu caderno e parecia mal-humorada. Talvez não tivesse gostado da recepção da francesa, ou tivesse interpretado a espera como um sinal de desrespeito.

— Se tem uma coisa que não suporto são mulheres europeias em trajes afegãos e lenços na cabeça — resmungou sem levantar os olhos do bloco de notas.

— Talvez andem por aí assim porque se misturam mais? — arrisquei. — Na verdade, você não disse que tínhamos de nos misturar...

— Como se as pessoas na rua não soubessem que são ocidentais. Não. Isso significa: não brinque comigo, sou uma local, não para os afegãos, é claro, mas para outros estrangeiros. É tão presunçoso.

Começava a perceber quais eram as coisas que mais enraiveciam Imo. A presença de outros ocidentais, vistos como potenciais concorrentes, era uma delas.

— Como está seu estômago? — perguntou.

— O quê? Ah, está bem. Por quê?

— Hmmm. Eu estou com arrepios. Se você quer saber, aquela carne que comemos ontem no restaurante estava ruim. Tive de correr para o banheiro a noite toda.

— Sei lá, eu por enquanto não sinto qualquer...

— Ia correndo para o banheiro, no escuro, quando tropecei naquele cara louro, aquele que nunca fala. Estava totalmente nu.

— Ah, não.

— É. E tinha uma ereção.

— Você está brincando.

— Juro. Trombou comigo quando eu saía do banheiro e nem se incomodou em dizer "desculpe", sabe, como se fosse dono do lugar. Igual à ontem na sala de TV, como se não existíssemos. Os dois são uns porcos, me dão nojo total. Nunca se incomodam em limpar o vaso, já reparou?

A ideia do Loiro, na passagem, totalmente nu, me aterrorizava tanto quanto a ideia de um ataque noturno de diarreia que me forçasse a encontrá-lo.

Vimos uma mulher atravessar o pátio em nossa direção. Era Roshana Habib, uma bela e pequena mulher afegã com 40 e poucos anos e olhar severo. Sorriu quando apertou nossas mãos e pediu desculpas por nos deixar esperando, mas manteve uma distância formal, quase suspeita.

Perguntou, sem sorrir:

— Perdão, mas vocês poderiam me lembrar de qual jornal são? Tantos jornalistas vêm aqui... Desculpem, mas esqueci.

Imo disse-lhe que era do *Observer*, de Londres, e fez uma referência à troca de e-mails que tiveram na semana anterior sobre a autoimolação das mulheres.

— Ah, sim, sim, claro. Agora me lembro. — Roshana sentou-se no sofá. — Desculpem, mas infelizmente só tenho meia hora. Há uma reunião acontecendo, para a qual preciso retornar.

Usava um pesado relógio masculino no pulso, um toque de batom, um suéter pesado sobre uma saia longa e um xale sobre a cabeça. Sua pronúncia inglesa era impecável e seu vocabulário, extremamente refinado. Respondeu as perguntas de Imo sem hesitação, desfiando números e estatísticas como uma lição que decorara de ouvido, enquanto Imo anotava. Seu celular tocou algumas vezes e ela pediu desculpas de novo por ter de atender — era um dia muito agitado, repetiu. Ela deu instruções rápidas e precisas em dari para a pessoa do outro lado da linha e desligou o telefone com alívio.

Imo procurava provas da teoria que me apresentara em Londres.

— Você diria que estes suicídios aumentaram nos últimos dois anos? É verdade que as mulheres que têm mais acesso a informações externas tornaram-se mais conscientes de sua situação e...?

Roshana balançou a cabeça.

— Acho que não existe uma conexão. Li algo sobre isso, mas acho que é só uma daquelas coisas que os jornalistas criam. Nas zonas rurais do Afeganistão, nada mudou de verdade. Nem antes, nem durante e nem depois do Talibã. As mulheres são vendidas como escravas por suas famílias e vem sendo assim desde o começo dos tempos.

A maioria dos casos de autoimolação acontecia na província de Helmand e era verdade que os números cresciam a cada dia, concordou.

— Pode ser que haja mais comunicação que antes, e é por isso que sabemos mais das mortes, enquanto antes nem ouvíamos falar — Roshana concedeu.

Roshana aconselhou-a, firmemente, a não viajar para lá. A situação de segurança era crítica. Poucos dias antes, houvera um intenso tiroteio entre forças da coalizão liderada pelos americanos e militantes talibãs. Ataques suicidas a bomba e ataques com pequenas armas haviam crescido exponencialmente desde a volta da insurgência.

— Vocês terão também de considerar que há um forte estigma social ligado ao suicídio no Afeganistão, e que muitas famílias relutam em buscar ajuda para vítimas de autoimolação ou falar das razões por trás das tentativas. Vocês verão. Vai ser difícil conseguir que as pessoas falem sobre isso.

— Nós vamos dar um jeito — afirmou Imo. Mas eu podia perceber o quanto estava desapontada por Roshana parecer indiferente a nosso projeto.

— Posso perguntar o que, exatamente, vocês pretendem fazer? — Roshana perguntou.

Imo suspirou.

— Eu gostaria de ir a um hospital e falar com as mulheres que tentaram se queimar. Estava imaginando se você teria algum contato com médicos ou famílias dispostos a falar conosco. E depois gostaria de conseguir algumas fotos da preparação de casamentos, a parte da cerimônia que acontece na ala das mulheres.

Roshana assentiu com a cabeça, mas algo em sua expressão pareceu, senão hostil, cético. O gato voltou e subiu em meu colo. Acariciei-o atrás das orelhas e ele continuou a ronronar.

— Que doce — falei, para aliviar o clima. — Como se chama?

Roshana olhou para mim e deu de ombros, como se eu tivesse feito a mais estúpida das perguntas.

— Não tenho ideia — disse, voltando-se para Imo. — E quanto tempo planejam ficar aqui?

— Uma semana, dez dias. Depende.

— Ah, então não acho que seja possível.

— O quê?

— Ir a hospitais, fotografar mulheres, cerimônias de casamento. Este é um país onde até poucos anos fotos de pessoas eram fora da lei.

— Eu sei, eu sei. Mas esta matéria pretende exatamente...

— É claro — Roshana concordou. — Mas eu lhe digo agora que nenhuma mulher da zona rural, com um pai ou marido, consentirá em tirar fotos sem véu. Como vocês provavelmente sabem, elas vivem de uma maneira muito tradicional. E quem seria o fotógrafo?

— Maria.

Roshana voltou o olhar para mim. Viu a câmera nas minhas mãos. Dei-lhe um sorriso amigável, para contrabalançar o fato de estar praticamente muda até então. Roshana retornou a Imo, indiferente.

— Aquela moça francesa que a recebeu. Florence, ela é fotógrafa também.

— Ah, é? — Imo começou a bater com a caneta no bloco de notas.

— Sim. Para lhe dar uma ideia, está trabalhando na mesma matéria há... vejamos... quatro anos agora. Vivia na província de Herat, onde nossa organização tem uma sede, e passou meses e meses apenas ganhando a confiança das mulheres e dos chefes das aldeias, explicando para que as fotos seriam usadas, etcetera, etcetera. Tudo em linha com o trabalho que nossa organização vem fazendo no território há muito tempo. Ainda não terminou, e está trabalhando nisso há quatro anos.

— Infelizmente, não temos quatro anos, e vamos ter de dar um jeito — continuou Imo, algo gelidamente.

O sol desaparecera atrás do prédio e fazia frio no pátio. Desejei que Roshana nos pedisse para continuar a conversa lá dentro, mas obviamente havia uma reunião muito mais importante acontecendo no escritório.

— Com relação aos casamentos — Roshana prosseguiu —, a parte da cerimônia que acontece na ala das mulheres é secreta. Nenhum homem jamais pôde vê-la e por isso é algo que não pode ser mostrado em fotografias. Nossas tradições são muito antigas, senhorita Glass.

— Imo, por favor.

— Claro. Imo. Nem mesmo Florence conseguiu fazer isso.

— Sei. — Imo olhou seu relógio. Não tínhamos de ir a qualquer lugar em particular, mas notei que ela estava ficando inquieta.

— Talvez deva falar com Florence, com sua experiência. Ela pode lhe dar algum conselho — Roshana disse.

— Sim, claro, é uma boa ideia — Imo fingiu um sorriso. — Mas temo que precisemos ir agora. Talvez eu ligue amanhã para ver se posso dar uma passada aqui e bater um papo com Florence.

Não precisava muito para perceber que a última coisa que Imo queria era uma garota francesa, com um xale, explicando-lhe por que levaria anos para fazer o que ela precisava realizar em dez dias. Eu, por outro lado, me sentiria confortável com um conselho. Tudo que tinha visto até agora eram ruínas e prédios desabando. Levantei a câmera de meu colo.

— Vou tirar uma foto de Roshana. Um retrato, para termos. Pode ser que tenhamos de usá-lo.

Imo olhou Roshana, medindo-a, enquanto ela andava para lá e para cá, no jardim, em outra ligação no celular.

— Tudo bem. Não acho que precisarei, mas por que não?

Quando perguntada, Roshana olhou-lhe com uma expressão pouco amigável e negou-se dizendo ser impossível.

— Vou explicar por quê. Obviamente não é pela mesma razão das outras mulheres que não quero minha foto publicada. É que criamos aqui um abrigo, um lugar secreto em Cabul, para mulheres que fugiram de casa para escapar da violência de seus maridos. É para a segurança delas que meu retrato jamais deve aparecer em jornais. Tenho de protegê-las, e por isso minha identidade deve permanecer oculta.

Coloquei a câmera de volta na sacola. Roshana começou a nos acompanhar até o portão.

— E o abrigo? — perguntou Imo. — Poderíamos tirar algumas fotos lá? Isto seria perfeito para nossa matéria.

— Ah, não. Não é possível. Estamos protegendo mulheres cujas vidas estão em perigo. Se fossem reconhecidas e descobertas, correriam o risco de ter suas gargantas cortadas.

Imo começou a retorcer nervosamente seu cabelo em um coque, numa tentativa de esconder sua exasperação.

— Mas, ouça, Roshana — falou, imitando a polidez e a dicção da afegã. — Esta matéria será publicada na revista do *Observer*, em Londres. Aparecerá em capítulos e ganhará muita visibilidade. E eu ficaria feliz em poder publicar os detalhes do abrigo, para onde os leitores poderiam mandar suas contribuições.

Roshana fez sinal ao guarda na sentinela para que abrisse o portão e nos deixasse sair.

— Para mim é uma questão de princípio... chamem de ética profissional, se quiserem. Se os rostos delas, ou até o meu, por falar nisso, começasse a aparecer em jornais, *quaisquer jornais*, mesmo em Papua-Nova Guiné, estas mulheres não confiariam mais em mim.

— Francamemente, duvido de que nas vilas onde vivem os maridos destas mulheres haja bancas que vendam o *Observer*.

— *Francamente*, a segurança delas é mais importante para mim que a carreira de jornalistas ocidentais — Roshana respondeu, esticando a mão. Obviamente, nosso tempo com ela se esgotara.

— Mas sem jornalistas ocidentais, não haveria uma opinião pública ocidental, e sem opinião pública internacional não haveria ONGs ou os fundos de que precisam para o que estão fazendo — Imo insistiu, recolhendo a mão.

— Entendo isso. Claro que sim, Assim como também noto que pode parecer um círculo vicioso. Mas todos têm suas prioridades. Se eu fosse você, falaria com Florence. É uma mulher excepcional e sua experiência nestas questões, mesmo como uma estrangeira, vale mais de dez vezes o que eu pudesse dizer. Obrigada pela visita de vocês — ela disse, e sorriu.

— Essa foi muito boa — Imo explodiu assim que bateu a porta do carro. — Vá entender, mulheres sabotando matérias sobre mulheres. Não vamos conseguir muita ajuda de Lady Roshana, isso eu lhe digo.

— Nós sabíamos que não seria fácil fora de Cabul. O guia dizia exatamente isso.

— Mas se o que ela disse fosse verdade não teríamos visto uma única foto de uma mulher afegã desde a queda do Talibã. Não, ela obviamente tem um problema com jornalistas ocidentais, exceto com sua amiga Florence, com seu xale tããão chique, por quem ela tem tanto respeito. E tornará as coisas tão difíceis para nós quanto puder, acredite-me.

O pico de excitação sentido no dia anterior enquanto brincava com a câmera pela cidade, acostumando-me com aquela luz penetrante da montanha, com fotografar nas ruas pela primeira vez em anos, já começava a se esvair-se, dando lugar à ansiedade. Percebi que minha tarefa real seria incrivelmente dura sem uma estratégia. Não tinha ideia do que fazer. Precisava ser mais agressiva ao fazer contatos, convencer pela conversa e conseguir por mim mesma acesso às fotos de que precisávamos. Não podia deixar Imo fazer isso por mim. Tinha de ficar esperta logo.

— Talvez, quem sabe, se tentasse falar com aquela fotógrafa fran...

— Melhor não. Você sabe o que vai acontecer: ela ficará toda excitada quando descobrir que quer fazer as mesmas fotos. A única coisa que precisamos fazer é sair da cidade o mais rápido possível rumo ao interior. Você não vê como todos são *controladores*? Isso incomoda tanto. Hanif, perdão, precisamos parar em algum lugar com um banheiro decente. Um hotel, um restaurante, qualquer lugar civilizado.

Ela abaixou a voz e apertou minha mão.

— Chegou.

— O quê?

— A vingança de Montezuma no Hindu Kuch. O pesadelo começou.

Imo desabou em um espaço de dois minutos, como se tivesse sido atingida por um raio. Um minuto atrás era ela, com suas mãos frias, seu perfume exótico, sua maquiagem ligeira, e no outro havia se desmanchado, os traços frouxos, o corpo tremendo.

No minuto em que entramos no Hotel do Babur, disparou escada acima três degraus por vez até o banheiro. Esperei-a embaixo, ainda chocada pela força que a abatera, e não conseguia evitar ouvir seus grunhidos, seu arfar e seus gemidos. Depois de um silêncio agonizante, a porta abriu-se e surgiu outra Imo, uma Medusa banhada em suor, o cabelo cacheado grudado no rosto como cobras retorcidas e olheiras escuras sob olhos febris. Abanou a mão, como se dissesse "não fale nada", e seguiu trôpega até o quarto.

— Tenho de ficar muito quieta. Se eu não me mexer, ficarei bem.

Segui-a o caminho todo, até seu quarto, desfiando uma série de perguntas petulantes.

— Devo chamar um médico? Ir para o hospital? Você acha que está com febre? Talvez seja uma boa ideia chamar Hanif? Precisa de antibióticos? Quer água? Chá? — Mas realmente era eu quem precisava de ajuda. Vê-la daquele jeito deixou-me apavorada.

Imo ergueu as palmas das mãos em minha direção, como se quisesse manter distância. Tirou o agasalho e a camiseta por sobre a cabeça de uma vez só, arrancou as calças, botas e meias, deixando cair peça por peça no chão enquanto caminhava para a cama como uma sonâmbula. Ficou parada por um momento em seu sutiã de renda preta e calcinha combinando — com os cabelos molhados e o corpo tremendo. Depois, mergulhou sob o edredom.

Manteve os olhos fechados enquanto falava:

— Eu não preciso de nada. Só preciso fechar os olhos e ficar quieta. Pode fechar as cortinas, por favor? A luz está me matando.

Fechei as cortinas e me sentei na beirada da cama.

— Onde está o kit de primeiros socorros? Deve ter algum remédio lá. Você quer que eu ligue para Pierre e peça que o seguro mande um médico?

Imo balançou a cabeça. Seus dentes batiam sob o edredom.

— Com o que pagam de seguro, o mínimo que deviam é...

— Por favor, Maria, *fique quieta* — conseguiu dizer através dos dentes travados, mas num tom firme. — Vá para seu quarto agora e me deixe em paz.

Não passou uma hora para que a mesma avalanche despencasse sobre mim como uma represa rebentando. Eu fora à sala de jantar, pedira um chá e estava checando meu e-mail no velho computador do hotel.

Havia mensagens de minha assistente Nori informando que não havia nada absolutamente novo acontecendo em Milão, o trabalho ia devagar e ela ansiava para ouvir minhas notícias excitantes. Havia outra, de meu pai, com um resumo indignado dos erros do governo italiano e com um link para um artigo do *Guardian* sobre um diretor de cinema afegão. A editora de culinária de uma revista semanal oferecia-me um trabalho para fotografar uma dupla sobre um almoço de Páscoa, para a edição de abril. Discorria longamente sobre o sentimento que as fotos deveriam transmitir, sugerindo que eu espalhasse pétalas de flores entre as pizzas e os salames.

Desde a chegada a Cabul não havia pensando uma vez sobre o que poderia me aguardar quando voltasse a Milão. Pensar em quanta energia, dinheiro e pessoas estavam por trás de uma mesa cheia de comida, mais uma vez, parecia-me uma loucura. Mas foi a palavra "salame" que disparou o alarme. Meu corpo começou a sentir uma espécie de trovejar distante que, de longe, não soava bem. Não era ainda um sintoma, só uma agitação. Mas antes que pudesse clicar em "responder" senti um punho agarrar meus intestinos e virá-los do avesso como se fossem uma luva. Uma onda de suor frio espalhou-se sobre minha testa e naquele momento preciso soube que fora lançado um ataque frontal a todo o sistema. Algo enfiara suas presas em mim, aguilhoando-me e rasgando-me. Algo desconhecido, mas acima de tudo algo afegão, e portanto potencialmente mortal.

Esticada no sofá, em meu quarto no Hotel do Babur, o nariz pressionado contra o tecido poeirento. Era assim que eu ia morrer, pensei. Assassinada por um kebab. Era esta a punição cármica de uma fotógrafa de comida?

Tinha certeza de que nenhum daqueles homens horríveis que mastigavam feijões no café da manhã daria pela minha ausência, ou de Imo. Em três, quatro dias, alguém — Hanif, possivelmente, ou a faxineira *tajik** com bochechas rubicundas, que cruzava comigo todas as manhãs nas escadas — nos encontraria em nossos respectivos quartos imóveis e compostas, como pequenos pássaros atingidos por raios.

A febre subia e descia como uma montanha-russa. Num momento torturava-me a tremedeira, e no próximo queimava de febre. Dava para sentir o monstro faminto abrir caminho, destruindo tudo em sua passagem, como um bombardeio pulverizando napalm. Sabia que me aniquilaria se eu deixasse, mas nem mesmo tinha força de rastejar até o quarto de Imo e pedir ajuda, muito menos de subir todo um lance de escadas e solicitar ao general Dynamics para, por favor, achar um médico. De qualquer forma, às 4h da tarde o Hotel do Babur era um deserto. Seus ocupantes estavam fora fazendo os trabalhos pelos quais eram tão bem pagos. Alguns comprando armas, outros vendendo informação, alguns vigiando as costas de alguém com uma metralhadora carregada.

Foi então que eu vi o telefone celular.

O esforço seria mínimo. E apenas teria de pressionar uma tecla — o nome dele estava salvo como o número três na discagem rápida, eu não tinha conseguido deletá-lo. Além disso, estava morrendo e não tinha muita escolha. Ele entenderia que aquela era uma emergência.

Além disso, ele era um imunologista.

A ideia de ouvir a sua voz depois de tanto tempo deixou-me ansiosa. Não falara nem lhe escrevera em dois anos. Temia seu nome como alguém doente teme o nome de sua doença, mesmo que a lesse fugazmente em um jornal. Uma

---

* Grupo étnico do Tajiquistão, Afeganistão e arredores. (*N. do T.*)

mensagem de texto talvez fosse uma solução de meio-termo sensata. Para compô-la, teria de pressionar mais de uma tecla e isso tomaria um esforço considerável, mas tinha de me apressar: o monstro saltitava em meu sistema e minha temperatura disparava.

EM CABUL COM FEBRE ALTA. PODE AJUDAR?

Pronto. Pela primeira vez não me preocupei se meu nome brilhasse no mostrador do telefone e estivesse comendo ou dormindo ou lendo na cama ao lado dela.

Stella era o nome dela.

No começo, quando descobri que Carlo tinha um caso, eu insistia em nunca dizer alto o nome dela. Chamava-a de "*quella*". Não queria que fosse uma pessoa real. Queria que permanecesse um personagem secundário em um filme, de cujo rosto não era necessário lembrar-se para seguir a trama. Mas estava errada.

Bip. Bip. Bip.

DIARREIA? PQ EM CABUL?

Houve lágrimas, conversas noite adentro, soluços desesperados. Suas roupas foram jogadas em uma mala, porta afora, e depois recolhidas em um ataque de perdão. Houve ligações desvairadas, mais lágrimas. Ele admitiu ter feito amor com ela em um congresso médico, em Turim. Eu queria saber todos os detalhes, onde e quando, para poder reconstruir exatamente o que eu tinha feito (assistindo à TV de pijama? Jantando de pé na cozinha olhando o micro-ondas?) enquanto ele a despia, beijava, lambendo todo o seu corpo.

Disse-lhe para sair, que o dano era irreparável, e mandei-o dormir no sofá. Ele veio para a cama no meio da noite, cheio de arrependimento, e fizemos amor magnificamente, excitados pela dor. Na manhã seguinte, ofereci-lhe uma esperança: haveria um jeito de ultrapassarmos aquilo? Mas, debruçado sobre seu cereal, admitiu que a vira mais de uma vez, que não fora apenas coisa de uma noite.

Pressionado, confessou ter se apaixonado.

Joguei suas roupas pela janela. E mais um cinzeiro. Meu irmão teve de vir me acalmar às 3h da manhã com um xanax no bolso.

TIVE Q. N SÓ FEBRE ALTA E DOR NO CORPO TODO. O Q TOMO?

Permiti que voltasse depois de um mês. Ele escrevera e-mails, deixara mensagens, gritara ao telefone. Disse-me viver em agonia, haver cometido o maior engano de sua vida e querer voltar. Voltou, mas minha vitória teve sabor de derrota. Sentávamos à noite, espalhados no sofá como duas bonecas de pano que precisavam de enchimento. Não havia nada que tivéssemos vontade de fazer juntos — estarmos de volta sob o mesmo teto parecia mais que o suficiente. Nossa infelicidade se espalhava pela comida, pelas roupas, e por nossos sonhos agitados. Cada vez que seu telefone tocava o ar na sala solidificava-se, os átomos enrijeciam-se e eu os sentia cutucar minha pele, a pele dele, como tortura chinesa. Não víamos a hora de o outro sair de casa.

Não gritei, quando se foi de novo. Nem me foi possibilitado o negro esplendor do ódio para me ajudar a parecer dignificada. Vi-o fazer as malas, mais uma vez, sentindo-me cada vez mais fraca, como se estivesse sangrando até a morte e ele nem se preocupasse em chamar a ambulância.

Bip. Bip.

IBUPROFEN JÁ P/ BAIXAR TEMP. DEPOIS ANTIBIOTICO AMPLO ESPECTRO. PODE CHAMAR MEDICO?

Carlo acabou mudando-se para a casa de Stella. Ele fazia parecer, quando falava com amigos mútuos, como se esse fosse um arranjo fortuito, como se o endereço dela tivesse sido a primeira coisa a vir à mente quando entrou no táxi.

SEM MEDICO. QUAL ANTIBIOTICO?

Eu me divertia com meu tom urgente e imperativo. Não importava onde estava, com quem, o que estava fazendo. Tudo o que eu queria era o nome da droga, a dosagem, a cura. Conseguira levantar-me do sofá e estava remexendo em minha valise de remédios. Encontrei o Advil e tomei duas cápsulas sem água.

Ouvira de amigos que ele e Stella estavam tendo problemas. Depois de dois anos de vida em comum, ele ganhava peso e ela tomava antidepressivos.

Bip. Bip.

CIPRO OU BACTRIM. MUITA AGUA POR FAVOR.

Sentia o interior do meu corpo ranger e desabar. O pequeno monstro mastigava ruidosamente devorando, causando incêndios aqui e ali. Que pílula, imaginei, entre as muitas que jogara na bolsa, tinha o poder de parar o assalto dos hunos? Mal conseguia focar os nomes dos remédios. Só queria fechar os olhos. Com um enorme esforço, teclei:

CIPRO. OK.

Tinha de alguma forma de administrar a mesma dose a Imo, mas era absolutamente incapaz de sair da cama e atravessar o corredor.

Bip. Bip.

OK POR ENQUANTO. 1 CADA 12 HORAS. ALGUEM PRA IR COM VC A FARMA, HOSPITAL?

Engoli o antibiótico e rezei para que não estivesse vencido, e ainda mantivesse seu poder. Só tinha um resto de força para teclar três letras.

NÃO

Foi uma resposta econômica, mais da frente de batalha que de uma ex-namorada desesperada. A proximidade de meu fim — ou pelo menos a possibilidade de o fim estar próximo — tornava-me mais forte, talvez por colocar tudo na perspectiva certa. E embora estivesse quase delirando, senti que era a melhor perspectiva que tivera em um longo tempo.

Daí desmaiei.

O Hotel do Babur não era, efetivamente, um hotel para hóspedes. Mais parecia um receptáculo para homens que chegavam de suas missões cansados e empoeirados, atiravam suas armas e botas enlameadas em um canto, pediam comida e álcool e desabavam na cama. Assemelhava-se mais a um acampamento que a um hotel. No Babur não havia telefones nos quartos, a ideia de serviço de quarto era uma miragem, nenhum dos funcionários falava uma palavra de inglês, a comunicação era feita com gestos e o gerador era desligado às 10 horas.

Despertei de algo semelhante a um coma, não um sono. Não tinha ideia de quanto tempo se passara, mas meu quarto estava escuro e o aquecedor, desligado. Podia ser qualquer hora da noite, podia mesmo ser o dia seguinte. Tudo poderia estar morto.

Mais suores frios, mais náusea. Precisava vomitar de novo, mas percebi que eu tinha de ver como estava Imo, dar-lhe o antibiótico. Talvez agora fosse tarde demais. No escuro total (por que eu não trouxera uma lanterna? Os Defenders, em suas aulas de defesa pessoal, sempre insistiram que tivéssemos à mão uma lanterna, em qualquer circunstância) comecei a tatear meu caminho, usando o mostrador do celular para iluminar o que conseguisse do quarto, encontrar minhas botas, os antibióticos e o rolo de papel higiênico. Consegui checar a hora — 3h20 — e vi que havia duas mensagens.

COMO VAI? FEBRE PASSOU?

Colocara um "X" depois do ponto de interrogação. Um símbolo para um beijo.

Interessante.

E então:

RESPONDA. ACHEI COLEGA ITALIANO NUM HOSPITAL AI. DISSE QUE O VIRUS E NORMAL. ESTAH NO AR. LIGUE PARA ELE.

Havia um número.

Não respondi.

Caminhar pelo corredor era como aventurar-me na noite do Alasca: totalmente escuro e muito mais frio que meu quarto. Abri caminho com o celular, apontando o mostrador na direção do banheiro e projetando uma luz pálida no chão. Então, a porta abriu-se subitamente e alguém saiu. Ouvi o ruído surdo de passos descalços e senti um bafo de cerveja e tabaco.

Ele caminhou direto na minha direção. Afastei-o com as mãos. Inadvertidamente, toquei sua cintura com as pontas dos dedos. A pele era quente e suave. Era verdade: estava nu.

Eu vi. A ereção.

Parecia enorme, perfeitamente horizontal, tingida pelo verde do meu mostrador. Algo rígido raspou em minha mão. Não poderia ter sido outra coisa.

— Que porra... — ouvi-o resmungar.

Deu-me um empurrão, afastando-me com raiva do caminho.

É claro que Imo recusou-se a tomar a medicação — antibióticos? Ela era homeopata — e afirmou preferir lutar com o vírus "num combate corpo a corpo como me ensinaram no Sudão". Implorei, mas não quis me ouvir. Disse-me que precisava tomar toneladas de água e que era geneticamente equipada para lidar com bichos esquisitos.

— Não esqueça, tenho sangue colombiano — resmungou debaixo do edredom. Pediu-me que saísse e a deixasse lutar em paz.

Na manhã seguinte minha porta abriu-se de súbito. Imo apareceu sorrindo, recém-saída do banho, com uma bandeja de café da manhã. Colocou um termômetro em minha boca e abriu a janela.

— Veja quanto peso perdi. Minhas calças estão caindo.

Tirou o termômetro de minha boca. Eu me sentia um lixo, grudenta, suada e suja.

— Uau, ainda 38,5°C. É melhor descansar um pouco. Direi aos caras lá embaixo para trazer chá e torradas. Vou para a cidade com Hanif pegar os passes do ministério e depois entrevistarei o vice-ministro que cuida de assuntos femininos. Verei o que tem a dizer. Fique na cama e tome muito líquido. Vamos para o interior amanhã, e será uma longa viagem.

Limpei a garganta.

— E a cratera?

— Tudo resolvido, podemos passar. O principal é sair desta latrina de cidade. Uma vez que sairmos daqui tudo vai mudar, você verá. Hanif encontrou uma intérprete que nos ajudará com as mulheres no vilarejo, então estamos prontas. Mal posso esperar. Será fantástico.

Sorriu.

— Céus azuis, espaços abertos, e por fim pessoas gentis e tradicionais que não leem jornais internacionais.

Não tinha ideia do que Imo tinha em mente, o que esperava ao sair de Cabul. Eu só podia pensar em minas terrestres, barreiras perigosas, sequestradores a soldo dos senhores da guerra, anarquia. O que na verdade mais me preocupava era a ideia de uma viagem através de um território tão vasto sem um único banheiro.

Imo sentou-se na beira da cama, examinando suas anotações. Mal conseguia conter seu entusiasmo.

— E a grande notícia é... Espere aí... Onde foi que eu coloquei?

Mostrou-me um pedaço de papel com algo rabiscado.

— Ah! Achei. Esta ONG alemã forneceu o nome de uma mulher que pode estar disposta a falar conosco. Ela tentou se matar há uma semana e está se recuperando em algum tipo de pequena clínica, perto de seu vilarejo, a cerca de 200 quilômetros de Cabul.

— Fantástico — disse, quase desmaiando. Depois, fechei os olhos de novo.

Bip. Bip.

E AI? DIGA COMO ESTA. SE QUISER TELEFONO.

Ainda estava fraca, mas podia sentir que o monstro recebera um golpe letal durante a noite. Fora derrubado no tatame e todo surrado. A crise passara.

BEM MELHOR. BRIGADA PELO TRATAMENTO.

Considerei a possibilidade de acrescentar "abraços & XXX", mas não tinha este propósito. Além disso, temia que qualquer menção de contato físico pudesse se tornar incendiária. Eu sentia a tensão crescer a cada bip, bip. Embora ele tivesse sido apenas um consultor em uma briga entre vírus e anticorpos, o objeto de sua atenção fora o meu corpo. Um corpo que ele conhecia bastante bem, e de cuja forma e contornos certamente agora se lembrava. Ao permitir que o examinasse de novo, permiti que recobrasse algum controle sobre ele e estava, de certa forma, reclamando seus direitos de propriedade.

Bip Bip.

MARIA. NEM SEI O Q FAZ NO AFEGANISTAO. QUERO OUVIR SUA VOZ. TO COM SAUDADE.

Examinei a frase com cuidado, estudando a sintaxe, interrogando as letras como um grafologista examinaria uma carta anônima para decifrar a personalidade de um assassino.

A frase depois de MARIA era uma pista importante, pensei, uma espécie de invocação. O ponto servia como uma pausa teatral. Se estivesse na minha frente, teria pausado depois de pronunciar meu nome, estudadamente. Também teria me tocado, eu sabia. Talvez tivesse pegado minha mão, ou acariciado meu cabelo. TO COM SAUDADE era a capitulação final. Parecia tudo muito perigoso.

Desliguei o telefone.

De noite, acordei de um outro surto de suada inconsciência. Sentia-me drenada, inerte como água parada em um lago, mas a febre se fora e eu tinha fome. Desci até o bar em busca de alguma coisa para comer.

Imo estava a um canto sozinha tomando um gim-tônica, com a atenção no teclado de seu celular.

— Ah! Você voltou! Estava começando a ficar com saudade — comentou alegremente. — Olhe para você. Está inteira de novo, graças a Deus. Não queria assustá-la, mas você estava horrível hoje de manhã. Achei que pudesse ter de chamar um helicóptero, ou algo assim. — Ela riu.

Parecia arrebatadora, envolta em seu suave *shatoosh*, diversos braceletes indianos em seus pulsos, os olhos escurecidos pelo kohl.

O bar do Hotel do Babur era um dos poucos lugares em Cabul onde serviam álcool, e à noite lentamente enchia-se de ocidentais. O sul-africano e o alemão de meia-idade de calça de veludo cor de terra e botas de marcha sentavam-se em banquinhos no bar, transpirando solidão e melancolia em cada poro.

— Vê aquele ali? Um mercenário ou um criminoso. — Imo me cutucou com seu cotovelo e olhou para o sul-africano. — Aposto que é um daqueles que adoravam colocar negros na churrasqueira no lugar das linguiças.

— Meu Deus, Imo. O que faz você dizer isso? — A maneira como ela sempre parecia saber, sem qualquer dúvida, quem era quem naquele mundo de homens, pelo menos para mim indecifrável, começava a me irritar.

— Eu sei porque este tipo de sul-africano é sempre um ex-polícia secreta. Provavelmente fugitivo de uma sentença de morte. Se não, o que estaria fazendo aqui?

O alemão estava bêbado. Era ele quem pagava pela cerveja do sul-africano. Vituperava com sua bebida em inglês, naquele sotaque sem graça cheio de *zees*, que a Alemanha havia caído nas mãos de porcos, que eram todos comunistas, e que não queria mais viver lá, que estava envergonhado de ser um alemão. O sul-africano aquiesceu distraidamente, perdido em seus próprios pensamentos e olhando o fundo de seu copo. Era óbvio que nenhum dos dois estava minimamente interessado no outro, e que não havia entre eles qualquer conexão, apenas amargor ao lado de amargor. Dois amargores, cotovelo contra cotovelo, apoiados num bar de um hotel longe de casa. O álcool de alguma forma os desnudava: era como vê-los nus através de uma fechadura, o alemão obsceno e desgrenhado, o sul-africano impassível e imóvel como um lagarto enrugado.

Em uma mesa atrás de nós, o Loiro, usando seu costumeiro *pakol* e um suéter mal-ajambrado, estava imerso em uma conversa com um homem que eu nunca vira antes. Estava todo excitado e parecia estar em meio a uma explicação elaborada — tinha o ar apreensivo de um estudante justificando-se com o professor. Passamos a pequena distância, mas não fez o menor sinal de reconhecimento.

O alemão explodiu numa risada rude e cavernosa. Ergueu seu copo e propôs em alemão um brinde a ninguém em particular. O sul-africano parecia dormir.

— Fico impressionada — disse Imo, olhando de esguelha primeiro para o Loiro, depois para o alemão. — Estamos aqui há três dias e nenhum destes caras chegou a registrar nossa presença. Estou curiosa em saber até onde podem seguir ignorando o fato de que existimos de verdade. Quer pedir alguma coisa, querida?

— Pensei em um chá e depois um prato de sopa. Cairiam bem. Não quero comer nada muito... — Deixei minha voz apagar-se.

— Sabe de uma coisa, isto para mim parece ser o lugar onde todas as boas maneiras foram esquecidas — Imo continuou, olhando para a sala. — E este não é bom sinal, se você quer saber. Se houvesse qualquer esperança — se alguém na verdade acreditasse que este país ainda tinha jeito e ficaria em pé de novo —, então estas pessoas estariam engajadas em alguma forma de comportamento civilizado. Mas quem se importa? Sabem que esta é a última parada. Depois daqui, só o caos.

Imo chamou o garçom, o jovem afegão que fazia os ovos do Escuro toda manhã, pediu chá para mim e outro drinque para ela.

O homem com quem o Loiro conversava tinha cabelos compridos, uma barba ruiva e o olhar amarrotado de alguém que estivera em uma longa viagem e apanhara um bocado de pó pelo caminho. Botas de exército enlameadas, um casaco militar pesado, rosto bronzeado pelo sol da montanha. Ouvia o Loiro com atenção, mas notei com o canto dos olhos que também examinava nossa mesa. Nossos olhos se encontraram por uma fração de segundo e interceptei um tipo de sinal, um mexer de cabeça, possivelmente um meio sorriso. O Loiro aproveitou-se da quebra da atenção do homem e imediatamente aproximou-se, chegando a cadeira mais perto, colocando-se como uma tela entre nós.

— Está pagando a ele — murmurou Imo. Virei-me a tempo de ver o homem de barba ruiva entregar ao Loiro um rolo de notas. Ele contou e as colocou no bolso. O homem de barba vermelha deu-lhe um tapinha no ombro. Foi um gesto de encorajamento, quase paternal. Apertaram-se as mãos e o Loiro levantou-se e, sem olhar para nós de forma alguma, deixou o bar de cabeça baixa. O homem de barba ficou onde estava e fez um gesto ao garoto afegão detrás do balcão para lhe trazer outra cerveja.

— Este é Paul. Do Canadá — Imo especificou, como se eu devesse me alegrar que pelo menos não era outro americano.

— Está me explicando algumas coisas muito interessantes sobre os campos de papoulas. Esta é Maria, a fotógrafa fabulosa sobre a qual lhe falei.

O homem com a barba movera-se rápido. Enquanto fui ao banheiro, ele saiu de sua mesa, foi para a nossa e renovou seu drinque. Apontou com o dedão o gim-tônica com gelo de Imo e me lançou um olhar perquiridor, levantando ligeiramente o queixo.

— ...Não, obrigada... não estou me sentindo... talvez alguma coisa quente... um chá verde.

Paul chamou o garçom atrás do balcão pelo nome e pediu em dari, sem qualquer sotaque, pelo menos me pareceu. Imo já estava com seu bloco e fazia anotações.

— Falávamos sobre a borrifação — ela disse. — Os Estados Unidos estão pressionando o presidente Karzai a borrifar os campos de papoulas, para mostrar ao mundo que está livrando o Afeganistão da heroína. O que na verdade é a coisa mais estúpida que este governo poderia fazer.

Voltou-se para Paul.

— Você sabe, é claro, que os Estados Unidos fizeram exatamente a mesma coisa na Colômbia, com a cocaína. Na verdade sou de Medellin, e...

Mas Paul fixara seu olhar em mim.

— OK. Então, qual você diria que é a alternativa?

Perguntava a mim, não porque achasse que eu tinha uma opinião formada, ou estivesse interessado em ouvir o que eu tinha a dizer. Era uma pergunta retórica, algo que o professor perguntaria ao bobo da classe durante uma prova. Acendeu um cigarro e exalou a fumaça bem dentro de minhas narinas.

— Não saberia. Mas desculpe, por que seria estúpido borrifar?

Paul riu. Esticou-se e balançou a cabeça, divertindo-se.

Obviamente, eu fizera a pergunta errada.

— Bom. Antes de mais nada, é um esforço de curto prazo e isolado. Apenas elevaria o preço do ópio. Segundo, você têm ideia de qual é o grau de alfabetização do Afeganistão? Eu lhe digo: é de cerca de trinta por cento. Como você acha que esta população analfabeta sobrevive? Que trabalho pode fazer?

— Eu não...

— Agricultura — interrompeu Imo, levantando rapidamente os olhos das anotações.

— Sim — confirmou Paul. — E onde você acha que os agricultores conseguem dinheiro para alimentar suas famílias nos meses de inverno, quando nada cresce?

Olhei para Imo.

— Ópio — respondeu.

Paul aprovou com um movimento de cabeça e voltou-se para mim de novo.

— Se plantam ópio, recebem um adiantamento dos barões da droga. E este dinheiro os faz atravessar o inverno. E, quando colhem na primavera, recebem o resto. Mas se o campo for borrifado, então o agricultor não apenas fica sem uma colheita, mas tem também uma dívida a pagar.

— E aí o pobre babaca está totalmente fodido — acrescentou Imo.

— Exato. Então, como estes pobres babacas são setenta por cento da população, por que teriam alguma simpatia pelos americanos que querem borrifar seu único meio de subsistência?

— É verdade.

— Talvez em Washington esta possa parecer uma ideia brilhante, mas a verdade é que, neste país, eles querem ver todo americano morto.

Ele imitou o gesto de cortar a garganta com o dedo indicador.

— É a pior coisa que poderiam fazer. Na verdade, é por conta disso que está indo tudo para o buraco. Esta, e não religião, ou cultura, ou o que você quiser, é a razão de o Talibã estar voltando com o apoio do povo.

Imo escreveu e aquiesceu com a cabeça.

— Mas por que os americanos não os ajudam com colheitas alternativas? — Imo perguntou. — Eles podem destruir as papoulas mas em troca podem plantar alguma outra coisa. Fizeram exatamente isso na Colômbia e na Bolívia, como você sabe.

Paul sorriu enigmaticamente e coçou o queixo.

— Está bem. E que colheitas?

— Não sei. Trigo, centeio, por exemplo?

Um brilho de deleite tomou os olhos de Paul, e então chacoalhou a cabeça, como se a sugestão de Imo fosse risível.

— E quanto vocês acham que pesa uma colheita de ópio?

Imo e eu olhamos uma para a outra.

— Eu lhes digo. Dá para transportar nas costas de um burro. E quanto pesa uma colheita de trigo?

— Obviamente muito mais — eu disse.

— Eu diria que você precisaria ao menos de um caminhão — interveio Imo.

Paul fez que sim e tomou um lento gole de cerveja.

— Correto. Exato. Você precisaria de um caminhão.

Esta maneira que tinha de nos fazer adivinhar as respostas estava começando a me incomodar. Limpou a boca com as costas da mão.

— E vocês têm ideia de como são as estradas dez quilômetros fora da cidade?

Fiquei imaginando se algum dia terminaria com aquelas perguntas.

— O asfalto termina, certo? — sugeri para cortá-lo. Já tinha percebido aonde queria chegar.

Paul ergueu as mãos e deu de ombros, como se não tivesse nada a acrescentar. Imo animou-se, como se tivesse recebido subitamente a solução de um problema matemático.

— Certo. O ópio é a única colheita que pode ser transportada nas costas de uma mula. Uau. Isso é interessante. — Ela anotava tudo, acesa por aquela porção de informação. — Engraçado, a gente nunca pensa nisso — comentou defensivamente, não querendo soar ingênua.

Paul riu em silêncio.

— Todo mundo fala e escreve sobre o Afeganistão, mas a gente tem de falar com os agricultores, os habitantes das regiões remotas — e tem de falar na língua deles —, para saber os detalhes de como as coisas funcionam ou por que não funcionam.

O garçom chegou com meu chá e os drinques. Paul permanecia olhando-me com um misto de interesse e insolência. Estalou os dedos e tomou um gole de cerveja gelada.

— Se não constroem estradas antes, nunca vão resolver o problema dos recursos. Se não dá para transportar, não dá para vender. Óbvio, não é?

Concordamos.

— Vão se passar anos antes que construam uma rede de estradas decente aqui — acrescentou Imo, com ar de expert. Depois, sorriu para Paul. Pegou o cigarro dele do cinzeiro sem pedir permissão e deu uma tragada. Percebi que planejava alguma coisa. Para arrancar tanta informação quanto possível, ela na verdade estava flertando com ele.

Tirei minhas pílulas do bolso e engoli uma com um gole de chá. Tudo ainda doía: meus ossos, músculos, nervos. A batalha com o monstro me deixara toda dolorida.

— O que foi? — Paul perguntou.

— Nada. Estou com um pouco de dor de cabeça.

— Veja, por exemplo...

Pegou o vidro de Advil e girou-o em sua mão.

— Você tem ideia de quantos analgésicos são consumidos todo dia no planeta?

Ele estava me enlouquecendo. Talvez fosse uma síndrome. Essa coisa de fechar cada sentença com uma interrogação.

Não respondi.

— E qual é a substância principal de um analgésico?

— Morfina, derivada do ópio — Imo disse, girando o gelo em seu drinque.

— Certo — Paul concordou mais uma vez. Tomou outro gole de cerveja e sorriu. Não disse nada por alguns segundos. Olhou para nós, esperando que uma de nós gritasse "milagre!", como se seu copo de cerveja fosse o Santo Graal e nós ainda não tivéssemos percebido que o que buscávamos estava debaixo de nossos narizes o tempo todo.

— Precisamente. É por aí — confirmou, triunfantemente.

— Precisamente o quê?

— A indústria farmacêutica seria a única solução.

— Não, sinto muito — repliquei, enfadada. — Acho que não entendi.

— Simples. Para produzir a quantidade de analgésicos que o mundo consome todo dia, são necessárias milhares de toneladas de ópio por ano, e o mercado legal não consegue produzir o bastante. Se o Afeganistão vendesse seu ópio para o mercado farmacêutico e não para o cartel de drogas, tudo se resolveria. Os agricultores ficariam felizes porque seriam pagos, o governo americano ficaria feliz porque poderia mostrar ao mundo ter erradicado o problema da droga, e você, com sua dor de cabeça, teria a droga de que precisa. Faz sentido?

Aquiescemos de novo, obedientemente.

— Mas a questão é: vocês sabem quantos países têm licença para produzir ópio legalmente?

— Não — dissemos em uníssono.

— França, Espanha, Índia, Inglaterra e Turquia, para mencionar alguns.

Imo estava perplexa. Sua caneta estacou no ar e os olhos alargaram-se.

— Mas isso é um absurdo! Desculpe, mas por que não dão a licença para o Afeganistão? Isso não faria sentido? Assim eles teriam de achar uma solução para todo o...

Paul riu, alegre como um mágico em frente de crianças que o importunam para saber onde foi parar o coelho.

— Por que não? Isso é totalmente outra questão. Mas na verdade, é o verdadeiro cerne do problema.

Acendeu outro cigarro, pronto a começar outra rodada de perguntas e respostas.

Imo estava excitada. Tirou os sapatos e recolheu os pés embaixo do corpo, na cadeira.

— Paul, desculpe, mas gostaria que você me explicasse. Quer outra cerveja? Maria, mais chá? Vou tomar outro gimtônica.

Paul levantou a mão para detê-la. Não era o tipo de sujeito que deixa uma mulher comprar um drinque. Chamou o garçom e pediu outra rodada.

— Essa história de ópio e licenças é incrível. Isso é algo que eu gostaria mesmo de pesquisar. O que você acha, Maria? — Ela voltou-se para Paul. — Paul, explique-me, por favor, por que dão uma licença para a França, entre todos os lugares. Isso não é insano?

Escolhi aquele momento para me levantar.

— Desculpem, mas estou um pouco cansada. Vou me deitar.

Sentia-me muito fraca para encarar outra rodada de interrogatório e, além disso, os olhares que Paul me dirigia me deixavam inquieta.

— O quê, você já vai? Sente-se e tome um drinque.

Ele estava incomodado porque eu ousava me retirar, não ia tomar um drinque mas principalmente, pensei, porque eu não tinha qualquer pergunta a fazer.

— Não, eu vou dormir um pouco — respondi com firmeza.

Imo soprou-me um beijo com as pontas dos dedos.

— Vá descansar, querida. Amanhã será um grande dia.

Paul fez um gesto imperceptível de cabeça, como assassinos nos filmes quando estão em uma multidão e percebem que não está na hora certa de atirar, mas para deixar a vítima saber que, embora tenha escapado daquela vez, não escaparia da próxima.

Na manhã seguinte, às 7 horas, o general Dynamics — recém-barbeado e vestido com outro colete imaculado e cheio de bolsos — descrevia o desempenho de um tipo particular de bala quando atingia concreto de blindagem, enquanto cuidadosamente limpava seu pote de iogurte com müsli. O sul-africano e o alemão, com seu traje pseudotirolês, ouviam como estátuas de sal. O Moreno comia sua maçaroca de ovos rancheiros ao estilo Cabul. A cadeira ao lado estava vazia.

— Bom dia a todos — cumprimentou Imo, enquanto descia envolta em um xale escuro, calças marrons de lã e brincos indianos. Mas ninguém respondeu. Apenas o general Dynamics suspendeu o fluxo monocórdio de informação por uma fração de segundo, registrando sua presença com um mínimo movimento de queixo.

Imo sentou-se a meu lado, sorrindo para a audiência, exalando ares de sândalo e inclinou-se para meu lado.

— Ele foi demitido ontem à noite.

— Quem, o Loiro?

Ela fez que sim.

— Paul me contou.

— Você foi dormir tarde?

— Duas, três, não tenho ideia — disse casualmente. — Tomamos mais quatro drinques, cada um, depois que você saiu. Fiquei um pouquinho fora de controle no final.

E começou a passar manteiga na torrada.

Olhei-a interrogativamente. Ela riu e balançou a cabeça.

— Não, de jeito nenhum. Está brincando? Só tive de empurrá-lo com força e bater-lhe a porta na cara. Ainda bem que ele estava tão bêbado que nem vai se lembrar.

— Mas pelo menos foi útil.

— Contou-me tudo que acontece neste país no momento: quem manda, quem é corrupto, quem tem dinheiro, armas, ópio, quem vai para cama com quem. Tudo estritamente em forma de perguntas, claro. Achei que minha cabeça fosse explodir. Meu Deus, ele é cansativo. Mas sabe muita coisa, o cara.

— O que lhe falou sobre o Loiro?

— Disse que quando se trabalha com segurança, no nível em que o Loiro trabalhava, basta uma pequena bobeada para mandarem o cara para casa. Pronto. Já era. Paul disse que foi uma pena perdê-lo. Gostava muito dele.

— Imagino de quem ele era guarda-costas. Ele contou?

— Claro que não. Só disse que era muito capaz. E que não se intromete nas coisas.

Pensei no corpo leitoso do Loiro, seu pau duro batendo em mim no meio da noite no corredor. O modo brutal como me afastou, a automática no criado-mudo ao lado da água mineral. Depois lembrei-me do olhar desolado em seu rosto na noite anterior quando embolsou o dinheiro de Paul, com a cabeça baixa e os ombros caídos. Tinha se transformado em um garoto que é mandado embora de seu primeiro emprego e tem de começar tudo de novo.

— Mas por que Paul o pagou? É o chefe?

— Acho que sim. Não sei. Não entendo muito disso. Lá pelo terceiro gim-tônica, perguntei-lhe: Quem é você? Como é que sabe isso tudo? Mas ele apenas riu e fez outra pergunta.

Imo virou-se para o Moreno e pediu em voz alta:

— Pode me passar o leite, por favor?

Ele a ignorou.

— Ei! Estou falando com você! — Imo insistiu, ainda sorrindo. O Escuro levantou os olhos dos ovos, chocado.

— O *leite* — repetiu Imo. Até o general Dynamics calou-se. Baixou o silêncio.

Imo esticou o dedo indicador, apontando decisivamente para a jarra.

— Você pode, por favor, passar para mim?

O Moreno hesitou — todos o olhavam, agora. Pegou a jarra, relutantemente, e a manteve suspensa no ar por um segundo. Então, passou-a lentamente para Imo, enquanto todos os homens da mesa seguiam a trajetória com a mesma expressão arrebatada, como se assistissem a uma cobrança de pênalti, em câmera lenta, que acaba direto dentro da rede.

Uma hora mais tarde partíamos, em uma clara manhã desanuviada por um vento congelante.

Na quietude do alvorecer, deixamos para trás a densa nuvem de poeira e fumaça de diesel que pairavam sobre Cabul como um pálio mortal. Imo insistiu em me emprestar um grosso casaco longo e um de seus xales indianos para que eu usasse em vez de minha parca verde, "para um melhor efeito de camuflagem". Senti-me bem dentro de suas lãs caras em um dia tão frio.

Depois de termos passado o último posto de vigia, tudo subitamente se abriu como um leque se abre com um torcer do pulso. O ar estava totalmente claro, cortante como a ponta de um diamante, e agora eu conseguia cheirar a neve nas montanhas que desenhavam o horizonte como rendas. A beleza das montanhas assomou de repente, tirando meu fôlego. Exatamente no mesmo momento, Imo pegou minha mão e a apertou.

— Veja isso — murmurou. Fiquei agradecida por me deixar participar de sua surpresa, por não achar toda aquela beleza gratuita.

Naquela manhã, Hanif aparecera no saguão do Hotel do Babur vestido com um *shalwar kameez* e *pattu*. Achei a roupa uma escolha sensata para uma viagem a um vilarejo tradicional. Ele parecia amarrotado e com olhos inchados, como se não tivesse tido tempo de lavar o rosto direito.

— Minha esposa ficou doente a noite toda. Teve dores e algum sangramento. Levei-a ao hospital e o médico disse que é melhor que fique lá um dia ou dois.

— Puxa, sinto muito. Ela também tem um telefone celular para você poder contatá-la? — perguntou Imo, apontando o Nokia.

— Não há mais sinal além daquele morro — disse, desconsolado.

— Mas temos o telefone por satélite para emergências, não temos? — murmurei para Imo.

— Ah, claro, o telefone por satélite — disse cautelosamente. E suspirou.

— Sabe de uma coisa? Esqueci de recarregá-lo. Na verdade, ficou no Hotel do Babur.

Na lição de Keith sobre "segurança pessoal", a regra número um era viajar com todos os números importantes, como hospitais, resgate aéreo de emergência e embaixada, memorizados no celular. Se estivesse viajando onde não houvesse sinal, a regra era carregar um telefone por satélite o tempo todo.

— E os coletes à prova de balas? — perguntei.

— O quê?

— Você os deixou para trás também?

— Sim. Fugiu completamente da minha mente. O kit de primeiros socorros também, por falar nisso.

— Ah, sei.

Imo deu de ombros.

— De qualquer maneira, se acontecer alguma coisa, não serão bandagens que salvarão nossas vidas.

Gostaria de ter-lhe dito que, depois de minhas repetidas exposições ao corpo de Obelix, eu achava que tinha alguns ases na manga, mas deixei passar.

Depois de todas aquelas aulas, notas, slides e exercícios práticos, que me conferiram um diploma de Treinamento em Ambiente Hostil, eu viajava em um Ford bombardeado, sem suspensão, com um litro de água para três pessoas, sem lanterna ou qualquer meio de comunicação com qualquer um. As únicas coisas que eu tinha lembrado de trazer haviam sido um rolo de papel higiênico e alguns comprimidos de Advil.

O asfalto terminara alguns quilômetros depois de Cabul. Viajávamos havia uma hora em uma estrada estreita de pedregulhos, que deu lugar à poeira e finalmente tornou-se um traço desmaiado na planície. Comecei a notar manchas verdes ondulando sobre o espaço aberto e inexoravelmente marrom que cruzávamos.

— São bandeirolas — Hanif explicou. — Para os *mujahideen*.

Não tive certeza de ter entendido. Olhei para Imo.

— Marca os pontos onde caíram em combate — explicou.
— Cada bandeira, um guerreiro morto.

Tive um calafrio. Cruzando um oscilar de centenas e centenas de bandeiras, estávamos na verdade atravessando um interminável cemitério.

Crianças sentadas em muros de barro em torno das casas acenavam para nós com as pontas de seus rifles. Velhos, com as cabeças envoltas em trapos, tocando mulas pelo caminho, acenavam, rifles pendurados nos ombros. Jovens reclinados sob tendas de palha acenavam, levantando suas armas para nós e sorrindo. Homens de turbante a distância oravam em xales esticados sobre o solo nu, próximos de suas armas. As armas pareciam apenas uma extensão do braço, um objeto do cotidiano — uma bengala, um cabo de vassoura — que perdera seu significado. Ainda, assim, por alguma razão, aquela presença constante da morte não parecia ameaçadora, ou mesmo tão triste.

Ou talvez fosse apenas eu, acostumando-me a ver aquilo.

Avistei uma pequena colina. Seria fácil escalá-la e do alto poderia fotografar as centenas de bandeiras tremulantes que desenhavam o mapa dos mortos. A luz da manhã ainda estava boa. Seria a primeira foto realmente significativa da viagem. Senti uma onda de excitação.

Quando pedi a Hanif para parar, ele apontou as rochas pintadas de vermelho à beira da estrada. Lembrei-me do que significavam — tivéramos um longa aula com slides com os Defenders. Tinta vermelha indicava campos minados. Era um lembrete de que não se devia acostumar com nada, que não se podia baixar a guarda.

De volta para o carro, tirei meu gasto *chamois* da sacola e comecei a dolorosamente limpar cada uma das lentes. Tocar meu equipamento aplacou minha frustração — pelo menos me deu uma sensação de que eu faria algo com tudo aquilo, mais cedo ou mais tarde. Tirei da mala cada corpo de câmera e limpei a poeira do sensor, o visor, o espelho, e metodicamente coloquei cada peça de volta a seu lugar.

— Não se preocupe — disse Imo. Achei que estivesse dormindo, mas ela me observava.

— Com o quê?

— Você vai tirar suas fotos. — Seus grandes olhos castanhos me olhavam com atenção.

— Ah. Eu sei. É que...

— Não é fácil, aqui. Não há liberdade para se mover. Mas quando chegarmos ao vilarejo você terá todo o tempo do mundo.

Senti-me grata por ela agir tão relaxadamente justo quando eu estava prestes a entrar em pânico. Ela inclinou a cabeça para a janela, olhando para fora, e permaneceu em silêncio por um instante.

Então contou:

— Pierre me disse que seria difícil persuadi-la a aceitar esta pauta. Que você havia decidido não fazer mais reportagem Por quê?

— Ah... eu tive uma espécie de... como diria... Acho que foi um tipo de...

Parei. Não consegui encontrar uma palavra que não me embaraçasse.

— Sim, Pierre mencionou alguma coisa como um colapso nervoso — disse Imo descompromissadamente, ainda olhando pela janela.

Surpreendeu-me que Pierre tivesse usado aquelas palavras. Que falasse sobre aquilo com pessoas que não me conheciam.

— É mesmo?

— Sim. Mas quer muito que você volte ao fotojornalismo. Ele tem você em alta consideração. Seu trabalho, quero dizer.

— Bem... Não chamaria de um colapso nervoso. O que acontece é que não tenho mais certeza de que o fotojornalismo combine com minha personalidade.

— Mas *por quê*? Não compreendo — insistiu.

— Não sei, na verdade. — Fiz uma pausa. Imo examinou-me com aqueles olhos grandes. Ela me provocava e não deixaria passar em branco. Decidi ser honesta.

— Acho que o que aconteceu comigo foi mais uma depressão. Também passei por uma separação muito difícil. Isso também, eu acho.

Eu tinha consciência de como aquilo soava patético. Naquele momento particular, naquele carro, naquele país.

— Não conseguia lidar com a pressão, com as pessoas. Os jornalistas, os editores, os prazos. Só queria ficar recolhida. Precisava de uma zona de conforto. É por isso que faço o que faço agora. Mergulho nos detalhes.

— Comida, não? — perguntou Imo um tanto friamente.

— Sim. Grandes close-ups. Gastro-pornô — respondi, tentando fazer com que aquilo parecesse leve e autodepreciativo.

— Quanto tempo faz?

— Dois anos? Dois anos e meio, agora, na verdade.

— Sei. Mas a gente tem de suplantar isso, não? Como dizem os livros americanos de autoajuda, "é hora de você recobrar seu poder".

Olhei para a vista impressionante à nossa frente. Ainda conseguia ver as bandeirolas verdes e os pontos vermelhos na distância. As marcas indeléveis que a história da violência, naquele país, haviam infligido ao território.

169

— Além disso — Imo virou-se para o grande cenário na janela e suspirou —, Deus pode muito bem estar nos detalhes, mas será que ainda não precisamos olhar o grande quadro para entender o que acontece? Não é esse o nosso trabalho?

Algo acontecera com Hanif.

Dava para dizer pelo jeito silencioso e cabisbaixo com que dirigia. Parecia melancólico e ausente. Sabia que devia ser porque sua mulher estava no hospital. Imo, sentada próxima a ele, provavelmente sentiu que aquela podia ser a hora certa de descobrir mais detalhes sobre ela, para ajudar a animá-lo mas também para extrair algumas verdades das relações entre os sexos. Meia hora de silêncio se passou no carro antes que Imo começasse uma entrevista.

Quando eles se conheceram? Três anos antes. Foi um casamento arranjado? Sim, era filha de um vizinho, em Peshawar. Sua mulher trabalhava? Sim, como secretária, havia alguns meses, mas deixou o emprego assim que soube que estava grávida. Ele ia deixar sua mulher trabalhar de novo depois de o bebê nascer? Por que não? Se ela quisesse, ele ficaria feliz em permitir. Vi Hanif iluminar-se lentamente, como se apenas falar sobre a mulher fosse o bastante para impulsioná-lo.

Imo insistiu que parássemos ao pé da colina, antes que perdêssemos o sinal, para que Hanif fizesse sua última ligação e obtivesse notícias do hospital. Saímos do carro enquanto Hanif andava para lá e para cá, gritando contra o vento cortante, seu dedo indicador fechando o outro ouvido, naquela pose familiar que qualquer um, em qualquer lugar do mundo, assume quando a recepção vai e vem.

Cabul já era uma nuvem densa, desaparecendo atrás de nós. À frente, apenas espaço aberto, picos de montanha rasgando de branco o céu de lápis-lazúli.

— Sinto ter de fazê-lo passar a noite fora de casa quando a mulher está tão indisposta, mas o que mais podíamos fazer? Tudo que temos é esta semana — murmurou Imo, aplicando rapidamente um pouco do protetor labial, tirado de um pequeno estojo de maquiagem, e ponderou: — Não soa bem, não é? Sangramento no sétimo mês?

— Talvez devamos tentar voltar hoje à noite — sugeri. — Talvez não tenhamos de passar a noite na vila. Além disso, todos nos advertiram para que não o fizéssemos.

Não queria que minha voz soasse ansiosa demais. Àquela altura, eu sabia qual era a pior maneira de convencer Imo de qualquer coisa.

— Vamos ver. Quer? — Imo me ofereceu o protetor. — Duvido muito de que possamos chegar ao vilarejo e voltar em um dia.

Hanif fez um gesto de que tinha terminado e que podíamos ir.

— E? — perguntou Imo.

— Tudo bem. A mulher do meu vizinho está lá. Ela disse que tem febre e dor, mas que o médico chega logo, e aí veremos.

— A hemorragia?

— Continua — admitiu.

— Ah.

— Mas o médico está chegando.

Detectei uma inquietude nos seus olhos, que podia ver pelo retrovisor. Comecei a sentir que ele não se sentia confortável discutindo conosco a condição de sua mulher. Quase como se a questão da indisposição fosse um assunto muito privado, pessoal e íntimo demais para ser partilhado tão abertamente com estrangeiros. Além disso, mulheres ocidentais, que obviamente não tinham captado as nuances fundamentais de sua cultura.

— Isso é bom — falei para animá-lo.

— Sim, é bom. — Fez uma pausa e girou a chave na ignição. — Vamos embora.

Absolutamente nada fora resolvido, mas o telefonema teve o efeito de nos acalmar. Enquanto avançávamos naquela paisagem saturada de cartuchos de bala e carcaças enferrujadas de tanques, onde sinais, telecomunicações, geradores elétricos deixavam de existir e começavam as terras tribais, a ideia de que a mulher de Hanif estava na cama de um hospital onde um médico chegaria a qualquer momento parecia em comparação uma condição de grande segurança.

A estrada era magnífica. Cortava um platô interminável, cercado de picos de três quilômetros de altura brilhando com a neve. Ao lado da estrada, passamos por numerosos vilarejos semidestruídos, construídos com o mesmo barro amassado sobre o qual se assentavam.

As casas de barro pareciam mais um achado arqueológico, como se sua ruína tivesse ocorrido por um lento desabamento, e não pela ação dos morteiros. Através das rachaduras, atrás de paredes meio demolidas de casas aparentemente abandonadas, vislumbramos crianças magras, bodes, as cores vivas de roupa lavada pendurada para secar. Vimos fumaça saindo de chaminés, pães empilhados em cestos encostados em paredes de adobe, água brotando de fontes. Hanif parou o carro e comprou *naan*, um pão alongado, de um homem encostado em um muro. Vieram embrulhados em papel de jornal, e quando os toquei estavam ainda quentes do forno aberto.

Mesmo os vestígios de tanques soviéticos, inativos no sol, como tratores fora de uso, vieram a fazer parte da paisagem. Pareciam animais ciclópicos cujos tentáculos haviam sido removidos. Pedaços enferrujados daquelas carcaças foram utilizados ali como uma represa para desviar o curso de um rio, e também como traves na entrada de uma casa. Faltava àquela destruição toda uma sensação de violência, pelo menos até onde podia enxergar. O que via era a vida que tinha obstinadamente rebrotado das ruínas como uma trepadeira se segura a um muro. Não era a vida suspensa de um país mortalmente ferido.

Procurei as marcas vermelhas. Não havia nenhuma.

— Dê uma encostada — pedi a Hanif.

Saí do carro e senti os pedregulhos secos sob meus sapatos. O ar efervescente, leve como um nada, acariciava-me o pescoço. Olhei em torno. Trezentos e sessenta graus de azul e terra, montanhas e vales, azul transformando-se em púrpura, e depois em faixas de verde, amarelo e ocre. Comecei a tirar fotos, não importava muito para onde apontasse minha câmera. No horizonte, apareceu uma criança correndo em nossa direção de pés descalços sobre o chão gélido. Uma mancha de rosa em um campo, talvez uma mulher. Tudo se resolvia nas lentes, as imagens se compunham

Foi apenas um momento, um sopro de ar. O instante em que tudo sobe uma oitava e se sente um arrepio subir pela espinha.

Imo saiu do carro e veio até mim na luz chocante. Sorriu e fez pose, com as mãos na cintura. Apontei, apertei o obturador e soube que aquela também era uma foto perfeita. Sorrimos uma para a outra.

Esta era a felicidade completa, como a conhecíamos.

Depois de cerca de uma hora, a paisagem subitamente fechouse. Sem qualquer aviso, entramos em uma estreita passagem cortada entre altas rochas, como se as montanhas tivessem sido divididas ao meio, por uma faca, para podermos passar. A exuberante luz da manhã repentinamente deu lugar às trevas de rocha escura. Havia homens trabalhando na passagem, no ponto mais estreito. Cortavam rochas para construir um dique e conter a água que corria no fundo do cânion. O Ford arrastou-se por sobre as rochas em passo de lesma. Os homens abaixaram as cabeças para checar quem estava no carro. As cabeças estavam envoltas em trapos e turbantes, rostos escurecidos pelo excesso de sol, com corpos fortes e musculosos. Os olhos revistaram o carro. Era certamente — ou talvez não fosse — um olhar lascivo. Era um mirar altamente carregado que deixava marcas e nunca obtinha o bastante. Instintivamente, puxei o xale sobre a cabeça. A insistência daqueles olhares me perturbava.

Mulheres. Descobertas. Estrangeiras. Era esta a sequência que atravessava as suas mentes enquanto passávamos?

Seguramos nossos fôlegos em uníssono: eu, Imo, Hanif, os homens suados que deixaram de lado suas rochas e picaretas, todos juntos em um momento de suspensão.

Senti uma alteração molecular na atmosfera, como se a cena à minha frente tivesse congelado e os contornos enrijecido. Era medo. Nada tinha acontecido, mas subitamente tudo estava de outro jeito. Meu coração batia selvagemente, minhas mãos esfriaram e ficaram úmidas. Lembrei-me de uma das aulas que os Defenders nos deram sobre medidas de segurança em um carro, em Hampshire. Rotas perigosas que devíamos evitar — rotas são o local perfeito para uma emboscada, como uma passagem sem saída onde um carro não consegue andar a mais de 10km por hora. Duas mulheres ocidentais e um apresentador de TV com uma garrafa de água para dividir, sem telefone. Como podíamos ter sido tão estúpidos? Senti uma ponta de hostilidade com relação a Imo e seus modos arrogantes ao desprezar o perigo. Ninguém emitiu qualquer som. Nem depois, quando passáramos os homens e seus olhares, quando tudo se abriu de novo e os picos das montanhas reapareceram, luzindo à luz do sol, os vales pintados de choupos alinhados nas margens de rios. Os pomares e as mulheres inclinadas nos campos, vestidas de rosa, verde e púrpura, como se a passagem entre as montanhas jamais tivesse acontecido.

Olhei para Imo, buscando um olhar de cumplicidade, mas ela estava com a cabeça inclinada na janela, espiando, e não se virou. Olhei para as ombros de Hanif — pareciam ter estado contraídos apenas um minuto antes —, mas nada disse. Pensei talvez que tivesse imaginado tudo, aquele roçar do ar, a sensação de perigo e seu cheiro — afinal, tínhamos apenas atravessado uma passagem, a passo de tartaruga, despertando a curiosidade de homens que nunca viam alguém passar. Ou talvez aquela encrespação de medo tivesse sido real — nós três segurando o fôlego de verdade — mas tivéssemos decidido não fazer comentários, porque já passara e ainda tínhamos um longo caminho pela frente.

A mulher que íamos visitar no hospital ateara fogo em si mesma para escapar de um casamento com um homem quatro vezes mais velho. Parecia que poderíamos falar com as mulheres de sua família que viviam em um vilarejo vizinho se o chefe local concedesse permissão. Hanif conseguira estabelecer contato com ele, sabe-se Deus com qual de seus muitos canais, e assegurou-nos de que seríamos recebidas.

— Quando chegarmos lá, sentamos e falamos, explicando pouco a pouco o que queremos fazer — ponderou.

Imo retesou-se.

— O que você quer dizer exatamente com "pouco a pouco"?

— Oferecemos presentes, bebemos chá, e depois explicamos que você quer falar com as mulheres. Mas é melhor não dizer de cara que estão interessadas em saber sobre suicídio — disse Hanif, balançando a cabeça e sorrindo.

— Não?

— Não, melhor não ser direta.

— É engraçado. Ninguém coloca obstáculos a uma entrevista com um barão das drogas que vende toneladas de heroína ou um terrorista que deseja explodir uma base americana — resmungou Imo —, mas caso você queira falar com uma mulher que prefere não se casar com um velho desdentado que certamente baterá nela, isso transforma-se rapidamente em um incidente diplomático.

Imo balançou a cabeça e retornou a suas notas no bloco.

Atravessávamos a planície aberta havia pelo menos uma hora, no que parecia ser uma área completamente deserta. A luz da tarde pintava as montanhas com um tom cada vez mais cálido e dourado. Hanif apontou a única construção visível a distância. Ficava isolada, sobre uma elevação, no meio de uma clareira rochosa. Informou que o edifício era o dispensário do distrito, onde fora admitida a mulher que tentara se queimar.

Uma certa Shirin — outra das descobertas de Hanif — devia nos encontrar lá. Ela seria nossa tradutora tanto no hospital quanto no vilarejo, uma vez que Hanif não podia entrar nas alas das mulheres.

Quando nos aproximamos, a clínica revelou-se um bloco de concreto parecendo à beira da desintegração. As paredes estavam salpicadas de balas, com algumas janelas quebradas. Shirin esperava-nos, sentada num banco de madeira, do lado de fora, lendo em inglês um best-seller de aeroporto. Hanif nos contara que, como ele, os pais de Shirin eram refugiados afegãos em Peshawar. Ela havia crescido lá e conseguira terminar seus estudos, aprender inglês e levar uma vida mais livre que as garotas da mesma idade no Afeganistão.

Quando se levantou para cumprimentar-nos, vi que mal passava dos 20 anos, tinha os olhos rasgados e as maçãs altas do rosto dos hazaras. Cobria a cabeça com um xale e usava óculos ovais, um casaco de lã marrom e calças de flanela cinza. Parecia estranhamente contemporânea naquele ambiente. Apertou nossas mãos de olhos baixos. Parecia apreensiva.

— É a primeira vez que trabalha como intérprete — dissera-nos Hanif, em tom protetor. — Tem medo de cometer um erro, mas eu lhe disse que vocês são muito gentis e não precisa temer.

A mulher que tentara suicídio se chamava Zuleya e mal devia ter 17 anos. Estava deitada em uma cama de ferro com braços e pernas totalmente enfaixados. Eu perdera uns minutos arrumando as câmeras e as lentes do lado de fora do prédio, e quando entrei na pequena enfermaria encontrei Shirin debruçada sobre Zuleya, explicando-lhe algo em uma voz suave. Imo estava ajoelhada em frente da cama segurando um gravador com o braço esticado, na tentativa de gravar os sussurros de Shirin.

Havia cerca de dez mulheres em outras camas e todas pareciam muito mal. Uma menina pequena, de olhar vago e cabelos cortados curtos, estava com uma bandagem sangrenta no braço: a mão desaparecera. Zuleya, com a cabeça voltada para a parede, nem se virava, nem respondia a Shirin. Tudo que ouvíamos eram sons angustiados, guturais. As mulheres estavam perturbadas e assustadas com nossa intrusão. Muitas cobriram os rostos com os lençóis, outras nos encararam, mas com um olhar tão distante que parecia vir de um outro mundo. Aproximei-me com leveza da cama de Zuleya, tentando ser tão discreta quanto possível, mas naquele espaço contido o menor movimento parecia uma avalanche. Imo fazia perguntas e pressionava Shirin a traduzi-las. Mas a única resposta de Zuleya era um queixume, o rosto pressionado contra a parede.

— Por favor, pergunte se chegou a ver o homem com quem devia se casar.

Shirin repetiu a pergunta num tom baixo, tranquilizador. Zuleya não respondeu, e ela voltou o olhar para Imo. Era um olhar tímido, mas dava para dizer que Shirin sentia que era uma violação insistir.

— Você pode perguntar-lhe o que acontecerá com ela quando sair daqui?

Shirin inclinou-se sobre Zuleya de novo, com a voz cada vez mais tênue. Mas Zuleya não emitia um som. Permanecia com o rosto virado para a parede, perfeitamente imóvel, como se estivesse morta.

— Então pergunte se...

— Não dá, ela está muito doente. — Shirin cortou Imo com sua voz pequena e grave.

Imo abaixou o braço com o gravador. Não disse nada por um instante, enquanto avaliava a situação e olhava em torno. Ninguém disse uma palavra.

— Está tão doente que não consegue falar?

— Ela está sofrendo — respondeu Shirin.

Imo levantou-se com um suspiro. Por um momento, ficou sem saber o que fazer. Amarrou os cabelos em um nó e olhou a seu redor. As mulheres ainda a olhavam, esperando seu próximo movimento.

— Tudo bem, fazer o quê? Temos de ir embora, então.

Um cheiro ruim impregnava o quarto. Alguém jogara bandagens sujas em um canto, no chão. Talvez o odor pútrido viesse dali.

— Maria, tente fotografar alguma coisa. Veja se consegue fazê-la virar-se. Eu vou lá fora. Quanto menos gente estranha aqui, melhor.

Aproximei-me da cama de Zuleya, quase uma menina pequena e magra. Os pés diminutos sobressaíam das bandagens; as unhas estavam pintadas de vermelho-escuro, com o esmalte descascado, e os calcanhares estavam sujos. Sabe-se lá o que havia por baixo das bandagens, quantos ferimentos. Quem sabe quanta medicação ministraram para evitar uma infecção nesta clínica no meio do nada. Talvez ela tivesse queimado o rosto também — não dava para dizer. Quem sabe ela fora bela e ainda poderia ser. Tudo que eu via de Zuleya era sua cabeça coberta por um véu, alguns cachos despenteados de cabelos castanhos e seus ombros ossudos. Ela tremeu violentamente. Eu e Shirin trocamos um olhar. Ela me olhou com severidade enquanto eu tirava a tampa da lente.

Vi a imagem de Zuleya através da lente: suas omoplatas salientes, os braços enfaixados e o rosto contra a parede. Um raio oblíquo de luz atingia o azul pálido de seu véu, o verde descascado e bolorento da parede, o cobertor de lã grosseira. Havia matizes aveludados e empoeirados, já descoloridos como os pigmentos de um afresco do *trecento*. Seria uma foto magnífica, embora não se pudesse ver seu rosto. Uma Madonna à morte, fotografada pelas costas.

Enquanto a imagem entrava em foco, os contornos claros, com meu dedo mal tocando o disparador, soube que aquilo estava errado. Soube no minuto em que entrei no quarto, mas agora, quando me debruçava sobre Zuleya, a sensação ficara tão clara que não podia fingir ignorá-la. O sentimento de vergonha e raiva pelo que eu estava prestes a fazer emergiu de novo.

Uma voz esganiçada soou atrás de mim e foi imediatamente seguida por outras. Subitamente todas gritavam. Shirin tocou meu braço.

— Abaixe a câmera, por favor.

— Qual é o problema?

— Não querem que você faça isso. Por favor, desvie a câmera. Não tire as fotos — implorou.

Uma mulher mais velha irrompeu no quarto. Devia ser uma enfermeira ou médica e gritava comigo, agitando os braços. Agarrou-me e empurrou-me porta afora. Enquanto eu me esgueirava entre as camas, algumas mulheres gritavam comigo, balançando os punhos, enquanto outras escondiam os rostos nos lençóis.

O tempo todo, a garota que perdera a mão olhava-me com um olhar intenso e vazio, imóvel, como se estivesse drogada e eu fosse uma mera alucinação. Zuleya não se virou.

* * *

— Você podia ter fotografado alguma coisa.

Imo estava sentada ao lado de Hanif no banco de madeira fora do dispensário. Deu uma tragada longa e profunda em seu cigarro e exalou, olhando para cima.

— Você não segurou a onda, ou o quê?

— Não teve jeito, Imo. Não teve. Elas literalmente me expulsaram. Todas começaram a gritar ao mesmo tempo. Foi um inferno, lá dentro.

— Eu sei, mas você podia ter fotografado de qualquer modo, não importa se não estivesse perfeitamente em foco ou com bom enquadramento. Pelo menos teríamos alguma coisa.

— Eu não tiro fotos fora de foco só para ter *alguma coisa* — repliquei de imediato.

Estava com raiva de Imo e de mim também. Se de um ponto de vista estritamente profissional eu sabia que falhara logo no começo do trabalho — e aquilo doía —, por outro lado estava furiosa por ela fingir não perceber como seria predatório tirar uma foto de Zuleya.

No início da carreira como fotógrafa, enfrentara situações semelhantes em matérias de diferentes repórteres. Tive de forçar minha presença em momentos dolorosos — hospitais, habitações populares, favelas — e fotografar, apesar da raiva de quem era o alvo. Se na época segurar a câmera havia me feito sentir como se apontasse uma arma, eu não conseguia ser o atirador de novo desta vez.

Imo pôs-se de pé e amassou o toco do cigarro com a bota.

— Tudo bem, tudo bem. Não vamos ficar todos parados nisto. Talvez tenhamos de esperar um pouco e nos familiarizarmos mais.

Voltou-se para Shirin.

— Diga-me: o que aquelas mulheres falavam, exatamente?

— Que vocês não podem entrar em um hospital como ladrões e roubar uma foto sem pedir permissão — Shirin disse, cuidadosamente.

— É mesmo?

— É.

— E que mais?

— Que vocês estrangeiras não têm respeito. Que não sabem o que significa a honra para uma mulher afegã.

Houve um momento de silêncio.

— Disseram também que eu deveria me envergonhar de trazer vocês aqui para ajudar a roubar uma foto de uma mulher que está sofrendo — admitiu Shirin, com os olhos no chão e as faces rubras.

Hanif começou a falar com Shirin em dari e prosseguiram por algum tempo. Hanif evidentemente ficara preocupado com o que acontecera na enfermaria e queria ouvir tudo na sua própria língua. Sharin fazia seu relato em voz monocórdia e Hanif balançava a cabeça com uma expressão cada vez mais preocupada.

— Tudo bem, vamos fazer assim. — Imo ofereceu-me um gole de água de uma garrafa guardada na sacola. — Vamos relaxar um momento e esperar a coisa se acalmar lá dentro. Tem alguma coisa para comer no carro? Aquele pão delicioso que Hanif comprou? Em um minuto vou falar com aquela doutora e explicar o que estamos fazendo, OK?

Eu ainda estava remoendo.

— Sim, é melhor fazer isso. Shirin tem razão. Não posso entrar numa sala e sair tirando fotos, sem mais nem menos. É como assalto à mão armada — admiti. — Além do que, acho que aquela pobre garota estava realmente sofrendo. Para mim, parecia prestes a...

— Eu sei, eu sei. Mas nós só temos dois dias, Maria. Hoje e amanhã. São 48 horas, já que não é uma boa ideia dormir no meio do nada, em termos de segurança. Nosso seguro nem cobriria isso. Hanif não aconselha, e o jornal categoricamente proíbe.

— Mas e a fotógrafa francesa que passou quatro anos...

— Não estou nem aí para o que ela fez. Não *funciono* como a mulher francesa, OK? Se o fizesse, ainda estaria agachada em um barraco no sul do Sudão bebendo leite coalhado com mijo de vaca com alguma família dinka para escrever uma longa matéria sobre a guerra. Não posso me dar a esse luxo. Nem moral, nem financeiramente.

Houve outro silêncio. Hanif movia-se inquietamente sobre os pés. Shirin olhava vagamente para o espaço. Imo suspirava. Ela se afastou uns passos, voltou-se e continuou:

— E sabem o que mais? O mundo também não pode se dar ao luxo. Escrevi minha matéria sobre Darfur em uma semana e, sim, houve pessoas que demoraram anos. Eles escrevem livros, devotam suas vidas a uma causa. Mas minha matéria — e pensem o que quiserem sobre o jeito como a fiz — , minha pequena matéria foi eficaz, e isso é tudo que me importa.

— Ei, não precisa explicar — levantei a mão, como se fosse uma bandeira branca. — Não quis dizer que o seu jeito de trabalhar é superficial.

No minuto em que disse isso imaginei se de fato não era a verdade.

Hanif bateu no relógio com o dedo indicador. Estava ficando tarde. Disse que não tínhamos mais tempo sobrando se quiséssemos chegar no vilarejo ao anoitecer. Imo e eu olhamos uma para a outra e, sem dizer nada, entramos no carro.

* * *

No meio do caminho deveria se juntar a nós um sujeito chamado Abdur Raman, com quem Hanif combinara de se encontrar por intermédio de outra de suas muitas conexões. Abdur era primo ou sobrinho do chefe da aldeia e ia fazer as apresentações e indicar os caminhos.

— É muito importante chegar lá com Abdur Raman — disse Hanif. — Ao chegarmos com ele estaremos sob a proteção do chefe e nada poderá nos acontecer. Não teremos qualquer problema, entenderam?

Imo assentiu distraidamente, como se aqueles detalhes não interessassem a ela. Shirin mantinha-se em silêncio, como se nem estivesse seguindo a conversa. Mas eu ouvia com atenção.

— E que problemas poderíamos ter se estivéssemos sem Abdur Raman?

— Não sei. Pode ter gente com ideias estranhas — alertou Hanif com aquele tom cauteloso que usava quando não queria nos alarmar.

Imo havia emergido de seu torpor e escovava energicamente os cabelos em longos gestos com o que parecia ser um pente de madeira japonês.

— Hanif quer dizer que ninguém vai pensar em nos sequestrar enquanto estivermos sob a proteção do chefe da vila. Não é isso, Hanif?

Hanif olhou-a, apanhado momentaneamente de surpresa — nem sempre conseguia decifrar a ironia de Imo. E então decidiu concordar com a cabeça e sorrir.

— Sim, claro, ninguém pode nos sequestrar se formos convidados do chefe. Se algo acontecer com vocês, é dever do chefe vingá-las. Chamamos isso de *melmastia*. É nossa tradição.

— Excelente — disse Imo, voltando-se para mim. Eu estava agarrando as costas do banco de Hanif, tesa como se tivesse engolido uma vassoura.

— Viu? É a tradição. Vamos, Maria. Relaxe.

Abdur nos aguardava do lado de fora de uma casa de pau-a-pique, de muro baixo, plantada em uma encruzilhada no meio da planície. Estava sentado em um banquinho de terra, ciscando a poeira com um galho, com cara entediada, como se esperasse há muito tempo. Era um jovem de aparência pálida e discreta, com uma jaqueta de couro falso e mocassins baratos. Nunca adivinharia que um garoto tão pouco atraente e de cara tão pacata fosse ser a chave para nossa segurança. Imo e eu saímos do carro para esticar as pernas enquanto Abdur e Hanif se demoravam no repertório usual de cumprimentos e agrados.

— Lembre-se de não lhe apertar a mão — Imo murmurou rapidamente, quando por fim Abdur veio em nossa direção. Congelei, com o braço parado no meio do ar.

— As mulheres aqui não tocam as mãos dos homens — sussurrou enquanto inclinava a cabeça, sorrindo e tocando a clavícula. Abdur cumprimentou-nos sem interesse, entrou no carro, ao lado de Hanif, no lugar de Imo, sem pensar duas vezes. Imo entrou atrás comigo e Shirin.

— E assim começa — ela anunciou para uma audiência imaginária. — Daqui por diante, toda a noção de hierarquia será redesenhada.

Hanif reanimara-se consideravelmente e conversava com Abdur em dari como se retomasse um papo interrompido momentos atrás. Seus movimentos e o timbre de voz adquiriram uma confiança renovada. Ria, balançava a cabeça e chegou mesmo a fumar os cigarros fedorentos que Abdur tirara do bolso. Pela primeira vez vi o homem em Hanif, o homem que chega em casa e manda sua mulher trazer o jantar. Imo parecia muito contente de estar sentada atrás com as garotas e de deixar de ser a chefe por um instante. Começou a entrevistar Shirin sobre sua vida como estudante em Peshawar. Descobriu que Shirin era fã de filmes americanos e iniciaram uma longa discussão sobre *Doze homens e um segredo*. Shirin admitiu que, apesar da opinião de Imo em contrário, escolheria Brad Pitt em vez de George Clooney um milhão de vezes.

O vilarejo debruçava-se sobre uma colina íngreme no vale. As casas, feitas da mesma terra sobre a qual se assentavam, pareciam brotar naturalmente das rochas. Tinham os cantos suavizados e os contornos incertos e irregulares dos castelos de areia que as crianças fazem na praia deixando a areia úmida escorrer pelos dedos. Um rio cortava o vale, marginando campos cultivados, árvores frutíferas, fileiras de choupos. Algumas crianças tinham visto a nuvem de poeira levantada pelo Ford e já corriam em nossa direção gritando a plenos pulmões.

O chefe da aldeia — que nos foi apresentado como Malik — já fora notificado e nos esperava na entrada do vilarejo. Era um homem baixo mas parrudo, em torno dos 40 anos, usando um *pattu* marrom sobre seu suéter. Tinha um rosto franco e delicado, com olhos verdes cercados por rugas muito finas, pele queimada de sol, uma barba curta e bem-aparada e um rifle pendurado nas costas. Nós o cumprimentamos — Hanif e Abdur pegaram nos ombros um do outro para os abraços. Shirin simplesmente inclinou-se sem olhá-lo nos olhos. Imo imitou-a perfeitamente como se não houvesse outra forma possível no mundo de se apresentar. Ela saiu do carro, ao mesmo tempo altiva e modesta, e fiquei surpresa de ver seu xale pairando no alto de sua cabeça, cobrindo parcialmente a cascata de cabelos negros que tão cuidadosamente penteara. Quanto a mim, senti-me intimidada, tensa, e murmurei meu nome, incapaz de pronunciar uma saudação apropriada.

A primeira coisa que Malik fez foi perguntar a Hanif para checar se havia alguma possibilidade de ele conseguir um sinal em seu celular. Os três homens, Hanif, Abdur e Malik, caminharam até uma elevação e lá ficaram, segurando seus celulares.

Imo apontou o trio.

— Aposto que a inteligência americana não levou isso em conta quando começaram a procurar Osama. Esta empresa, Roshan, dá uma boa matéria, que eu devo escrever.

— Escrever sobre o quê? — perguntei, espantada. Sentia com frequência que a mente de Imo andava quilômetros à frente da minha.

— Como a introdução de comunicação móvel mudaria o panorama das táticas de guerra. Quando lutavam contra os russos, ou durante a guerra civil, os *mujahideen* eram apenas um bando de caras escondidos em cavernas. Veja agora: todo mundo pode trocar todo tipo de informação que não pode ser controlada. Pense na quantidade de mensagens de texto que andam para lá e para cá neste país desde que a Roshan chegou. Não espanta que nestas montanhas haja mais celulares que água corrente.

Olhamos os três homens — silhuetas escuras contra o céu claro, envoltos em capas ondulantes —, cada um deles debruçado sobre seu celular, manipulando as teclas como três garotinhos apontando armas de brinquedo uns para os outros.

— Além disso, seria uma delícia de matéria para pesquisar — continuou Imo. — Acredito que Paul conheça uma porção de coisas interessantes sobre isso.

Olhei-a fixamente. Ela fazia referências a Paul muitas vezes.

— Como vai encontrá-lo? — perguntei-lhe.

— Estará no hotel quando voltarmos. De qualquer maneira, tenho seu número de celular. O número vale ouro, acredite.

Olhei mais uma vez para os homens. Eles persistiram por um tempo, relutantes em render-se à falta de recepção, e finalmente desistiram.

Malik nos orientou pela aldeia e andamos por ruelas curvas estreitas entre as casas. Portas de madeira entalhadas abriam-se para pátios, oferecendo vistas de tapetes e acolchoados muito coloridos espalhados no chão, baldes de alumínio recém-limpos ao lado de cisternas. O sol começava a cair e logo iria se pôr além do vale — o ar esfriava e se esfumaçava, recendendo a sândalo e ervas.

O rumor de que estranhos haviam chegado deve ter se espalhado de imediato. Crianças corriam em nossa direção vindas de todos os lados, as menores rindo de excitação, fingindo fugir assustadas para se aproximarem de novo e afastarem-se mais uma vez assim que dávamos um passo direção a elas. Imaginei se as menores já haviam visto mulheres ocidentais. O vilarejo parecia tão remoto que nós poderíamos facilmente ser as primeiras a aparecer em longo tempo. As crianças mais velhas baixavam os olhares e fingiam não estar interessadas, mas as ouvíamos sussurrar e rir abafadamente atrás de nós no momento em que passávamos por elas. Algumas estavam dobradas ao meio sob grandes sacos cheios de lenha. Esquadrinhavam-nos de baixo e explodiam em gargalhadas, entre elas, incapazes de parar.

Rapazes sentavam-se de pernas cruzadas em pequenos grupos no sol que sumia ou apoiavam-se nos baixos muros de pedra. Assim que viam a câmera, pediam para ser fotografados. Ajuntavam-se, mantendo Malik no centro, perto de Hanif, exibindo ameaçadoramente suas armas para a câmera. Paravam na mesma expressão sombria de todos os homens que eu fotografara em Cabul, para reconquistar sua infantilidade um segundo depois, quando se viam na tela digital.

Mulheres apareciam fugazmente nas esquinas, nas janelas, atrás das portas dos pátios. Ao contrário da cidade, Hanif explicou, ali não havia burcas, já que a aldeia era uma espécie de família extensa e a chance de encontrar perfeitos estranhos era remota. As mulheres usavam apenas lenços de cabeça, mas assim que viam homens se aproximarem viravam-se, exibindo seus perfis, que rapidamente escondiam com a ponta do véu como se estivessem puxando uma cortina. Era um gesto econômico e gracioso. Provavelmente o faziam todo dia, todas as vezes que encontravam um homem. Devem ter crescido fazendo aquilo, pensei. Parecia-lhes tão natural quanto respirar.

Um forno queimava na pequena sala da casa de Malik. Nós nos sentávamos em almofadas vermelhas no chão. A sala era pintada de um rosa vistoso e não tinha nada a não ser um berço de metal com a pintura azul descascando, uma pilha de acolchoados e tapetes dobrados a um canto e uma página do Corão pregada na parede. Cortinas de um algodão vermelho berrante cobriam as janelas. Um menino trouxe uma bandeja com uma chaleira de alumínio e alguns copos. Malik sorriu para nós, sentado com as costas eretas e de pernas cruzadas. Verteu lentamente o chá nos copos e ofereceu-nos. Cruzou as mãos sobre o colo, esperando que disséssemos por que tínhamos vindo, o que esperávamos dele.

Imo trouxera seu notebook, colocou seu óculos e arranjava artigos baixados da internet, como se estivesse em seu próprio escritório. Hanif estava nervoso, remexendo as almofadas. Sabia que o momento chegara e não sabia exatamente como tocar no assunto que nos levara até lá.

— Então, Hanif — pressionou Imo, enquanto limpava os óculos com a ponta do xale — , você pode dizer a Malik que amanhã cedo gostaríamos de falar com as mulheres, e em particular com a mãe e as irmãs de Zuleya? Que queremos perguntar a ela sobre os suicídios?

Hanif não moveu um músculo.

— Temos um problema?

Hanif balançou a cabeça.

— Então traduza, por favor.

Hanif mexeu-se sobre as almofadas e depois começou um longo discurso, cinco vezes mais comprido do que o que Imo perguntara. Malik aquiescia com a cabeça primeiro e então subitamente franziu as sobrancelhas — parecia ter-se ofendido. Houve silêncio. E então Malik começou a falar, muito calmamente, com os dedos entrelaçados no colo, pés em posição de lótus, costas eretas como uma vara. Sua atitude pareceu-me indecifrável. Falou bastante. Shirin o acompanhava com firme atenção. Hanif balançava a cabeça sem parar. E daí traduziu.

— Malik diz que comamos primeiro para depois falarmos.

— Só isso? — perguntou Imo, perplexa. Voltou-se para Shirin, mas a garota desviou o olhar, eximindo-se de responder.

— Sim, só isso — disse Hanif. — Vocês podem lavar suas mãos com isto.

Ofereceu-nos uma vasilha e a encheu com água quente de uma jarra de bronze.

A comida era um banquete para os olhos, e deliciosa. Um monte de arroz coberto com uvas-passas e amêndoas, salpicado com brilhantes sementes de romã. Potes de iogurte fresco para acompanhar pedaços de carne temperada e um cheiroso pão de milho recém-saído do forno. Tudo apresentado com graça, colocado em pequenas pirâmides e pratos de alumínio, enfeitado com ervas e folhas perfumadas. Pedi permissão para fotografar e Malik riu, fazendo um amplo gesto, como se dissesse: "Fique à vontade."

Comemos partilhando os pratos em silêncio, ajuntando a comida com pedaços de *naan*. Os homens trocavam comentários rapidamente, apanhando destramente a comida com os dedos. Malik esperou para servir-se depois de todos, deixando aos convidados os melhores bocados.

Malik de vez em quando dizia alguma coisa e pedia a Hanif que traduzisse para os convidados. Hanif explicou orgulhosamente que Malik lutara ao lado do general Massoud contra os russos durante dez anos e depois contra o Talibã durante a guerra civil. Malik recordou os duros invernos passados com seu grupo no alto, nas montanhas.

Abdur Raman e Hanif aprovavam especialmente os contos de bravura de Malik e prontamente os traduziam para nós — Malik lembrando como lançara um morteiro no alvo ou executara um prisioneiro russo que não quisera se converter — como se não houvesse diferença entre um degolador e um soldado. A impressão que se tinha das histórias de Malik era que a guerra não era algo que arrancara a ele e seus homens de sua tranquila vida de aldeia; não era nem mesmo trágico, ou excepcional. A guerra havia sido como a vida: as armas encostadas na parede haviam se tornado objetos domésticos como utensílios de cozinha, e nenhum homem afegão podia conceber viver sem elas.

Imo estava interessada nos detalhes. Onde dormiram, o que comeram, como sobreviveram ao frio intenso?

— Malik contou que muitas vezes caminharam durante dias — Hanif traduziu. — Dormiam no chão, às vezes em uma caverna, por causa do frio. Tinham como alimento apenas um pouco de pão com chá.

Imo e eu expressamos admiração pelo vigor deles, com breves gemidos de admiração.

— Homens muito fortes, os *mujahideen* — Hanif riu.

Malik concordou e encorajou Hanif a traduzir mais.

— Ele diz que nenhum soldado americano é forte o bastante para fazer o que os *mujahideen* fizeram. Os americanos só sabem lutar dentro de um avião e tomando Coca-Cola. Além disso, não sabem nem mirar direito!

Todos rimos polidamente com sua piada e concordamos.

Malik parou de rir. Seus olhos endureceram, como se a piada não mais o divertisse. Falou longamente com Hanif, levantando a voz, gesticulando com fervor. Quando terminou de falar, balançou a cabeça um par de vezes, fazendo um som de desprezo com a língua. Parecia amargo.

Hanif traduziu em um tom abafado:

— Dois meses atrás, o povo da província de Helmand teve de enterrar 70 corpos por causa de um ataque aéreo da ONU. Malik diz que os americanos bombardeiam sem olhar quem estão matando. Dizem que vieram aqui proteger o povo afegão, mas que continuam matando-o como moscas. É hora de irem embora.

Imo disse que Malik estava certo, que era uma vergonha e que concordava totalmente. Falou um tanto, explicando como no Ocidente muitas pessoas tinham a mesma raiva e queriam os soldados fora do Afeganistão, mas Malik parecia ouvi-la pela metade. Talvez não se importasse muito com a opinião de uma mulher sobre a guerra.

Abdur Raman tirou os pratos, amontoando-os no encerado sobre o qual comemos. Desapareceu no cômodo ao lado, provavelmente a cozinha, onde as mulheres da casa haviam cozinhado aquele suntuoso jantar e das quais, até o momento, não tivéramos um vislumbre. Voltou com outra vasilha de água quente para que lavássemos as mãos, outro sinal da presença delas atrás da porta. Fiquei impressionada como as mulheres cuidaram com tanta atenção de nosso banquete sem produzir o menor ruído. Eu percebera todos os detalhes do que deviam estar fazendo atrás da parede de barro: a fragrância dos pratos belamente arranjados, a maneira como haviam espalhado flores na bacia de água. Imaginei-as como criaturas mágicas e sobrenaturais invisíveis aos olhos humanos.

Malik ensaboou os dedos, ainda sentado na mesma posição. Houve outro silêncio que ninguém ousou romper. Abdur Raman voltou com duas lamparinas de querosene e as colocou no chão. Do lado de fora, a noite caíra e as estrelas piscavam no ar gelado como gemas brilhantes pregadas no céu.

Agora Malik falava, olhando direto nos olhos de Imo. Falava com compostura, como antes, em um tom baixo e neutro, movendo a mão apenas para levar o cigarro à boca. Depois virou a palma da mão, para que Hanif traduzisse.

— Malik diz que vocês estrangeiras acham que tratamos nossas mulheres como se vivêssemos na Idade Média, que isso é uma grande preocupação no Ocidente e que vocês sempre escrevem sobre isso em seus jornais.

Imo nada disse, meramente gesticulando, como se dissesse: "Prossiga." Adotara uma postura plácida, budista, como se nada a pudesse perturbar. Obviamente pensara em uma estratégia diferente daquela mais agressiva que usara com Roshana.

— Ele diz que as mulheres agora podem estudar e aprender a ler e escrever. Mesmo aqui nesta aldeia há uma escola para mulheres que não puderam aprender durante o tempo do Talibã, e Malik está muito feliz por elas poderem frequentá-la agora.

Imo sacudiu a cabeça, mostrando como aquilo a agradava.

— Ele diz que as mulheres podem andar nas ruas, tocar música, rir e dançar nas cerimônias e que mesmo aqui, não longe do vilarejo, há mulheres que são médicas e muito boas profissionais. Diz que ele próprio lutou pela liberdade delas quando defendeu nosso país do Talibã junto com Massoud.

Imo concordou de novo, com o mesmo sorriso beatífico.

— E espera que a sua matéria diga que as mulheres afegãs reivindicaram sua liberdade.

— É claro — Imo concordou com um murmúrio, e curvou a cabeça por um momento, fechando os olhos. Voltou-se então para Hanif.

— Mas diga-lhe, por favor, que queremos falar com as mulheres da aldeia e ouvi-las sobre este...

Malik ergueu a mão para interrompê-la. Provavelmente entendia um pouco de inglês e deve ter entendido o sentido da objeção de Imo. Hanif apressou-se a traduzir.

— Amanhã vocês podem ir à escola e falar com as mulheres que estão aprendendo, mas Malik diz que não devem distraí-las de seu trabalho.

— Certo. E?

— E podem falar com elas por apenas uma hora, das 7h às 8h.

Depois desta disposição, que me pareceu semimilitarista, Malik dispensou-nos. Mostraram-nos um pequeno quarto do outro lado do pátio, onde um aquecedor havia sido aceso e colchões foram arrumados com roupa de cama enrolada a seus pés.

— Olhe, veja isto — disse Imo. — Não é confortável?

Eu não estava particularmente feliz com o local onde dormiríamos. Era frio e muito escuro, e eu temi que houvesse ratos correndo pelo chão.

— Aposto que todos os homens que encontramos até agora mataram alguém — disse a Imo.

Sentamos em nossos colchões, com cobertores sobre os ombros.

Shirin colocara seus óculos, e o xale cuidadosamente dobrado, no pé de sua cama e dormira imediatamente. Podíamos ouvir sua respiração regular do outro lado do quarto. Estava gélido. Imo embrulhara seu precioso *shahtoosh* em torno da cabeça como um turbante, parecendo elegante como em um de conto de fadas, à luz oblíqua da lamparina de querosene. Um pouco antes, uma mulher entrara furtivamente no quarto com uma lamparina de querosene. Murmurara a mesma palavra algumas vezes batendo a mão repetidamente na cama e depois saíra tão rápida e silenciosamente como um fantasma.

— Pode apostar — concordou Imo. — Eu diria que todos os clientes do Hotel do Babur e uns bons oitenta por cento dos afegãos pelos quais passamos na estrada também.

— Mas não Hanif — acrescentei.

Pensou naquilo por um momento, inclinando a cabeça para um lado.

— É, acho que provavelmente tem razão.

— Não, aposto qualquer coisa. Hanif nunca matou ninguém. Dá pra dizer.

Sabia não apenas porque era inconcebível imaginar Hanif com uma arma na mão, mas porque ainda parecia íntegro e não corrompido.

* * *

— Você está dormindo? — sussurrou Imo na escuridão profunda.

— Não.

Eu não conseguia dormir. Imaginei que passava muito da meia-noite.

— Eu estava imaginando... — principiou Imo quase distraidamente. — Você e Pierre tiveram um caso?

— Pierre e eu? Ah, meu Deus. Não. Por quê? — Não admitiria nunca minha fantasia patética.

— Só imaginava. Ele é um *tombeur a femme*. Achei que se sentiria atraído por você. Você é bem o seu tipo.

— Não, nunca. E você?

— Sim, séculos atrás — disse Imo casualmente.

Esperei que oferecesse mais detalhes. Achei que o faria.

— Você era casada com aquele homem com o qual rompeu? — perguntou, depois de um breve silêncio.

— Não.

— Achei que fosse seu marido, por alguma razão.

— Por quê?

— Não sei. Soou como casamento.

— O que fez soar como casamento?

Agora eu estava plenamente desperta. Sentia-me nervosa de Imo ficar fuçando em pedaços da minha vida como um detetive coletando o menor pedaço de prova. Talvez, pensei, sob o escrutínio de suas lentes de aumento, a minha comparada à dela pareceria incorrigivelmente tediosa.

— Sei lá... foi apenas um sentimento. Talvez porque você pareça o tipo de pessoa que se casaria.

— E isso é bom ou ruim? — eu ri.

— Humm — ponderou. — É bom, eu acho.

— Bem, nós conversamos sobre isso — confessei. — Na verdade, chegamos a escolher uma data.

Fez-se um silêncio. Nada veio do canto dela por alguns segundos. Achei que pudesse ter dormido de novo.

— Você já foi casada? — tentei.

— Não. Jurar ficar para todo o sempre com uma pessoa me parece uma tarefa impossível. Duvido que eu fosse boa nisso.

— Na época, acreditei que era o que mais queria — disse, algo forçadamente. Mas percebi que falava de outra pessoa. Alguém que acreditara firmemente que possuir Carlo me faria feliz para todo o sempre. Alguém que se sentiu tão profundamente triste quando essa felicidade lhe foi negada, que desabou no chão. Parecia uma terrível perda de tempo, de oportunidades. Dera tanto por tão pouco.

— Você tem algum tipo de relação no momento? — Senti-me estranhamente embaraçada de perguntar. Imo era uma daquelas pessoas que não têm problemas de perguntar aos outros sobre suas vidas íntimas, mas conseguem manter as delas em segredo. Havia uma barreira invisível cujas fronteiras deviam ter sido engenhosamente delineadas quando eu não estava olhando.

Ouvi-a remexer-se sob os cobertores.

— Sim. Tenho visto uma pessoa. Mas não chamaria de uma relação. Ele é mais novo, muito bonito e mimado — suspirou. — É mais um exercício físico. Reconheço que soa terrivelmente superficial, mas... poxa, acho que algum dia vou arder no inferno.

— Você não vai arder no inferno por se encontrar com um belo jovem — comentei.

Outro silêncio longo. Pensei que fosse uma dica para voltarmos a dormir. Na verdade, Imo estava ansiosa em voltar a conversa para mim de novo.

— Então agora você despreza seu ex e gostaria de vê-lo morto? — perguntou em um tom mais leve.

— Não. Não mais. Eu apenas não penso mais nele. Tudo que é dele agora me entedia.

Foi um alívio poder pronunciar aquelas palavras e pela primeira vez sentir que eram verdadeiras.

— Excelente. Estar entediada é um sinal de vitória.

— Então eu devo ser vitoriosa.

Nós rimos.

— Tenho de fazer xixi — disse Imo.

— Eu também, mas onde?

— Ali fora. Vamos, não tem ninguém a esta hora.

Ouvi seus movimentos, e a porta ranger nas dobradiças.

— Uau, está um frio de foder aqui. Maria, traga seu cobertor ou vai morrer congelada na hora.

— Não quero mais. Está muito frio.

— Não seja tonta. Venha. Está incrível aqui.

Coloquei resmungando minhas botas e embrulhei-me em tudo que eu tinha. A lua estava alta. Dava para ver os picos das montanhas brilhando na luz prateada.

No pátio, o ar tinha um cheiro adocicado. Depois de ter respirado toda aquela poeira e a fumaça de milhões de fogões de querosene que pairam sobre Cabul, o ar parecia o mais puro e fresco imaginável. Só ouvia a minha própria respiração rápida e o som de minhas botas rangendo no chão congelado. Empurrei a grossa porta que fechava a propriedade e dei uma olhada na ruela. O tremular de lamparinas a óleo em batentes de janela iluminava a vila aqui e ali. Imo apontou na distância, na direção do lado oposto do vale. Havia outra aldeia, pendurada na cordilheira à nossa frente. Suas luzes eram distantes e mínimas, mas na total escuridão brilhavam com cortante claridade. Lá ficamos, encostadas no muro de barro semidesmoronado, naquela quietude absoluta que era como um cobertor, como a respiração de maridos, esposas e crianças dormindo uns ao lado dos outros.

Eu imaginei me vendo de cima, de um satélite percorrendo o espaço, e pousando no ponto exato onde me encontrava naquele momento no mapa do mundo. Assim que tentei visualizar a distância entre o pátio da aldeia e meu apartamento de um quarto reformado em Milão, pareceu-me impossível que ele existisse em qualquer lugar do planeta. Tentei enxergá-lo: envolto no silencioso sussurro dos aparelhos domésticos, janelas fechadas, lençóis limpos dobrados no closet, bolachas de chocolate compradas antes de partir e deixadas sobre a mesa, a comida congelada no freezer. Em uma rápida retrospectiva, refiz a jornada que me levaria daquele pátio com vista para o vale de volta para casa. Voltei ao vilarejo, através da passagem com os homens de olhos duros, sobre o interminável cemitério com suas bandeirolas tremulantes, sobre Cabul ao longo da estrada de Jalalabad e depois voando sobre Paquistão, Irã, Turquia, Grécia, o caminho todo de volta à Itália. Havia espaço demais e totalmente desconhecido entre mim e a porta da frente da casa — cuja chave eu ainda guardava na bolsa — para acreditar que poderia refazer todo aquele caminho e ser capaz de colocar a chave na fechadura. Senti um choque, como se descobrisse onde estava — pendurada no vazio, alto demais, de onde nunca mais conseguiria descer.

A ideia de que existe apenas uma rota em mil, que leva alguém de volta ao assento reservado no avião que o levará de volta para casa — e que tem de ser seguida à risca sem qualquer desvio, quaisquer atrasos ou acidentes para que não se perca —, é aterradora. É por isso que fiquei carregando pelo Afeganistão um chaveiro em forma de sapo, de borracha, com uma coroa que guardava as chaves de minha casa. Apesar do absurdo, o sapo e aquelas longas e grossas chaves confortavam-me. Sua presença, naquele momento, era a única prova incontrovertida de que eu tinha outra vida.

Ouvi um gorgolejo abafado. Imo havia se acocorado perto de mim e estava mesmo fazendo xixi, a dez graus abaixo de zero. Vi o vapor subir do solo.

— Ah, que delícia — disse alegremente. — Sabe de uma coisa, querida? Isto é tão perfeito, tão mágico. Não queria estar em nenhum outro lugar do mundo. E você?

A primeira prece da manhã acordou-me antes do alvorecer.

Uma voz grave e poderosa cantava, sem o auxílio de um microfone, não longe de nós. Quase imediatamente, a voz do muezim do vilarejo do outro lado do cânion viajou da direção oposta e suas modulações diferentes do Allah Akhbar ecoaram em ondas através do vale. Estava ainda totalmente escuro, mas dava para sentir a aldeia começando a se agitar. Ouvi a sequência de ruídos debaixo de meus cobertores, não ousando sair do quentinho que conseguira criar durante a noite. No começo foram farfalhares e vozes abafadas, água sendo despejada de uma jarra, um bebê chorando na distância. Um galo. A voz estridente de uma mulher chamando outra, a tosse profunda de homens limpando suas gargantas, suas vozes sonolentas emitindo frases rápidas de ordem. A porta de nosso quarto rangeu e uma mulher descalça, seguida por uma menina, entrou segurando uma lâmpada de querosene e um balde de água quente fumegante. A mulher sacudiu suavemente os ombros de Imo e Shirin e quando tocou os meus senti o cheiro de lenha e sabonete em sua pele. A menina colocou no chão uma bandeja com chá e xícaras.

— Bom dia, meninas! — entoou Imo em seu tom animado enquanto saía dos cobertores, a cabeça ainda envolta no xale.

Uma hora mais tarde partilhamos o café da manhã com Malik e Hanif na mesma sala onde jantáramos. Malik nos ofereceu chá verde e pão quente com mel. Estava delicioso, e comi com gosto. Uma sensação inesperada de calma e bem-estar finalmente se apossou de mim. Comemos em silêncio, e então Malik levantou-se e fez um gesto para que o seguíssemos. Andamos um pouco, e ele apontou para uma porta de uma pequena casa de barro e ele e Hanif voltaram as costas para nós. Esta é a escola, disseram. Fiquei eletrificada pelo fato de os homens não poderem entrar, ou mesmo olhar para dentro.

O sol da manhã penetrava pelas pequenas janelas, jogando luz dentro da sala. Sentamo-nos no chão coberto de tapetes e esteiras no meio de uma sala vazia, Imo, Shirin e eu, cercadas por volta de 20 mulheres que nos encaravam como se estivessem frente a uma aparição sobrenatural.

As cores que as mulheres vestiam era desbotadas, mas magníficas: véus cor-de-rosa e verde-esmeralda, tecidos roxos e laranja. Com a exceção de umas poucas murchas e desdentadas, que pareciam mais exaustas pela fadiga do que pelo tempo, a maioria das mulheres era notavelmente bela. Tinham a pele clara e os olhos claros, alguns deles verdes como a grama, com cabelos grossos e trançados. Outras tinham lábios totalmente rosados, sobrancelhas grossas e narizes retos. Depois daqueles dias todos gastos em companhia masculina, tentando interpretar seus gestos, expressões, avaliar o perigo, era um alívio estarmos finalmente sozinhas com mulheres. Ainda assim, agora que as via frente a frente, aquelas mulheres pareciam mais indecifráveis que os homens. Vi os homens guiarem carros, falar em celulares e de alguma forma senti que pertenciam a um mundo no qual eu vivia, mas aquelas mulheres pareciam ter saído de uma máquina do tempo. Tudo nelas era arcaico: o cheiro de barro, farinha, suor e gado, a energia selvagem que emanavam. Nem conseguia imaginá-las sem roupas (o que vestiam por baixo? Usavam calcinhas e sutiãs?), nem fazendo sexo com seus maridos (eram recatadas, experientes? Gostavam de posições diferentes?). Em outras palavras, não conseguia encontrar qualquer indicação que sugerisse nossa existência paralela no planeta.

Fitavam-nos em silêncio, quase imóveis — eu ouvia o som da sua respiração —, as olhávamos com igual espanto. Éramos iguais em termos de curiosidade recíproca, mas senti que seus olhares eram impudentes e perturbadores, como os dos homens trabalhando na represa, revelando uma curiosidade mórbida, quase sexual.

Senti vontade de fotografá-las no ato, capturar aqueles olhos famintos, aqueles joelhos dobrados, a maneira como seus cotovelos repousavam sobre eles, os queixos nas mãos, as pequenas tatuagens azuis entre os olhos que algumas das mulheres mais velhas tinham, as tranças de hena vermelha descendo pelas costas, os brincos baratos feitos de latão e vidro colorido, enquanto ouvia o que Shirin lhes explicava. Ou seja, que tínhamos vindo de uma longa distância para falar com elas sobre o que acontecera com Zuleya.

— Muitos países no resto do mundo estão preocupados com o destino da mulher afegã e querem que o seu sofrimento cesse — disse Imo, fazendo um gesto a Shirin para que traduzisse —, e estamos aqui para ouvir suas histórias, o que vocês têm a dizer. Mulheres entre mulheres.

Seguiu-se um silêncio preocupado. As mulheres trocaram olhares desconfiados. Shirin seguia em um tom delicado, mas recebeu apenas murmúrios monossilábicos. Uma mulher alta, sósia de Julia Roberts, com os mesmos lábios grossos, sobrancelhas perfeitamente arqueadas, cílios longos e sedosos envolvendo os olhos da cor de musgo, inclinou o queixo para indicar uma mulher mais nova com cabelos claros e nariz reto que parecia um baixo-relevo de uma deusa de uma frisa do Partenon. O baixo-relevo concordou com a cabeça, olhando para seus pés descalços e rachados.

— Essa é a irmã de Zuleya — disse Shirin. Depois, apontou para a mulher encolhida no canto da sala. — E aquela é a mãe dela.

A mãe fez um gesto abrupto com a mão e então cobriu seu rosto com o véu. Encolheu-se ainda mais, como uma aranha se escondendo em uma fenda na parede.

— Alguma de vocês gostaria de nos dizer o que aconteceu, por que Zuleya quis se matar? — perguntou Imo suavemente, distribuindo um sorriso pela sala.

Seguiu-se outro longo silêncio. Depois, como se tivessem recebido um sinal invisível, as mulheres começaram a falar todas ao mesmo tempo, o tom crescendo, mais alto, cada vez mais excitado. Shirin as dirigiu, interrompeu, traduzindo o que podia, ela mesmo começando a se agitar.

Era a mesma velha história, as mulheres disseram: Zuleya estava infeliz, não queria casar com um homem que era velho demais e que a afastaria de sua aldeia e sua família. Tinha medo que batesse nela, que não a deixasse voltar para visitar a mãe e as irmãs. Fora por isso que achara melhor se matar, em vez de desonrar a família com uma recusa.

Imo interveio:

— Certo. Então, se uma mulher se recusar a casar, o que aconteceria na verdade? Sua família a deserdaria?

As mulheres balançaram as cabeças vigorosamente: impossível. Não há nada que se possa fazer quando um casamento foi decidido. Ninguém pode recusar.

— Tudo bem. Então digamos que uma garota e um garoto da mesma aldeia estejam apaixonados, OK? Mas a garota foi prometida a outra pessoa. Pergunte a elas o que aconteceria — Imo sussurrou para Shirin.

Shirin engoliu em seco e concordou. Parecia preocupada, como se a palavra "amor" tivesse alguma possibilidade perigosa ligada a ela. Traduziu a pergunta lenta e neutramente, como se lidasse com explosivos. Mais uma vez as mulheres começaram a falar ao mesmo tempo, cada vez mais agitadas. Todas pareciam ter uma opinião muito forte sobre a questão. Julia Roberts levantou-se — era muito alta e altiva —, silenciando as outras, e passou o dedo indicador pelo pescoço. As mulheres explodiram numa gargalhada.

— O que ela disse?

— Ela diz que amor não faz diferença. Que ou você faz o que seu pai decide ou termina daquele jeito — explicou Shirin, mortificada.

— Como assim? — Imo colocara seus óculos vermelhos e tomava notas.

— Assim, com a garganta cortada.

— Uau. Com a garganta cortada?

Shirin concordou. Imo olhou-me com um olhar triunfal. Era o tipo de frase que esperava.

— E por que você acha que elas estão rindo?

Shirin encolheu os ombros.

— Eu não sei.

— Não, desculpe. Isso me interessou. Qual é a piada?

— Nenhuma. Riram porque acharam engraçado — respondeu Shirin, a voz tingida por uma nuance de sarcasmo, que Imo não pareceu perceber. — Elas também têm senso de humor.

— Bem negro, parece — Imo fez uma careta. — Pergunte-lhes se isso já aconteceu alguma vez nesta aldeia. Ou seja, se um pai matou a filha por desobedecê-lo.

As mulheres concordaram vigorosamente com a cabeça, sem qualquer hesitação, como se fosse uma pergunta tola que apenas uma estrangeira faria, e depois entraram em uma longa discussão entre elas, completamente alheias à nossa presença.

— Está vendo? Provavelmente nosso amigo Malik faria a mesma coisa, também — murmurou Imo para mim, enquanto escrevia. — Não é coisa de doido?

Voltou-se para Shirin.

— Por favor, pergunte-lhes se sabem que no Ocidente a vida de uma mulher vale tanto quanto a de um homem, e que se um pai matar sua filha passará a vida na cadeia.

Shirin diligentemente traduziu e as mulheres nos olharam de volta, de um jeito meio impenetrável.

— Elas sabem disso?

Seguiu-se uma discussão entre Shirin e algumas mulheres mais velhas.

— Sim, sabem — respondeu Shirin. — Mas dizem que de acordo com o islamismo não se pode, não é possível, tem-se de obedecer ao pai e ao marido. Essas são as regras, a tradição.

Não parecia haver saída para a questão. Tudo que importava eram as regras. A vontade das mulheres não parecia existir em meio às regras.

— Sim, entendo, mas então por que tantas mulheres estão cometendo suicídio? Quer dizer que não querem seguir a regra, certo? Ou você acha que essas mulheres têm medo de falar?

Shirin ajustou os óculos sobre o nariz. Depois fez um gesto com a cabeça e olhou para o chão.

— Sim, talvez tenham um pouco de medo de falar — admitiu.

Senti que os sentimentos de Shirin ficavam cada vez mais ambivalentes enquanto progredia o dia em nossa companhia. Não sabia dizer o que a deixava mais inquieta, se ter de traduzir para nós o que sentia ser o atraso de suas compatriotas, ou ter de traduzir para elas nossa falta de tato. A frisa do Partenon, irmã de Zuleya, tomou a palavra e subitamente fez-se silêncio. A garota falou por algum tempo. Seu braço esticado repousava sobre o joelho, e os braceletes baratos em seu pulso retiniam quando mexia a mão.

— Ela disse que se pudesse voltar no tempo, teria se matado também — traduziu Shirin impassivelmente. — Agora ela não pode, porque tem filhos. Disse que teve de casar com um homem três vezes mais velho que sempre lhe batia, desde o primeiro dia. Diz que a vida de uma mulher é muito triste, que na verdade nem é vida.

Imo inclinou-se ligeiramente em minha direção.

— Que perfil fabuloso ela tem. Tente fotografá-la enquanto fala. Dá para trabalhar com esta luz?

— Dá, claro. Mas primeiro nós não deveríamos... Tenho medo de que se começar a fotografar sem permissão elas vão enlouquecer de novo, como aquelas...

— Tente, para ver o que acontece.

Peguei uma de minhas câmeras e a segurei para que elas pudessem se acostumar com sua presença. Todas as mulheres olharam em minha direção e para o objeto em minha mão. Agi como se não percebesse a atenção delas e comecei a brincar distraidamente com a lente. E então uma mulher pálida, de aspecto doentio, mais velha que as outras, gritou alguma coisa. Apontava a câmera, e senti imediatamente na sala aquele sopro de hostilidade que encontrara no dia anterior no hospital.

— Não pode tirar fotos delas — advertiu Shirin com seu usual ar severo. — Malik lhe disse ontem que não era permitido.

— Disse mesmo? Desculpe, não ouvi. — Era verdade. Não ouvira, ou não entendera, e assim olhei para Imo, que mexeu a cabeça imperceptivelmente, como sugerindo que sim, aquela fora a mensagem. Lentamente baixei a câmera e desci a alça por meu ombro, para que ela ficasse pendurada fora do caminho, a meu lado. — Pensei que...

Imo interrompeu-me com um gesto e voltou-se para Shirin.

— Por favor, explique-lhe que as fotos tiradas aqui jamais serão mostradas neste país. Eu dou minha palavra de honra.

Shirin aquiesceu. As mulheres ouviram e algumas concordaram.

— Mas diga-lhe também que para trazer mudanças para suas vidas é importante que o resto do mundo veja seus rostos e saiba quem são.

As mulheres balançaram a cabeça. Algumas começaram a cobrir as cabeças com seus véus, preparando-se para esconder os rostos.

— Não — disse Shirin com firmeza. — Estão dizendo que não pode, não é permitido.

— Tudo bem. — Imo tentou esconder o desapontamento. Sabia que desta vez não podia se apressar. Olhamos uma para a outra. Senti a câmera repousando a meu lado.

Deu uma olhada nas notas, rabiscou alguma coisa e olhou em torno da sala com uma expressão de empatia. E voltou-se para Shirin.

— Bom. Você deve dizer-lhes que há muitas organizações em Cabul que ajudam garotas como Zuleya e que logo, se conseguirem mudar as leis aqui, um pai não poderá mais matar a filha se ela o desonrar.

Enquanto Shirin traduzia, Imo tentava rapidamente elaborar o resto do argumento. Ainda tinha que explicar por que — entre milhões de mulheres afegãs — haviam sido designadas para mostrar seus rostos para o resto do mundo. Mas eu, de alguma forma, sabia que a habilidade retórica não lhe falharia, nem mesmo naquele momento. Fez uma pausa e suspirou, percorrendo a sala com o olhar. As mulheres esperavam. Inclinou-se para Shirin e disse:

— Diga-lhes que viajamos todo este caminho porque queremos levar de volta para nosso país não só suas vozes, mas seus rostos — continuou Imo —, para que não sejam apenas fantasmas, mas pessoas reais. Se as mulheres afegãs continuarem a esconder seus rostos atrás de burcas, serão sempre fantasmas, e fantasmas não existem.

Ela havia encontrado um atalho, satisfeita com a eficácia da imagem que construíra.

— Sim, exatamente. Diga-lhes isso. Que fantasmas não existem.

Imo sorriu para sua pequena audiência, mas as mulheres pareciam irredutíveis.

— Sinto muito, mas não acho que será possível — Shirin disse em voz baixa. — É muito difícil fazê-las entender o que você pretende.

Percebi que Shirin começava a inquietar-se. Tive a sensação de que o fato de Imo parecer tão satisfeita com suas metáforas imaginativas, independente do fato de que fossem intraduzíveis, estava claramente principiando a irritá-la.

— Elas são muito simples, muito ignorantes, e todas temem o que seus maridos farão se permitirem — acrescentou Shirin, com alguma severidade.

Imo suspirou. Achei que ali ela percebera tratar-se de uma batalha perdida e que nenhum de seus talentos de sedução ou a força de sua personalidade faria aquelas mulheres mudarem de ideia. Elas teriam de assumir um risco enorme para, muito provavelmente, nada.

Se as fotos das mulheres traziam vantagens para as vidas de alguém, era mais provável que as beneficiárias fossem Imo e eu. Pierre havia me sugerido quando pela primeira vez me ofereceu a missão: mais material para o prêmio World Press Photo.

E ainda assim, eu imaginava o resultado. O *Sunday Times Magazine* aberto na mesa de alguma cozinha elegantemente decorada em Londres. Um casal (certamente a favor da emancipação das mulheres afegãs) distraidamente folheando as páginas e bebendo um espumante cappuccino feito em uma cara máquina de expresso. E o suplemento sendo jogado no lixo segunda-feira pela manhã.

Então, algo aconteceu.

Julia Roberts levantou-se de novo, uma Juno, dominante como uma rainha. Falava com as mulheres na sala, alçando a voz quando alguém tentava interrompê-la. Um murmúrio abafado vinha do fundo da sala. Era a irmã de Zuleya, que intervinha em favor dos argumentos de Julia Roberts, e rapidamente ergueu seu tom umas duas oitavas, até que as duas rebatiam negando as outras, e a sala finalmente mergulhou no silêncio.

A frisa do Partenon apontou para mim muitas vezes, falando apressadamente com Shirin. Julia Roberts adiantou-se, rearranjando o véu na cabeça. Ficaram próximas umas das outras e fixaram seus olhares em mim, imóveis, rígidas como um casal posando em um velho retrato de família.

— Disseram que você pode tirar uma foto, se quiser.

— É mesmo?

— É. Esta mulher, a mais alta, disse que nada mudou desde que o novo governo chegou ao poder. Mulheres ainda são escravas, e o mundo deve saber disso — disse Shirin vigorosamente, com uma excitação súbita.

A frisa deu um passo adiante, sua voz aguda e a ponto de falhar, enquanto esfregava os olhos lacrimejantes com as costas da mão. A sala havia mergulhado em profundo silêncio, e todas prendiam a respiração.

— Ela afirma que todas as mulheres em nosso país vivem no medo, mas que o medo é como uma prisão. Diz que você é muito bem-vinda aqui e quer agradecer-lhe por viajar tanto para falar sobre Zuleya e seus sofrimentos.

Imo juntou as mãos e inclinou a cabeça graciosamente.

— Isso é maravilhoso. Para nós, é uma honra ter podido ouvi-las. Por favor — olhou diretamente para Shirin pela primeira vez desde que sentáramos na sala. — Por favor, diga-lhe isso.

Julia Roberts interveio, a frisa aquiesceu com a cabeça. Reajustaram seus véus e voltaram a suas poses.

— A outra senhora também a cumprimenta e espera que esta foto possa levar todas as mulheres do mundo a ter uma vida melhor — Shirin acrescentou rapidamente, mas de alguma forma comunicando, também, sua descrença pessoal naquele fato em particular. Tinha uma sensação de que havia desenvolvido algumas dúvidas sobre a sinceridade de nossa missão.

Ela não estava sozinha. Algumas das outras mulheres trocavam olhares dúbios. Ainda assim, lentamente, algumas, seguidas por outras, moveram-se e sentaram-se atrás de Julia Roberts e da frisa. Agitaram-se, rearranjaram suas roupas, adornaram seus cabelos, amarrando-os ou deixando-os soltos. Algumas riam, embaraçadas. Outras afastavam-se para o fundo da sala, para ficar fora da foto. Fez-se um silêncio solene.

— Rápido, Maria — sibilou Imo —, antes que mudem de ideia.

Peguei a câmera de novo. Elas posavam, sérias, olhando para o outro lado, intimidadas pelo meu gesto. Olhei através da lente. As mulheres prendiam a respiração, com olhos bem abertos em frente da lente, mas vazias de qualquer expressão, mais parecendo serem feitas de cera que de carne. Não havia chance de relaxarem. Tinha de achar uma chave para fotografá-las, e achar logo: talvez pudesse usar o constrangimento, a passividade através daquelas expressões petrificadas. Com alguma pose não-natural, eu talvez pudesse transmitir a ideia de uma coerção ainda mais profunda.

Eu suava. Tinha de trabalhar com o que possuía, e assim enquadrei a foto e foquei. As cores eram chocantes — naquele momento, um feixe de luz pintava uma faixa dourada na parede. Senti todos os olhares da sala em mim e em meus movimentos desajeitados. Dessa vez não podia me dar ao luxo de errar.

Mas sabia que havia uma possibilidade remota. Uma em mil.

E se um motorista de táxi afegão que tivesse emigrado para Londres — digamos alguém como o primo de Hanif, havia milhares deles vivendo agora em Londres — comprasse o jornal? E se reconhecesse aqueles rostos? E se chamasse um parente em Cabul? E se mandasse a foto por e-mail? E se o parente fosse até a aldeia e mostrasse a foto para Malik? Todos tinham celulares e logo — senão já — qualquer um como Malik poderia receber fotos direto na tela de seu celular.

Como aquelas mulheres seriam punidas? Seriam desonradas, espancadas? Perderiam sua honra? E o que exatamente aquilo significava ou implicava?

Era uma em mil, mas nada era impossível agora que não havia mais uma aldeia, uma rocha, uma caverna esquecida, despercebida pelo satélite.

Naquele momento, no fundo da sala, a mãe de Zuleya — a velha senhora que se espremera contra a parede até que a esquecêssemos — levantou-se. Avançava, com todos os sonhos e a carne flácida. Gritava como uma bruxa. Eu a vi vindo em minha direção com os braços esticados, dedos curvados.

Tirei a câmera da frente do rosto e a segurei contra o peito, temendo que ela fosse destruí-la. Vi ligeiramente seus olhos lívidos e severos, enquanto o resto das mulheres saía rapidamente de seu caminho, silenciadas. Ouvi o farfalhar das saias, o impacto dos pés descalços no chão de terra. Então, de repente, todas tinham desaparecido. A sala estava agora vazia, como se uma mão tivesse afastado um monte de moscas sobrevoando comida.

Nem bem uma hora depois nos despedíamos de Malik, que tinha nos acompanhado até o carro seguido de um grande grupo de locais. Lotou nosso carro com cestos de maçã, amêndoas, pão recém-assado e damascos secados ao sol. Os homens e Hanif trocaram apertos de mãos e abraços e fizeram um pedido para outra foto de grupo, que eu obedientemente tirei. A milionésima foto de homens rígidos segurando armas, como suspeitos em um instantâneo da polícia. As mulheres tinham sumido, engolidas pelos muros de barro de sua aldeia como se nunca tivessem existido. Como dissera Imo: fantasmas.

Ou Malik decidira ignorar o que acontecera dentro da escola ou ainda não soubera. De um jeito ou de outro, não fez qualquer referência ao fato de termos tentado tirar fotos, apesar das suas restrições. De qualquer forma, decidira que tinha uma coisa ou duas a nos dizer antes de nos deixar partir.

Shirin estava de pé ao lado do carro traduzindo o que Malik falava e mantinha os olhos baixos, tomando cuidado de não cruzar com os dele.

— Malik diz que os ocidentais acham que sua cultura é superior à nossa porque mulheres não têm de vestir o véu. Diz que o que vocês ocidentais nunca entendem é que as mulheres muçulmanas se cobrem por sua própria vontade, porque em nossa sociedade o aspecto físico das mulheres não deve interferir com seu lugar na sociedade. — A voz de Shirin era muito baixa, sem tom de emoção ou entonação, como se desejasse tornar-se invisível. — Em nossa cultura, quanto mais uma mulher envelhece, mais sabedoria adquire, e mais autoridade e poder tem na família. No Ocidente, em vez disso, a mulher que perdeu sua aparência não vale nada e não tem lugar na sociedade.

Brincou com o xale enquanto esperava Malik dizer mais, e prosseguiu:

— Ele diz que enquanto para vocês o valor de uma mulher está apenas na aparência, para nós ela está em sua alma e em seu coração. De acordo com o Corão, a beleza de uma mulher pertence apenas a seu esposo e é um presente reservado apenas para seus olhos, enquanto que no Ocidente é apenas, como vocês dizem?, mercadoria, algo para negociar e exibir, como se fosse em um mercado.

Shirin parou de falar e engoliu em seco. Suas faces estavam coradas.

Imo estava perfeitamente imóvel, com um sorriso grudado no rosto, servindo como uma defesa contra qualquer ofensiva.

— Bem, primeiro deixe-me dizer que não é verdade que o valor de uma mulher no Ocidente reside apenas em sua beleza — replicou com suavidade. — Nossas mulheres têm postos no governo, ensinam nas universidades, são juízas, promotoras e — neste momento ela baixou os olhos, fingindo modéstia — são repórteres, como Maria e eu. Em outras palavras, as mulheres ajudam a determinar o destino do país.

Malik aquiesceu com gravidade e pensou. Coçou a barba. E disse mais alguma coisa.

— Malik quer saber se é verdade que as mulheres em nossos países às vezes fazem operações para permanecerem jovens.

— Sim, é verdade — admitiu Imo com um toque de impaciência —, mas diga a ele que isso não significa que...

Malik silenciou-a com a mão aberta e falou com um tom que não tinha um matiz polêmico ou hostil, mas pedia cautela.

— Malik quer saber o que você vai escrever em sua matéria depois desta viagem. — Shirin mantinha seu tom neutro. Ainda não havia levantado o olhar do chão. — Se vocês vão dizer que os muçulmanos são atrasados ou bárbaros porque suas mulheres escolhem se cobrir para preservar sua dignidade, ou se são os ocidentais que são selvagens, uma vez que permitem que suas mulheres se cortem em pedaços quando perdem a juventude e a aparência.

Imo fez um gesto de cabeça pensativo e olhou para mim. Eu vi uma centelha brilhar em seus olhos.

— Espere até ele descobrir *Nip/Tuck* — disse rápida e abafadamente, tentando não sorrir, e voltou-se para Shirin.

— Este é um tema muito complexo. Primeiro de tudo, é um grande erro generalizar. Nem todas as mulheres no Ocidente fazem isso. — Imo checou a hora em seu celular. Tínhamos de ir embora se quiséssemos alcançar Cabul antes do anoitecer. Ela suspirou.

— Ah, Deus, precisaríamos de todo um dia para discutir isso em profundidade. Por favor, diga a Malik que ficaria muito honrada se me permitisse, um dia, sentar-me e explicar-lhe meu ponto de vista.

E então pegou um cartão e o entregou a ele. Malik estudou-o cuidadosamente e passou-o a dois homens, logo atrás.

Partimos, cheias de presentes, depois de uma despedida destinada a altos dignitários, convidadas a voltar em breve e cobertas de bênçãos para nossa viagem, escoltadas até os portões da aldeia por um ruidoso bando de crianças e de homens agitando seus rifles. Voltei-me antes que a estrada se curvasse em torno da colina e a última imagem que vi foi de uma pequena multidão de homens inclinados sobre o cartão de Imo.

— É uma perda total de tempo entrar em discussão sobre direitos das mulheres com homens. É a mulher que tem de ser educada, neste país — replicou Imo quando nossos hóspedes desapareceram do retrovisor.

— Escolha. De que escolha estava falando? — disse, depois de uma pausa. — Qual é a escolha para uma mulher que cresce acreditando que despir seu rosto é um crime? Que pais, comunidades, professores inculcam-lhes que seu corpo é um pedaço de carne que induz apenas ao desejo?

Shirin não respondeu e ajustou mais uma vez o xale, olhando pela janela. Hanif parecia concentrado em dirigir e perdido em seus pensamentos.

— Mas o que ele disse sobre cirurgia plástica é bastante... — comecei a considerar. — Quer dizer, como para nós tornou-se socialmente aceitável encher nossos peitos de silicone, entrar na faca para ficarmos mais jovens e sexy e...

— Mas temos escolha, Maria. Fala sério. Não temos um imã ou um tribunal islâmico para fazer disso uma lei.

— Eu sei — disse eu. — Mas não é interessante olhar por uma vez do ponto de vista deles? Algo não deve estar saudável em uma sociedade na qual uma entre três mulheres se recusa a envelhecer e abandonar seu poder sexual. O equilíbrio deve estar em algum lugar entre Zuleya e Pamela Anderson, não?

Deixamos Shirin perto da clínica onde a apanháramos. Imo a abraçou e prometeu enviar alguns DVDs e revistas de cinema. Eu prometi que mandaria algumas boas fotos que tirara dela. Shirin surpreendeu-se com nossa súbita afeição e especialmente por nossos beijos nas duas faces. Ficou corada, suada apesar do frio, com um largo sorriso no rosto.

Viajávamos havia algum tempo e Imo estava imersa na biografia de Catarina, a Grande. Não sei como conseguia ler numa estrada tão esburacada sem enjoar. Havia se livrado do pedaço que já lera e segurava apenas as últimas 50 páginas. Eu nunca teria a coragem de destruir um livro daquele jeito — de acordo com a religião e minha família, teria sido um sacrilégio.

Minha frustração ficava me cutucando, especialmente agora que deixáramos a aldeia para trás e eu começava a avaliar o tamanho do meu fracasso.

— Sinto-me muito mal por não fotografado aquelas mulheres. — Finalmente, consegui despejar as palavras de minha boca e olhava para Imo com expectativa.

Ela levantou lentamente os olhos do livro e encarou-me por um segundo, quase surpresa, como se tivesse esquecido que eu estava no carro a seu lado.

— Eu sei. Eu também me sinto — disse lentamente. — Aquelas mulheres pareciam inacreditáveis. Que vergonha, mesmo.

— Eu deveria ter sido... sabe, mais cirúrgica com a situação toda. Foi uma decisão de uma fração de segundo. Fiquei bloqueada...

— Não é culpa sua. Você nunca teria o tempo e a paz de espírito para fotografá-las do jeito que pretendia. — Imo suspirou e voltou a Catarina, a Grande.

— Temos uma porção de fotos boas — tentei oferecer.

— Temos, temos. Um monte de fotos maravilhosas — concordou, levantando os olhos de novo e olhando pela janela, mas eu não tinha certeza de que falava a sério. Parecia distante. Quase entediada, como se sua energia tivesse subitamente despencado.

— De qualquer modo, quando voltar a Londres vou pedir para meu editor rastrear aquela garota francesa — falou depois de uma pausa —, aquela que passou sua vida em hospitais, e ver se tem alguma foto decente que possamos usar.

Durante um minuto, ninguém disse nada. Fiquei arrasada com a ideia de que o editor tivesse de comprar fotos daquela mulher.

— Mas sabe o que estou pensando? — Imo guardou o livro na bolsa. — Estou tentada a não publicar qualquer foto das mulheres da aldeia. Poderia escrever a matéria exatamente sobre isso, sobre o fato de que é impossível tirar uma foto de uma mulher e conseguir que tirem o véu do rosto. Sobre aquela ideia de que as mulheres transformaram-se em fantasmas, que não têm realmente um rosto, nem uma voz. Nesse caso, você na verdade faria parte da matéria, Maria. Como um personagem. Acho que seria interessante. — Ela parecia feliz com a ideia e sorriu. — Nesse caso, eu gostaria de tirar uma foto *de você* para a matéria. Não seria divertido?

Resmunguei alguma coisa. Imo parecia cada vez mais envolvida com a ideia.

— Na verdade, sabe, poderia construir toda a história em torno disso. É mais verdadeira e, além do mais, mais substanciosa. Além disso, as pessoas adoram ler matérias nas quais os autores não conseguiram realizar o que tinham proposto. Acho uma ideia muito bacana.

Era verdade, Imo sempre conseguia dar aos fatos uma leitura ligeiramente diferente e tornar isso uma vantagem. Para mim era muito mais difícil — em meu trabalho, havia muito pouco espaço para interpretação. Ou você tinha a foto ou não tinha.

— De qualquer forma — prosseguiu —, quero falar com aquele cara, Paul, sobre as licenças legais de produção de ópio. Essa é uma pauta absolutamente sensacional, e vou vendê-la para meu editor assim que voltar. E também a matéria da empresa de telefonia celular. Acho que eles as comprarão, não acha?

— Sim, é possível.

Típico, pensei. Como repórteres pulam para a próxima matéria sem nunca olhar para trás. Cada uma delas como uma transa de uma noite que esmaece e perde apelo no momento em que foi consumada.

— Sabe, venderei as duas ideias. Pelo menos seriam histórias todas com homens, e pelo menos não teríamos de ficar pisando em ovos o tempo todo. Na verdade, esses caras adoram ser fotografados. Amam posar, não é? Um bando de narcisistas, todos atores natos. Seria como um passeio no parque.

Imaginei se o "nós" que usara me incluía ou se dispunha a definir uma figura genérica de discurso, um *eu nobre*, que combinaria muito com seu estilo, dado o livro que estava lendo.

Atravessamos de novo a passagem. Os homens ainda estavam lá, com os mesmos trapos escuros enrolados nas cabeças, quebrando e movendo rochas na pesada sombra do começo da manhã. Senti os olhares de novo, enquanto atravessávamos o cânion com o escapamento do Ford batendo agourentamente contra as pedras.

E então, com o canto dos olhos, vi algo se mover. Duas figuras agachadas ficaram em pé simultaneamente e dirigiram-se ao meio da passagem. Tinham armas. O da esquerda agitou-a lentamente, sorrindo, e pareceu dizer alguma coisa. Hanif parou e abaixou a janela. O homem enfiou a ponta de seu Kalashnikov dentro do carro e emitiu uma ordem. Tinha em torno de 30 anos, sem barba e com calças militares. O outro abriu subitamente a porta do passageiro. Parecia mais jovem, suas roupas estavam sujas e notei que tinha uma bandagem na mão. Não pareciam com os outros homens trabalhando na represa. Não eram quebradores de pedras.

Hanif falou cautelosamente, mas o homem gritou sua ordem de novo, silenciando-o.

— Ele ordenou que vocês saiam.

— O que eles querem? — perguntou Imo. Estava pálida. O homem que abrira a porta pegou-a pelo ombro e puxou-a. Hanif olhou para mim suplicante.

— Por favor, faça o que eles pedirem.

Baixou os olhos, como se não suportasse me olhar enquanto eu saía do carro.

O mais jovem dos dois falou algo para nós em dari em um tom duro, e fez um gesto para que caminhássemos à sua frente, enquanto nos seguia com sua arma. Os cortadores de pedras haviam parado seu trabalho e todos nos olhavam. Apenas nossos passos nos cascalhos rompiam o silêncio. Uma andorinha mergulhou sobre nossas cabeças, o único movimento brusco na absoluta quietude. Enquanto alcançávamos a escarpa íngreme do cânion, senti a mão do homem em meu ombro, gesticulando para que eu parasse e sentasse. Foi rude, e o movimento deixou-me enjoada.

Imo e eu estávamos sentadas em uma grande pedra arredondada. Os homens permaneciam de pé, a alguns passos de nós. Havíamos andado uma centena de metros, e podíamos ver Hanif falando com o outro homem a distância. Mostrava-lhe alguns papéis e gesticulava com a cabeça, mantendo o olhar baixo. Meu coração afundou. Senti que havia sido um erro terrível deixá-los nos separar dele e de seu carro.

— Que merda está acontecendo? — perguntou Imo. — É dinheiro o que eles querem?

— Por favor, fique quieta. Quanto menos você falar, melhor.

Chegara ao ponto de não aguentar mais as lições de Imo Glass.

O homem com a bandagem na mão olhou-me e fez o gesto de segurar um cigarro entre os dedos. Não respondi e baixei os olhos para o chão.

— Acho que ele só quer um cigarro — murmurou Imo. Ela sentira que algo se transformara entre nós. Dava para perceber pelo jeito que seu ombro quente se inclinava contra o meu.

— Eu sei. Mas não deixe que saiba que você fuma.

Não sei por que disse aquilo, mas senti que era a coisa certa a dizer no momento, como uma regra sensata. Não achei que fosse ser útil mostrar que portávamos cigarros e confirmar a ideia de que todas as mulheres ocidentais fumavam em público.

Olhei em direção ao outro homem. Ainda estava interrogando Hanif e, a julgar por sua linguagem corporal, parecia bravo.

Tudo levara apenas um instante. No momento em que dois homens armados entraram no caminho e fomos arrancadas da segurança de nosso Ford, nosso pequenino mundo foi abruptamente todo despedaçado. Se não podíamos saber o que acabara de acontecer — estávamos mesmo sendo sequestradas? Os homens eram militares ou bandidos? Eram do Talibã? —, como possivelmente poderíamos prever o que iria ocorrer em seguida?

Ouvi Imo fungar. Virei-me para olhá-la. Lágrimas desciam por suas faces. Estava chocada: nunca esperara que ela seria a primeira a desabar. Mas talvez aquele destino fosse demais mesmo para alguém como Imo Glass. Peguei a sua mão e ela imediatamente apertou a minha.

— Isso é horrível. Está me tirando do sério — choramingou, com um olhar enlouquecido. Seu medo era tangível, selvagem como o medo de um animal tentando escapar, serpeando pelos buracos de uma cerca. O que quer que tivesse segurado sua máscara até aquele momento perdeu-se, e ela não conseguia mais se controlar. De alguma maneira, senti que era a primeira vez que aquilo acontecia com ela.

— Não entre em pânico. Não acho que seja tão ruim assim — ponderei. Meu coração batia no peito como tambores, mas dizer aquilo me fez ficar mais calma.

— Como você sabe?

— Não acho que isso seja um sequestro.

Era fantástico: minha mente continuava retornando às aulas com os Defenders, na tentativa de selecionar e ver de novo qualquer instrução que me ajudasse a raciocinar. Eu na verdade estava conseguindo pensar. Como uma alpinista, buscava me segurar em qualquer saliência ou fenda que pudesse encontrar.

Se os Defenders estivessem certos, pensei, então a fase chamada de domínio inicial ainda não havia terminado. Mas senti-me patética no momento em que tentei me segurar naquele pensamento. Como se o mundo fosse se comportar de acordo com as regras que os Defenders imprimiram em sua apostila. Como se pudesse interpretar a realidade intrincada daquele país com as dicas de segurança que eu aprendera em uma cidadezinha do interior inglês.

— Não, isto *é* ruim. Muito ruim — replicou Imo, ainda chorando.

— Pare — explodi. — Isso não vai ajudar.

Não queria que seu medo me contaminasse. Sabia que tinha de ficar longe daquele tipo de pânico se quisesse funcionar.

Ouvi os passos do jovem aproximando-se. Mantinha meus olhos no chão e vi suas botas entrarem em minha visão periférica. Estavam gastas, cobertas de poeira. Vira algumas semelhantes penduradas nas barracas em torno do mercado em Cabul. Senti a aproximação em câmera lenta de um sonho, mas as botas pareciam tão tangíveis, provavelmente feitas na China, tão ordinárias e baratas que tiveram o poder de me ancorar a algum tipo de realidade.

O homem estava agora muito perto de mim e eu podia sentir o cheiro de suor, e algo rançoso em sua pele, como leite coalhado. Também senti o odor de metal. Mas aquilo, eu sabia, devia ser do cano de uma arma.

O outro homem e Hanif caminhavam em nossa direção. Hanif parecia exausto, banhado em suor, como se tivesse apanhado.

— Ele quer os passaportes de vocês, por favor — pediu, com uma expressão culpada no olhar.

Ceder nosso único pedaço de identidade não parecia certo. Quis dizer alguma coisa, mas percebi que não tínhamos escolha a não ser seguir à risca absolutamente tudo que os homens pedissem. Ele examinou os dois passaportes e as fotos e apontou para mim. De novo, o que ele disse pareceu grosseiro e acusatório. Hanif respondeu, o homem retrucou, os dedos ainda me apontando.

— O que ele diz? — perguntei a Hanif.

— Diz que você parece americana. Por causa de sua cor.

Sacudi a cabeça vigorosamente.

— Não, americana não. *Italiana* — retruquei com firmeza, olhando-o nos olhos.

Observei o homem virando as páginas de meu passaporte balançando a cabeça. Depois devolveu-o. Segurou o de Imo por outro minuto falando com Hanif, que ficava aquiescendo.

— Ele diz que seu primeiro-ministro é um cão, um escravo de Bush — traduziu Hanif.

— Sim, eu sei — murmurou Imo entre dentes. Limpou as lágrimas e abaixou a cabeça, enquanto o homem lhe devolvia o passaporte com a coroa real estampada na capa.

Fez-se uma pausa. Depois os dois homens voltaram-se e afastaram-se.

— Podemos ir, agora — disse Hanif.

Voltamos ao carro e nenhum de nós emitiu uma palavra até sairmos da passagem. Imo sentada atrás, do meu lado, agarrava meu pulso. E não o soltava. Sentia suas unhas penetrando na minha pele.

— Uau!!!! — exclamei, assim que saímos para o sol e a planície. Estava ensopada em suor. Abaixei a janela. Meu cabelo entrou nos olhos e senti um sopro de ar frio no rosto. Respirei fundo, preenchendo os pulmões com aquele ar.

Imo, finalmente, soltou meu braço e me abraçou.

— Juro, pensei que estávamos fritas! — Ela quase gritava sobre o som do carro arrastando-se no terreno pedregoso. — Fiquei com um puta medo, cara!

Bati no ombro de Hanif.

— Quem eram? O que queriam?

— Estavam apenas checando. Só controle. — Hanif olhou para mim pelo retrovisor e sorriu. — Esses caras sempre pensam que estrangeiros são espiões.

— O que você disse que éramos?

— Médicas de alguma ONG — respondeu em um inesperado tom de júbilo. — Eu tinha certeza de que os homens trabalhando com as pedras sabiam que voltaríamos por este caminho e espalhariam o rumor. Perdi meu sono com isso na noite anterior. Daí eu ter uma história pronta. Sempre deixam os médicos passarem porque o povo das ONGs ajuda gente de todo lado.

— Você é tão esperto. Então você já sabia — disse.

— Eu tinha uma sensação. Mas tivemos sorte de nada ter acontecido, desta vez.

— E as permissões que nós tínhamos do ministério? Você não podia tê-las mostrado também? — Imo perguntou.

Hanif sorriu e abanou a mão, negando.

— Muitas dessas pessoas nem sabem ler. E daquelas que leem, se souberem que são jornalistas, vão achar ainda mais que são espiãs.

— Jesus. E nem estamos tão longe de Cabul. Imagine como deve ser no sul.

Imo fechou os olhos e deu um profundo suspiro.

Sentia-se estonteada. Apenas alguns momentos antes, o mundo encolhera-se, como uma bola dura e densa de perigo e ameaça, sem espaço para mais nada. Apenas risco, terror e pensamentos de morte iminente. Era difícil, agora, inflar a bola de novo, deixar que a luz do dia, a sensação do ordinário entrasse mais uma vez, permitindo aos músculos relaxarem. Minha boca estava seca, o medo sugara todos os fluidos de meu corpo. Bebi água de uma garrafa e a passei a Imo. A água estava fria. E o gosto era maravilhoso.

Imo suspirou e afundou no assento. Olhou para mim.

— Sinto muito ter perdido totalmente o controle. Mas você ficou na boa, Maria.

Sorri.

— Tenho um pedaço de pão. Está realmente bom. — Arranquei um pedaço e o ofereci.

— Obrigada — pegou minha mão e apertou-a com força. Olhamos uma para a outra.

— Nunca mais, Imo — disse.

— O quê?

— Sairmos assim sem qualquer precaução. É...

— Eu sei, eu sei. Oh, Deus, por favor, não me faça pensar nisso, eu imploro. Sinto que agi como uma idiota, eu não...

— Você *é* uma idiota — afirmei calmamente, olhando pela janela, a mão dela ainda na minha, banhada pelo sol que esquentava meu ombro.

Chequei Hanif pelo retrovisor e cruzei com seus olhos. Vi como ele comprimiu seus lábios e sorriu.

Bip. Bip. Bip.

Era como se nossos celulares todos tivessem subitamente enlouquecido. Saíram da hibernação assim que pegaram o sinal da colina fora de Cabul e agora disparavam como metralhadoras notificações de mensagens recebidas.

Eu tinha cinco textos, todos do mesmo autor.

SO BASTOU VER SEU NOME NO DISPLAY. NAO ACREDITO QUE FICAMOS LONGE TT TPO. SO PENSO EM NOS.

A linguagem parecia ridícula. Não senti nada.

Hanif lia seus textos segurando o Nokia contra o volante com uma expressão preocupada. Imo papeava com alguém, como se nada tivesse acontecido, mantendo seu dedo esquerdo pressionado contra o ouvido.

— Lembre, eles precisam de cinco dias para processar o visto... Sim, eu sei disso... Tente me reservar o Sofitel, mas lembre de perguntar se tem banda larga no quarto, é muito importante...

PQ N RESPONDE? DEVO ME PREOCUPAR?

Era impressionante como ele pensava ter assumido o controle de novo. Já falava comigo como se fosse sua propriedade. Como eu ousava me rebelar?

Havia outras três mensagens, todas com o nome dele. Não me incomodei em lê-las.

O carro derrapou ligeiramente em uma curva, quando um grande caminhão apareceu na direção oposta.

— Ei! Cuidado! — gritei.

— Desculpe, desculpe. — Relutantemente, Hanif colocou o celular de volta no bolso. Imo estava tão absorta em sua conversa que nem percebeu.

Havia outro texto, este de meu pai.

GANHEI 1500 EUROS NO BINGO JOGANDO COM DIAS DE ANIVERSARIO SEU E DE LEO. VOU LEVAR OS DOIS A UM GRANDE JANTAR NA SEGUNDA CELEBRAR SUA VOLTA E MINHA SORTE. VAMOS NOS ESBALDAR.

Só então percebi o quanto sentia falta dele. Senti um impulso súbito de ouvir sua voz, de contar o que acabara de acontecer. Mas eu sabia que a história, dita pelo telefone, soaria apavorante, que minha voz falharia se eu o ouvisse e não queria assustá-lo. Além disso, 1.500 euros eram uma soma astronômica na vida de um professor aposentado e achei que não tinha o direito de estragar o dia de um vencedor. Mandei um texto com meus parabéns e disse que o amava.

Chegamos no hotel por volta das 22 horas. A sala de jantar estava deserta, assim como o bar. Os funcionários receberamnos com grandes sorrisos, como se estivéssemos fora há décadas. Estranho porque esse era o sentimento, mas o mais estranho é que pisar no Hotel do Babur fez-me sentir que havia finalmente chegado em casa.

No dia seguinte acordamos e vimos que a cidade fora coberta pela neve durante a noite. Todos no hotel — o garçom, os guardas na guarita, mesmo os hóspedes antipáticos — pareciam mais alegres que o normal, como se a neve lhes tivesse trazido memórias de infância.

Era nosso último dia em Cabul. Imo fez uma entrevista pela manhã com um jornalista afegão que apresentava um programa de rádio sobre assuntos femininos e conseguiu mais informações e dados falando com pessoas ao telefone. Na hora do almoço havia terminado e conseguimos correr para Chicken Street — nossa última chance de umas compras rápidas antes de partirmos. A rua estava tomada de vendedores de tapetes, lojas de antiguidades com bugigangas dos anos 1970, que na época os hippies haviam comprado por nada: pilhas de tapeçarias maravilhosas, tapetes de parede uzbeques, xales, joalheria de prata coberta de poeira.

Não gostei da ideia de ficar zanzando por Chicken Street muito tempo — o incidente na passagem me deixara extra-atenta. Mas Imo parecia já ter se esquecido de tudo aquilo. Insistiu em sentar-se na loja sobre uma pilha de tapetes, como se tivesse todo o tempo do mundo. Bebeu o chá que o dono da loja ofereceu e conversou como se fossem velhos amigos. Olhou cuidadosamente para cada um dos 20 xales que lhe mostrou, testando a maciez da lã entre os dedos. Chegou a colocar fogo em uma tira, na beirada, para ter certeza de não haver tecido sintético misturado à trama. Esta era sua próxima missão, e a levava muito a sério: estava determinada a partir com o melhor xale em todo o Afeganistão. Finalmente escolheu um laranja — uma cor quente e vibrante que combinava com seus cabelos escuros — e conseguiu pagar apenas dez dólares, uma barganha, considerando o delicado bordado à mão. Havia me esquecido de como Imo podia ser profissional ao pechinchar com os locais.

Três

O SAGUÃO DO AEROPORTO ERA DECORADO com pesadas cortinas salmão nas janelas e tinha cravos de plástico empoeirados sobre as mesas, como um interior congelado dos anos 1960.

Sentia mais frio lá do que fora, na neve, mas Imo pedira ao garçom — um pequeno homem de terno e gravada puídos — se não podia trazer um aquecedor elétrico, no que foi atendida prontamente. Estudou o menu como se estivesse no Plaza e pediu um prato de arroz *pilau kabuli* com uvas-passas e pinhões. Parecia altamente improvável que houvesse um fogão naquele mausoléu deserto, sem falar de alguém para preparar um *pilau*, mas o que parecia milagre era que houvesse uvas-passas e pinhões em alguma vasilha, em algum lugar. Mas como muitas outras coisas naquele país, inesperadamente, o que se pedia era produzido magicamente, uma hora ou outra. Mesmo em meio a ruínas e à extrema desolação e ao calor, alimento e vida se materializavam quando você menos esperava.

Imo devorava seu *pilau* enquanto falava com o garçom em russo. Devia estar dizendo algo espirituoso, porque ele ficava rindo — em outras palavras, na verdade ela estava sendo *engraçada* em russo, o que diz muito sobre seu domínio da língua. Ela insistiu em uma piada particular, o que fez o homem rir ainda mais alto. Retornou a seu *pilau* balançando a cabeça e rindo também, não sentindo necessidade de traduzir a piada para mim e Hanif e partilhar o humor.

Hanif também estava ocupado, digitando no telefone. Apanhou meu olhar inquisitivo e por alguma razão pareceu embaraçado e justificou-se na hora.

— Estou mandando uma mensagem para minha cunhada. Ela vai ao hospital checar minha esposa.

— Claro. Vá em frente — disse, tentando comunicar-lhe que não tinha nada a explicar, se não estivesse com vontade. Mais uma vez senti sua inquietação.

— Como ela está? Melhor? — perguntou Imo, peremptoriamente.

— Talvez um pouco melhor. O médico a viu ontem à noite — disse Hanif, fazendo uma pausa, desencorajado. — Mas ela ainda tem dor.

— Descobriram exatamente qual é o problema? Ela está há três dias, agora, no hospital, não?

— Fizeram alguns novos exames. Os médicos são muito bons — afirmou.

— Ah, bom. Então tenho certeza de que ela vai ficar bem. — Esperei que o comentário fosse o suficiente para acalmá-lo. Peguei a expressão de Imo com o canto dos olhos. Olhou-me, impacientemente, como se eu tivesse dito precisamente a coisa errada.

— Hanif, você conhece o hospital alemão? — perguntou. — Você devia levá-la para lá. Mesmo. É o que eu faria.

Hanif balançou a cabeça. Imaginei quanto lhe cobrariam no hospital alemão. Seu celular piscou duas vezes, anunciando um texto. Examinou o visor e colocou o telefone de volta no bolso.

— Eu não esperaria nem um dia. Parece que eles não têm ideia do que há de errado com ela, onde quer que ela esteja agora — Imo acrescentou, com um toque sombrio.

Hanif balançou a cabeça de novo, desconfortável, como se desejasse que Imo parasse de lhe dizer o que fazer. Sem mencionar o fato de que estávamos em Cabul havia poucos dias e já lhe ensinávamos qual era o hospital que tomaria conta melhor de sua mulher.

Estávamos no restaurante do aeroporto havia uma hora, com o aquecedor elétrico sob a mesa aquecendo nossos pés. Finalmente deram permissão aos outros passageiros — aqueles que ficaram de fora enfrentando os elementos — para que entrassem no prédio e se preparassem para o check-in.

Alguns foram ao restaurante se aquecer com uma xícara de chá e olharam para nossa mesa com aberta antipatia. Eram quase todos ocidentais: funcionários de grupos de ajuda, soldados, pessoal da ONU. Muitos sacavam seus celulares, acendiam cigarros e ouvia-se o guincho de cadeiras sendo arrastadas no chão de cimento.

Havia poucas mulheres — muito provavelmente funcionárias de ONGs — vestindo *shalwar kameezes* sob seus casacos. A maioria cobria a cabeça.

Imo estava em meio a um acerto de contas com Hanif. Ele assinara um recibo e folheava um chumaço de dólares com os dedos ágeis de um caixa de banco. Imo apontou umas mulheres alemãs de véu pedindo algo em dari ao garçom.

— Hahaha. Cá estão as Santas Teresas de Cabul.

Sorriu para mim e Hanif. O jeito que tinha de apelidar tudo começava a ficar cansativo.

— Em quanto tempo seu voo parte? — perguntou-me.

— Em uma hora e meia.

— Que bom. Você não vai ter de esperar muito.

Esfregou as mãos congeladas, soprando para aquecê-las.

— Já estou sonhando com o vinho tinto e o *filet mignon au poivre vert* que vou experimentar hoje à noite.

Percebi que o momento havia chegado.

Hanif, as mulheres da aldeia, Malik e eu já estávamos nos apagando da memória de Imo. Estávamos prestes a nos tornar nada mais que extras em outra de suas muitas aventuras. Já tinha dado suas roupas para a faxineira tajik e estava pronta para vestir roupas novas e entrar em outra história.

Por suas conversas no celular, deduzi que ela e Demian — o homem muito belo, jovem e mimado, assumi — iriam encontrar-se em Londres em menos de 14 horas, ao final do voo Cabul-Dubai, Dubai-Londres. Ele esperaria em Heathrow e depois iriam jantar em algum pequeno restaurante francês, palidamente iluminado. Estava à beira de mergulhar no próximo banquete divertido em que escolheria e saborearia novos pedaços interessantes de deliciosa comida. Era patético, mas eu não conseguia deixar de sentir uma pontada de inveja.

Pensei em como, na passagem, nossa relação mudara dramaticamente. Ironicamente, a primeira vez que consegui reagir e fazê-la calar-se fora também a primeira vez que conseguira sentir algo semelhante a uma verdadeira afeição. Quando ela desabou, tive uma visão de quem era verdadeiramente. Vira a face de Lupita Jaramillo sob a superfície de lágrimas, a criança apavorada cujos cromossomos Imo ainda carregava.

Mas agora, que estávamos prestes a partir, ela rapidamente pusera sua máscara de volta e reativara seu eu anterior. Desapontava-me ter de dizer adeus a esta versão de Imo, sua glamourosa persona, e não a pequena Lupita. Ainda assim parte de mim sentia-se grata: na passagem, Imo concedera-me algo sem ter consciência disso.

Eu descobrira sua oferta escondida nas dobras de meu próprio medo, enquanto estávamos sob a coronha de um rifle, cheirando metal misturado ao suor do homem. Foi naquele momento que percebi que seria capaz de enfrentar meu medo mais profundo, que não teria de sucumbir a ele.

Olhei através dos empoeirados drapeados salmão do restaurante do aeroporto de Cabul, vendo os passageiros finais arrastando suas bagagens pela pista sob a neve que engrossava.

Subitamente, um alto guinchado saiu dos alto-falantes, seguido de mais sons quebrados, depois por uma que voz falou primeiro em dari e depois em um inglês igualmente impenetrável.

— É a última chamada de meu voo — disse Imo, sorrindo e checando a hora no mostrador do minúsculo celular que segurava havia horas como a mão de uma criança.

— Que bom, parece estar no horário. Impressionante, não?

Quase todos os passageiros que lotavam as mesas do restaurante levantaram-se simultaneamente. A pressa e a ansiedade eram tangíveis: houve uma corrida, uma disposição geral de acelerar, como um rebanho empurrado através da cerca. Todos se apressavam, exceto Imo. Pegou sua bagagem de mão, embrulhou-se em seu xale, deixou uma gorjeta mais que generosa sobre a mesa e abraçou-me. Senti seu exalar almiscarado, o cheiro de seu cabelo.

— Maria, prometa-me que ligará assim que chegar em Milão.

Ela me beijou, segurando com a mão a parte de trás de minha cabeça.

— Puxa, é tão triste — consegui dizer. — Não aguento ver você ir embora.

Era verdade, e queria que soubesse que era aquilo que eu sentia.

Imo olhou-me e piscou. Acho que estava surpresa. Acariciou meu cabelo.

— Maria, *carina mia*. Não é terrível? Não foi ótimo termos ficando juntas?

— Foi, sim. — Quis dizer mais, mas não sabia como falar de um jeito que não soasse um clichê — além do que eu sabia que partiria, sua energia focada em outro lugar. Seu corpo ainda lá; sua mente, no destino.

— Você deve ir a Londres logo, prometa. Agora há tanto para fazermos juntas! — garantiu. Depois voltou-se para Hanif, que havia se levantado, levando a mão ao peito.

— Hanif, você foi simplesmente o maior — disse, embora com um toque de formalidade. — Por favor, chame-me, se houver algo que eu puder fazer. Sobre sua mulher. Deixe-me saber se você precisa de qualquer ajuda do hospital alemão. Você tem meu e-mail e meu telefone. Tudo o que eu puder fazer, mesmo.

Imo manteve apertada a mão de Hanif e deu-lhe um aperto para sua súplica final.

— Você me faz um favor e fica com Maria até chamarem o voo dela? Tome, beba alguma coisa, chá, café, coma um bolo, o que você quiser.

Deixou mais notas na mesa e deu-me uma olhada, para checar como eu me virava. Sabia que ficaria nervosa ao ser deixada sozinha, sem ela.

— Devo deixar algum dinheiro com você, Maria? Ainda tenho alguns dólares, se você quiser.

— Não, para quê? Não preciso de nada.

— Tem certeza? Então vou deixá-la nas mãos capazes de Hanif. Ele garantirá seu check-in direito e em uma hora estará no avião. Tudo na boa?

— Claro, não se preocupe, vou ficar bem. — Sorri-lhe.

— Bom. Ligue-me hoje à noite ou amanhã — pediu. — Na verdade, amanhã seria melhor.

Piscou para mim, aludindo, talvez, à noite à sua frente.

— *Ciao, bellissima* — despediu-se. — Sentirei sua falta.

E assim ela partiu, acenando com a mão até o último momento, até desaparecer atrás da cortina drapeada salmão. Saiu do palco assim, deixando o tecido cair atrás de si como o encerrar de uma cortina.

Hanif e eu sentamo-nos e o saguão ficou vazio de novo. Ele checava furtivamente seu relógio. Tinha acabado de embolsar seu pagamento em dinheiro e provavelmente estava impaciente para se afastar de mim e correr para sua esposa. Duvidei de que fosse sentir falta de qualquer uma de nós; para ele, fora apenas um bico de 180 dólares por dia. Sua obrigação terminaria em menos de uma hora, assim que chamassem o voo Cabul-Istambul-Milão, aquele que eu iria tomar. Do outro lado do portão de embarque, não seria mais responsabilidade de Hanif. Diria adeus no controle de passaporte, trocaríamos cartões e as promessas costumeiras de mantermo-nos em contato. Depois, com um suspiro de alívio, ele dispararia para seu carro com o único pensamento de chegar no hospital tão rápido quanto possível, e Imo e Maria desapareceriam de sua mente como se nunca tivessem existido.

Não dissemos nada por uns minutos. Percebi que a ausência de Imo redesenhara a maneira como nos relacionávamos — não estávamos certos se deveríamos sentir-nos mais íntimos ou mais afastados agora que ela se fora. Dos três de nós, nós dois fôramos os tímidos. Sem o constante papear de Imo, não sabíamos mais como interagir.

Tamborilei com os dedos na mesa e suspirei. Éramos os únicos no salão, e o garçom limpava as mesas com um pano velho. A luz do começo da tarde esmaecia no chão branco nevado. Perguntei a Hanif se queria chá, um prato de arroz, um drinque. Ele balançou a cabeça a cada uma das ofertas e fechou os olhos, pressionando a gravata na mão. Em apenas mais uns minutos dedicados a mim, recolhera-se ainda mais. Seu inglês se deteriorara, e parecia não falá-lo mais. Era como se seu mecanismo de relógio estivesse gasto e aqueles fossem os momentos finais, cada vez mais inexpressivos e insinceros.

— Hanif, vá embora. Não há necessidade de você ficar.

— Não, não, não — murmurou balançando a cabeça, solícito e diligente. — Sem problemas.

— Não — cortei-o, elevando ligeiramente a voz. — Vá. Vá ver sua mulher, por favor. Ficarei absolutamente bem sozinha.

Olhou inquisitivamente. Não conseguia suprimir sua esperança.

Fiz que sim com a cabeça, enfaticamente. Afinal de contas, eu só tinha de esperar chamarem meu voo, descer e fazer meu check-in.

Chega de babá, disse a mim mesma. Mostre alguma dignidade.

— Vá, Hanif. Honestamente.

Um sinal com "Turkish Airlines" escrito com caneta de ponta de feltro surgira subitamente sobre uma mesa no saguão de embarque. Uma mulher corpulenta com um xale a dominava, gesticulando amplamente para que os passageiros colocassem sua bagagem nas velhas balanças.

Não havia muitos de nós viajando para Istambul, apenas um pequeno grupo de homens turcos, de aparência cansada, em roupas surradas e cabelos empoeirados. Imaginei que fossem trabalhadores de construção que viessem ao Afeganistão ganhar algum dinheiro construindo estradas, represas, sabe-se lá o quê, para um grande projeto de reconstrução.

Os companheiros de voo de Imo eram definitivamente mais cosmopolitas, uma mistura de gente bem-sucedida e consultores com quem ela discutiria estratégias internacionais, trocaria cartões e encontraria conhecidos em comum. Em vez disso, meus companheiros de viagem não falavam inglês, tinham mãos calejadas, casacos xadrez baratos, sapatos de plástico mal adequados à neve. Pareciam exaustos e exalavam o cheiro acre de cigarros baratos. Com minha bagagem na balança, a mulher com o xale me deu um cartão escrito à mão que era presumivelmente meu cartão de embarque. Alguém me empurrou para a fila de controle de passaporte. Eu era a única mulher no voo. Além dos trabalhadores com aquele olhar desamparado de emigrantes em retorno, não havia outro ocidental como tal e nenhum afegão.

Depois de passarmos pelo controle de segurança e passaporte, fomos conduzidos por soldados por degraus íngremes e estreitos que pareciam mais com as escadarias de um prédio de apartamentos, mas que na verdade conduziam ao salão de embarque. Não havia quaisquer sinais em lugar algum do aeroporto, nem indicações de qualquer espécie. Senti que estava sendo constantemente cutucada, dirigida, levada por ordens, canos de fuzis subitamente apontando, mostrando o caminho.

Quando chegamos ao portão — um salão grande, vazio, exceto por duas fileiras de cadeiras de plástico e uma janela onde um homem vendia biscoitos e chá em copos plásticos —, mergulhei naquele limbo reconfortante que espera todo viajante depois de ter sido checado, carimbado e escaneado. Finalmente entramos no espaço que não era mais o país de onde viéramos, nem aquele para o qual nos dirigíamos, mas um abismo entre os dois, um não-lugar de suspensão suprema que levaria diretamente à direção desejada como uma agulha apontando decididamente para o norte em um compasso.

No minuto em que entrei no salão senti que um estado de espírito completamente novo envolvera-me. Era a gratificação satisfeita do viajante que parou de fazer concessões, de participar, que não precisa mais entender ou partilhar. Lá estava eu, finalmente, a passageira que pensa apenas no que a espera adiante: meu primeiro café expresso, minha própria cama com lençóis limpos e passados.

Tinha pelo menos uma hora antes de começar o embarque. Podia fechar os olhos e tirar uma soneca.

Acordei com um pulo.

O alarme em meu subconsciente disparou, alertando-me que dormira demais em minha cadeira de plástico, e que àquela altura já deveríamos ter embarcado.

Com o canto dos olhos percebi uma multidão se juntando a um canto do salão. Mas algo não estava muito certo: em vez de passarem pela última checagem e pegarem o avião, meus companheiros de viagem estavam andando na direção oposta, aquela de onde viéramos. E, embora estivessem de costas para mim, notei que a postura de todos não tinha nada da excitação usual de pessoas prestes a entrar em um avião. Não havia leveza naquela multidão. Algo estava fora da ordem, e eu podia sentir.

No fundo do salão vi — outro sinal preocupante — um soldado balançando o cano de um fuzil, colocando os passageiros em uma fila ordenada.

— Não acredito nisso — resmunguei para mim mesma.

Eles estavam voltando.

Sim, estavam deixando o salão de embarque e sendo conduzidos pelos guardas em direção à mesma escadaria estreita que subíramos enfileirados antes.

— O que acontece? Por que está todo mundo saindo? — comecei perguntando a esmo, a ninguém em particular. Tive uma terrível sensação de agouro.

— Aonde vocês estão indo? — quase gritei para um dos trabalhadores turcos, que sacudiu os ombros e olhou para cima.

— Não falar inglês, não falar inglês.

Mas seu companheiro, um homem com um bigode cinzento que parecia um velho lobo sarnento, fez com a mão um gesto típico de quem apaga tudo e elimina toda esperança.

— Voo cancelado, voo cancelado.

— Como assim, *cancelado*? Por quê?

Agora o soldado apontava para mim, indicando que eu deveria supostamente seguir os outros. Àquela altura todo o salão estava vazio. Os únicos restantes éramos eu, a mulher da limpeza com um véu azul, puxando um balde e uma velha vassoura atrás de si. Olhei o espaço deserto e espectral, as cadeiras pretas de plástico vazias, os sacos de batatinhas amassados no chão, os cinzeiros entupidos de guimbas.

— Voo cancelado — o soldado repetiu. — Não há voo hoje. — E sinalizou que eu deveria sair também.

Do lado de fora, a neve engrossara ainda mais.

— Por que cancelaram o voo? — perguntei ao soldado. — Foi por causa da neve?

Ele apenas fez um gesto imperativo com o cano de sua metralhadora indicando que eu tinha de sair, ponto. A faxineira começara a passar um pano no chão do salão vazio.

Embaixo, no salão de embarque, reinava o caos. Passageiros cercavam um balcão onde apenas algumas horas antes havíamos recebido da mulher pesada com seu xale nossos cartões de embarque escritos à mão. Agora, a mesma mulher falava em dari e tinha um bolo de cartões de embarque em sua mão. Mas daquela vez não os estava distribuindo, mas pegando-os de volta. Olhei os passageiros retornarem as tiras de papel que haviam nos dado o status de quase em voo, de não-mais-sujeitos-às-leis-do-país. Inclinei-me no balcão na direção dela.

— Quando é o próximo voo? Eu certamente tenho de partir hoje! — disse arrogantemente, como se fosse o único dos passageiros com aquela necessidade urgente.

Mas a mulher não se incomodou em responder.

— Não há voo, vão para casa — repetiu, alcançando meu cartão de embarque. Eu o tirei de seu alcance, como se aquele pedaço de papel com o logo da Turkish Airlines fosse a última esperança de jamais entrar em um avião. Sabia que devolvê-lo significaria perder minha cidadania como uma quase-em-voo, e teria de voltar a ser apenas outra presa-ao-chão.

A mulher apontou uma pilha de malas amontoadas perto da esteira, também cuspidas da barriga do avião e agora jogadas de volta para nós. Observei os trabalhadores turcos retirando suas malas do monte. Nenhum tinha o mesmo olhar desesperado que eu. Aquilo parecia ser meramente o enésimo empecilho, mais um de muitos infortúnios que deveriam estar acostumados a enfrentar. Ninguém perdeu tempo discutindo, tentando argumentar, ninguém exigiu falar com o administrador do aeroporto. Todos submeteram-se e dirigiram-se para a saída de novo, desapontados, arrastando as bagagens. Sabiam perfeitamente que não havia qualquer responsável, nenhum supervisor ou administrador — que, em resumo, não havia esperança.

O salão esvaziara-se rapidamente. Restavam apenas duas malas. As minhas.

A mulher por fim conseguiu arrancar o cartão de embarque de minha mão. Um homem de avental batia em minha maleta de metal. Fez um gesto para que eu a apanhasse.

— Quando é o próximo voo? O que eu devo fazer?

Ambos balançaram a cabeça.

— Não tem voo, não tem voo, cancelaram.

— Tudo bem, mas quando? QUANDO?

Eles deram de ombros e desviaram os olhares. A mulher tirou o sinal escrito à mão com o número de nosso voo e tirou de debaixo do balcão uma bolsa de couro falso com um zíper. Pegou o casaco. Era hora de ir para casa. Tanto ela quanto o homem de avental começaram a afastar-se.

Àquela altura, tornara-se claro para mim que aquele não era um aeroporto como qualquer outro, onde passageiros encalhados podiam dormir no chão esperando o próximo voo. Parecia mais uma zona militar, onde os civis tinham de obedecer ordens e calar a boca.

Fiz um balanço rápido da situação: tudo que eu tinha era uma nota de 50 euros e algum trocado em moeda local. Imo estaria no ar pelas próximas 14 horas. Tentei o celular de Pierre e estava desligado. Era sexta-feira, de noite, e eu sabia que ele ia para o campo nos finais de semana. Lembrei-me também de que deixava o celular desligado, para desestressar. Também não tinha o número de Hanif: fora Imo que sempre cuidara das coisas e nunca pensei que iria precisar dele. Nem me lembrava do endereço do Hotel do Babur. Eu sabia que assim que me encontrasse no estacionamento com minhas malas estaria perdida.

Subitamente eu o vi, de costas. Ainda vestia seu *pakol*, sua calça cargo verde e um suéter pesado. Um tufo de cabelo loiro escapava sob seu boné. Levava apenas uma mala de lona no ombro, como se estivesse saindo para um final de semana. Eu o vi encaminhar-se também para a saída, mas mais lentamente que os outros por estar ocupado com o visor do seu celular, ou checando ou enviando um texto.

— Ei! Ei! Espere!

Pulei em sua direção.

— O que aconteceu? Por que cancelaram o voo? Disseram para você quando sai o próximo avião?

O Loiro levantou lentamente os olhos do visor. Não pareceu surpreso em me ver, talvez fingisse não ter me reconhecido ou talvez na verdade não tivesse ideia de quem eu fosse por nunca ter se incomodado de olhar meu rosto antes.

— Não sei — disse sem prestar atenção. — Pode ser o tempo. Ou talvez uma bomba.

— Uma bomba? Onde?

— Não sei, ouvi alguma coisa.

O Loiro deu de ombros e continuou caminhando para a saída. Eu o segui, lutando com minhas duas malas. Ele não se ofereceu para me ajudar.

Do lado de fora, o estacionamento estava quase vazio. Os trabalhadores turcos tinham quase todos se dispersado. Restavam apenas uns poucos carros estacionados.

— Mas o que vai acontecer agora? Quando é o próximo voo? Você também estava indo para Istambul? — balbuciei em uma torrente, arrastando-me atrás dele. O Loiro era minha última esperança. Se o deixasse ir, sabia que seria deixada na neve com um punhado de soldados com bigodes e metralhadoras.

— Ninguém sabe. Cancelam voos aqui o tempo todo. Você tem de ficar voltando ao aeroporto, todo dia, até conseguir embarcar em um avião.

Ele dirigia-se para seu carro. Eu andava bem atrás. Percebi que estava em um tal estado de pânico que podia explodir em lágrimas a qualquer momento.

— Ei, escute... espere. — Fiz um gesto tentando pará-lo quando ele deu as costas para mim. Já estava com as chaves na mão, considerando nossa conversa terminada e que eu iria embora cuidar da minha vida.

— Ei, você pode esperar um minuto? Eu... eu não posso ficar aqui. Não sei para onde ir... Não tenho...

O Loiro me olhou, não exatamente alarmado, mas estava começando a perceber que se livrar de mim seria mais complicado do que imaginara. Aproximei-me mais e coloquei minha mão na porta do carro que ele acabara de abrir.

— ...eu não sei onde está meu motorista, a jornalista com quem estava, não tenho dinheiro para um táxi... Eu... — Enquanto listava todas as facilidades que perdera, eu finalmente comecei a chorar.

Passaram-se alguns segundos. Nesse meio-tempo, o Loiro olhava por sobre o teto do carro, o olhar desfocado, como alguém tentando desviar os olhos de uma cena embaraçosa. Bateu no bolso, procurando um maço de cigarros. Tirou um com os dentes.

— Você não se lembra de mim? Minha colega e eu estávamos também na semana passada no Hotel do Babur. Eu estava no quarto oposto...

Mas o Loiro balançou o queixo em um tipo de gesto que parecia dizer: "Mexa-se, entre no carro e fique quieta." O que eu fiz, instantaneamente.

O carro do Loiro fedia a meias sujas e cigarros. Estava cheio de coisas — caixas, botas enlameadas, peças elétricas, uma bateria de carro, páginas rasgadas de uma revista velha jogadas no chão. Numa delas vi um anúncio de um rifle. Limpei meu nariz na manga do meu casaco.

O Loiro colocou o carro em primeira e passou pela guarita com uma rápida saudação ao guarda, como se fossem velhos conhecidos. E manteve o olhar direto à frente — não estava excitado por ter-me a bordo. O tráfego estava infernal. Era um frenesi diferente do habitual, como se o nível de tensão tivesse crescido exponencialmente. Soldados americanos agitavam os braços com gestos apressados e histéricos em frente dos muitos bloqueios que encontramos. Sirenes gritavam na distância. O Loiro brecou e saiu do carro. Vi quando cruzou a rua, parou em frente aos soldados e mostrou-lhes algo, alguma espécie de identidade, supus. Mostrou-o com o mesmo gesto rápido que policiais à paisana usam em filmes quando mostram seu distintivo para entrar em uma área isolada. Falaram por um instante. Os soldados gesticulavam, apontando em certa direção. O Loiro coçou o queixo e então caminhou lento e bamboleante de volta ao carro. Não esperei qualquer explicação, mas dei um tempinho. Depois, quando engatou a ré e voltamos para a estrada, dei uma pequena tossida.

— O que disseram? Um problema?

— Explodiram 16 pessoas.

— Onde?

— A caminho da base canadense, perto do palácio Darulaman.

— Aquele cheio de buracos, na colina?

Assentiu com a cabeça, baixando lentamente os cílios.

— Meu Deus. Estávamos na frente dele poucos dias atrás. A jornalista e eu com nosso agente — disse, como se o fato de ter escapado por pouco da explosão pudesse comovê-lo, despertar-lhe o desejo de me olhar no rosto — aquela pessoa devolvida à vida, que escapara da morte — e ser talvez um pouco mais simpático comigo. Em vez disso, manteve os olhos na estrada e franziu a testa.

— Eles as plantam de propósito, os filhos da puta, onde todo mundo passa.

O Loiro encostou o carro ao lado da guarita do Hotel do Babur. Acenou para o guarda armado, que respondeu e abriu o portão.

— Pronto.

— Você não vai descer?

— Não, não estou mais ficando aqui.

— Ah — eu disse, nem me preocupando em disfarçar meu desapontamento.

Naquele momento, até o Loiro tinha se tornado uma figura familiar, alguém de quem não queria me separar.

— Tudo bem, então. Bom, obrigada pela carona, você foi muito gentil.

Não me respondeu. Esperou que o guarda apanhasse minhas malas e saiu cantando pneu de ré como se a bomba prestes a explodir fosse eu.

O Hotel do Babur parecia ter sido evacuado.

Cruzei o saguão deserto e fui para a sala de jantar. Lá também não havia ninguém. Mas ouvi uma voz vinda da porta fechada do bar.

Estavam todos lá, vendo o noticiário, apoiados no balcão em frente a seus drinques, olhos colados na TV na parede. Havia o sul-africano e o alemão, bêbado e de olhos pesados, com sua gasta veste tirolesa. O general Dynamics nervosamente mascando chiclete, cabelos molhados do banho, em seu colete cheio de bolsos e perfeitamente passado. Lá estava Paul, o Rei das Perguntas, as mangas de sua jaqueta militar dobradas, camisa cáqui e botas, vodca e tônica na mão, despreocupado com o rolo de fumaça de um cigarro esquecido no cinzeiro. Perto vi o Moreno bebericando uma Coca-Cola e usando uma camisa de show de Bruce Springsteen, meneando sua curta barba. Os empregados estavam lá também: os garçons, os lavadores de pratos, mas formavam uma segunda fileira, sem beber nada e ainda com seus aventais.

Na tela vi o que parecia ser um arquivo da CNN do bombardeio, com uma voz comentando em off o incidente.

Vi detritos, os restos de um veículo militar, afegãos feridos sendo carregados em macas. O corpo de um soldado da ISAF emergia em parte das pedras. Estava coberto de sangue e alguém havia colocado um lençol sobre seu rosto. Um homem solitário em trajes civis estava de pé com a cabeça entre as mãos, olhando para o chão.

Reconheci ao fundo a forma do palácio que fotografara havia apenas alguns dias, o bolo de aniversário demolido que era o pano de fundo de morte e destruição.

Eu estivera lá, precisamente do lado esquerdo da tela, logo próximo da barreira que dizia "Não Entrar". Fizera fotos dos guardas naquele preciso lugar, tirando cuidadosamente do enquadramento o arame farpado. Será que poderiam estar todos mortos? Tentei lembrar dos rostos, seus sorrisos quando estufaram os peitos ao lado de Hanif.

Da mesma forma que vi o videoteipe de meu sequestro com os Defenders, analisava a cena de minha morte potencial na TV, figurando a posição onde meu corpo estaria debaixo dos destroços, como a câmera teria exibido minha partida.

A cena então parou e retornaram ao estúdio.

E aí Hanif apareceu.

Vestia ainda as mesmas roupas de quando me deixara no aeroporto. Reconheci os tufos de pelos saindo de suas orelhas, o tamanho de seu bigode, o ligeiro queixo duplo que transbordava por sobre a gola da camisa listrada, que eu sabia ser na verdade de poliéster, e não de algodão. A visão familiar de seu rosto chocou-me precisamente porque não conseguia colocar uma distância entre nós, o local da bomba e a notícia que ele lia. O que acontecera não era em outro lugar, era aqui e agora, a morte na tela espirrada muito perto de mim.

Alguém desligou a TV e só então os homens do Hotel do Babur voltaram-se e notaram minha presença. Meramente atiraram um olhar curioso e opaco. Ninguém sorriu. Apenas Paul sorria e levantou o copo. Mas parecia mais com alguma espécie de ameaça obscura do que uma saudação.

— Ah, olhe você aí. Não conseguiu suportar ir embora, hein?

Pedi um gim-tônica e depois tentei explicar para o sul-africano, depois para o general Dynamics, que eu ficara sem voo e precisava encontrar meu amigo Hanif, o locutor, mas apenas deram de ombros e pediram outra cerveja. O Moreno e o alemão ouviram perfeitamente o que eu dissera, mas decidiram me ignorar, como os outros. Perguntei aos empregados, mas ninguém tinha a menor ideia de como podiam encontrar o número do telefone da estação de Cabul, não havia Páginas Amarelas ou agendas de telefone de qualquer tipo no hotel e ninguém parecia de qualquer forma comovido com meu pedido de ajuda.

O dono do Hotel do Babur, encontrado pelo telefone pelo cozinheiro, não viria ao hotel naquela noite. A cidade estava em pane por conta da segurança e, de qualquer forma, explicaram-me não haver um quarto disponível.

— Eu avisei quando você veio na semana passada que eu tinha uma reserva. Paul ficou com seu quarto. Quando vem à cidade fica conosco por dois ou três meses, é um velho cliente.

— Mas como vou fazer? — Eu estava de pé na recepção deserta segurando o telefone. Ouvia minha voz ecoar na sala vazia. — A cidade parou, e nem sei se consigo achar um táxi para ir procurar outro hotel.

— Você pode dormir na outra cama em meu quarto.

Virei-me abruptamente. Era Paul, que se aproximara em silêncio.

— Dê isto aqui — falou, tirando o fone de minha mão. — Tudo bem, Ahmed, eu a acomodo por esta noite.

Desligou e exibiu os dentes. Tinha caninos pontiagudos, ou talvez fosse o modo como ele me pareceu na hora.

— Não, absolutamente não — tentei objetar, polidamente, mas num crescendo. — Não tem problema, mesmo. Vou agora procurar um hotel. Tenho certeza de que deve haver um quarto em algum lugar.

— Aonde você pensa que vai? Há um toque de recolher. Não se pode ir a parte alguma.

Tocou meu braço, indicando que devia segui-lo até o bar.

— Vamos até lá tomar um drinque. Vamos, Maria. É Maria, não é?

— Não, ouça: o que eu preciso mesmo é entrar em contato com nosso acompanhante, o cara que lê as notícias na TV, Hanif, você o conhece? Ele veio nos apanhar esta manhã, é muito...

— Ei, calma. Não vou comer você. Disse-lhe para dormir na outra cama. Podemos procurar seu amigo amanhã. Agora relaxe e vamos até lá tomar um drinque.

Colocou a mão em meu ombro e empurrou-me levemente, mas com firmeza, em direção à porta. Seu toque deu a sensação de algemas fechando-se.

Paul insistiu em pedir para mim um segundo gim-tônica. Tudo no espaço de três minutos — tão logo me ofereceu a cama sobrando, deixando-me sem opção — tratava-me como sua propriedade, deixando isso claro para os outros. Era estranho, mas eu já havia cedido. Talvez fosse o cansaço, sentia-me exausta, como se tivesse ido para a Europa e voltado. Era mesmo uma espécie de jet lag histérico e consenti em tornar-me uma refém sem oferecer resistência. Passiva, com o cuidado de atrair a menor atenção possível, do jeito que os Defenders recomendaram.

Paul, na terceira vodca desde que eu chegara, estava agora no processo de explicar a ninguém em particular por que aquele país estava se encaminhando direto para o inferno. O sul-africano, o Moreno e o alemão balançavam a cabeça em turnos, mas cada um pensava em suas próprias coisas.

— ...Ninguém na Otan, nenhum dos diplomatas, nenhum dos caras trabalhando com inteligência, nem um único deles fala uma palavra de dari. Não conhecem o povo, a topografia, a história, a cultura. Ficam aqui três meses no máximo, ganham salários astronômicos e voltam para casa de novo. Nenhum deles têm uma porra de uma ideia de como funciona uma mente afegã. E vocês sabem o que isso quer dizer?

Os outros gesticularam para que prosseguisse, apenas para manter o ruído de fundo de sua voz e serem deixados em paz.

— Os helicópteros, carros, veículos blindados estão todos lotados de intérpretes. E vocês sabem o que esses intérpretes estão fazendo?

Os outros sacudiram as cabeças. Não, não sabiam.

— Ganham duas vezes. Uma vez de nós e outra do Talibã, que paga pelas informações. Estamos pagando espiões que estão sendo pagos de novo para traduzir nossas informações, percebem?

O general Dynamics meneou a cabeça, necessitando urgentemente acrescentar uma fala para restabelecer a autoridade que Paul ameaçava. Talvez o general Dynamics fosse um daqueles enviados por três meses, pegasse a grana e fugisse sem entender coisa nenhuma.

— Não tem nada a ver com espionagem. No fundo, é só uma questão de dinheiro — replicou. — O Talibã paga o dobro do que o exército afegão. Na província de Helmand, os homens ganham cerca de 20 dólares, por dia, para lutar contra nós, e por 20 dólares uma família pode viver pelo menos dois meses.

Mas Paul não ouvia. Continuou perorando para as paredes.

— Querem vencer a guerra contra o terror? Querem erradicar a Al Qaeda? Então têm de contratar os caras que podem sentar com as pernas cruzadas durante horas, bebem chá verde, mascam tabaco com qualquer idoso do vilarejo, ouvem cada pequena fofoca local, aprendem cada rota, cada estrada, cada nome dos líderes tribais. Esqueçam especialistas em defesa, tecnologia, armamentos caros. Contratem os antropólogos, os linguistas, os historiadores malucos, qualquer garoto gênio com um Ph.D. em cultura islâmica.

Deixei meus olhos derivarem fora de foco. Exatamente àquela altura da noite meu corpo estaria voando sobre o Irã em direção à Turquia. E ainda assim, lá estava eu, em companhia de homens com os quais não tinha nada em comum, e com um dos quais eu supostamente deveria partilhar um quarto. Conhecia aquele quarto, dormira nele por uma semana e sabia perfeitamente que não possuía duas camas.

A conversa afrouxava-se, assumindo um tom entediante e bêbado de fim de noite: *degoladores assassinos... fanáticos sedentos de sangue... com um QI de 50...*

Paul engoliu o resto de sua vodca e lançou-me um olhar. Correu a mão distraidamente entre suas pernas, esfregando seu pau. Olhou o relógio. Lembrei-me do que sentira quando Imo e eu sentáramos, pela primeira vez, entre aquelas mulheres da escola da aldeia. Como pareciam — comparadas a Hanif, seu primo, e mesmo a Malik — com tipos arrancados de uma outra época. Mas naquele momento em particular — tão desesperadamente impotente e frustrada quanto eu estava — senti que a distância entre o meu mundo e o deles desaparecera e que estávamos quase em pé de igualdade. Na verdade, minha nacionalidade, educação, raça, profissão contavam como um zero, no que dizia respeito a Paul e o resto. Quando o dinheiro e as armas estão nas mãos de homens e há uma guerra lá fora, uma mulher sem nenhuma das duas coisas não pode fazer muito a não ser o que é mandada. Sentada com meu copo de gim-tônica, deixei aquele pensamento perturbador tomar conta de mim.

Já que o que estava fora daquela sala me aterrorizava e o que estava dentro também, era obrigada a escolher o mal menor. Saí da sala.

— Aonde você vai? — Paul perguntou, subitamente alerta.

— Ao banheiro, por quê?

Aquiesceu com a cabeça. *Em outras palavras, estava me dando permissão.*

Subi a escada até o segundo andar e me sentei num degrau de mármore congelado. Percorri os nomes dos telefones de meu celular procurando o de Imo. Assim que ela aterrissasse em Londres e visse meu texto, me mandaria o número de Hanif e tudo estaria terminado. Era questão de matar algumas horas, tarefa nada desprezível.

Subitamente, perto de Imo, li o nome de alguém que não lembrava de ter conhecido.

Jeremy.

Antes mesmo de poder responder a questão "Quem é Jeremy?" que eu conhecera, soube — meu instinto de sobrevivência já me dissera, uma carga de adrenalina pura tornara-me vigilante, visionária, pronta para qualquer coisa — que naquele nome estava minha salvação.

Jeremy quem? Havia armazenado o número em meu celular porque o de Imo estava descarregado. Aquele que dissera: "Venha jantar quando quiser, ofereço-lhe um prato de macarrão." Macarrão!

— Você está aí.

Paul subia as escadas.

— O que você está fazendo aí?

Ele me ergueu. Seu hálito cheirava a amendoins e vodca.

Sorriu, depois tocou meus cabelos e meu pescoço. Eu sacudi a cabeça.

— Pare. — E tentei passar pelo lado. Ele agarrou meu pulso.

— Ei.

Senti seu corpo apertar-se contra o meu e depois me apertar contra a parede, a dureza de seu pau contra o tecido de suas calças.

— Você não quer deitar um pouquinho? — falou com voz arrastada.

Sua mão já estava apalpando sob meu suéter. Empurrei-o.

— Não. Eu não quero. Deixe-me em paz.

— Ei, o que há de errado? Qual é o seu problema?

— Vá se foder — rugi. — Tire suas mãos de mim, seu filho da puta imundo.

Percebi um brilho de surpresa no olhar embaçado de Paul. Ganhei força e o empurrei mais forte. Senti uma força sobrenatural fluir de meu ombro para as pontas dos dedos, como se meu braço fosse uma extensão do raio laser de *Guerra nas estrelas*. Por uma fração de segundo, acreditei que poderia na verdade matá-lo com as mãos.

Ele tropeçou e quase caiu no degrau da escadaria.

— Você se arrependerá pra caralho se tentar brincar comigo — sibilei.

Paul levantou a mão.

— Ei — disse, como um bêbado diria a ninguém em particular em uma viela, e tropeçou de volta.

As RUAS DE CABUL estavam desertas, cobertas de neve. A cidade mergulhara em uma calma sobrenatural, mais como uma suspensão do tempo do que paz. O Land Cruiser de Jeremy era o único carro na rua.

— Não entendo. Tem um toque de recolher ou não? — perguntei, alarmada.

— Não, não oficialmente. Só não tem ninguém na rua.

— Tem certeza? Não vão atirar na gente?

— O quê? Não, não vão. Está tudo bem, eu lhe disse — falou, ao checar de novo o retrovisor. — Não sou totalmente louco, na boa.

— Desculpe. Pareci paranoica?

— Sim.

Sorrimos um para o outro. Irrompi em uma risada nervosa. Gostava dele.

Reconhecera-me imediatamente quando liguei. Lembravase perfeitamente de Imo e de mim.

Eu o havia inundado com minha lista torrencial de problemas. Estava isolada, não tinha dinheiro, estava nas mãos de caras estranhos que...

— OK, OK, calma — e interrompeu o jorro de desculpas. — Chego aí em dez minutos. Amanhã ligo para Hanif, hoje você pode ficar em minha casa. Tem bastante espaço.

O trompete noturno de Chet Baker fluía suave do CD player. A escuridão de Cabul à noite era espessa como o petróleo — mais como um buraco sem fundo que uma ausência de luz. De vez em quando algo luzia na rua — como se fosse um rápido bater de asas —, mas invariavelmente ocorria de ser o que parecia ser sempre o mesmo homem: a mesma silhueta escura em cada rua, andando com o mesmo passo, a mesma capa em torno dos ombros, o mesmo turbante na cabeça.

Enquanto dirigia, confiantemente, em meio a ruas e vielas totalmente escuras, Jeremy tentava explicar-me o que fora viver lá nos últimos dois anos, como a situação piorara desde que chegara e fora num crescendo lento difícil de registrar, como no começo sentira esperança e excitação e como as coisas gradualmente se deterioraram, como uma febre que subira meio grau por dia, até um dia ficar claro para todos que o país estava de novo de joelhos.

— Os ataques suicidas aumentam, a segurança diminui, o governo é corrupto e o país está nas mãos de traficantes de drogas. E isto é apenas o começo das más notícias. Todos sabem que o Talibã está voltando, cada vez mais forte. Vão lançar seus ataques de novo assim que a neve derreter nos desfiladeiros.

Parecia permeado por uma profunda exaustão, como se tivesse perdido suas reservas de fé.

— Minha família, meus amigos em meu país, até meu chefe, todos me dizem que deveria cair fora. Mas daqui é difícil imaginar que Londres exista de verdade em algum lugar. Mesmo Islamabad parece uma miragem. Estou alegremente encurralado, acho. Ou talvez infelizmente, não dá para dizer a esta altura. Deve ser a síndrome de Cabul.

Soava como alguém que estivesse mantendo a retaguarda para cuidar de um lugar que fora esquecido por todos e estava lentamente desabando, alguém que se manteria lá até o final — por razões puramente sentimentais, mas de qualquer forma certamente não pelo dinheiro —, até o dia em que o teto desabasse. Talvez apenas então desistisse e fizesse as malas.

— Nestes dias, há cada vez menos e menos pessoas preparadas para viver em países muçulmanos. Como você sabe, não há jornalistas americanos trabalhando em tempo integral em Cabul. E certamente ninguém com mulheres e filhos, isto com certeza. Somos uma tribo em extinção.

Disse aquilo com um misto de tristeza e orgulho e olhou-me para avaliar minha reação. Sorri para ele. Imaginei se queria me contar que não tinha uma namorada, ou esposa.

— Bom, talvez isso seja bom. Todos nós *devíamos* sair, provavelmente, e deixar que decidissem por eles mesmos — acrescentou, batendo no bolso em seu peito em busca de seu maço de cigarros. Acendeu um sem perguntar se me importava e exalou a fumaça profundamente, como um sinal longo e forçado que alguém fizesse na presença de um médico.

Havia alguns amigos em sua casa, alertou-me.

— Estávamos jantando quando você ligou. Espero que tenham nos deixado alguma coisa.

— Lamento que tenha deixado a mesa por mim.

— Imagine. Fico feliz de poder ajudar. Não, eu disse apenas porque alguns ficarão durante a noite. Nem todo mundo gosta de dirigir durante noite, especialmente depois de uma bomba, e a gente terá de dar um jeito.

— Não se incomode. Posso dormir no chão.

Jeremy parou em frente da guarita blindada, em frente a seu condomínio.

— Não precisa dormir no chão. Há um quarto de hóspedes sobrando. Mas não sei se a cama é confortável, foi tudo o que eu quis dizer.

Inclinou-se para fora da janela e cumprimentou o guarda — um homem mais velho embrulhado em uma grossa capa e um xale apertado em torno da cabeça —, que abriu o portão. Ainda fazia muito frio, mas parara de nevar. Quando saí do carro meus pulmões encheram-se com o ar gelado cheirando a carvão, e por alguma razão senti-me extremamente segura. Foi apenas por um segundo, mas meu coração pulou com um súbito assomo de intensa felicidade.

As sobras do jantar foram deixadas na mesa, com os cinzeiros lotados de guimbas. Àquela hora os geradores haviam sido desligados, e a sala estava iluminada apenas por velas pingando na tampa de uma lata de tinta e um par de lamparinas de querosene. Havia quatro pessoas sentadas à mesa, lentamente consumindo uma garrafa de uísque.

— Esta é Maria, uma amiga minha que, surpresa, surpresa, ficou sem voo — disse Jeremy, que nesse meio-tempo já tirara as botas. Percebi que todos na sala estavam descalços, a não ser eu, que sujava o tapete com neve e lama.

Reconheci-os pela luz pálida das velas. Um dos dois sujeitos tinha um grosso cachecol feito à mão em torno do pescoço e um casaco de lã. O outro parecia juvenil, com óculos redondos, um *keffiyeh*, um velho paletó de tweed remendado nos punhos. As duas mulheres usavam *shalwar kameezes* debaixo de grossos suéteres de lã. Uma era corpulenta, de queixo quadrado, pulsos grossos e a pele rosada de uma camponesa. A outra era magérrima — usava o cabelo encaracolado preso sobre a cabeça como uma garota em um desenho de Egon Schiele e tinha mãos longas e nervosas. Jeremy fez rapidamente as apresentações. A garota forte e o homem de casaco, Ylva e Fabian, eram funcionários suecos da ONU. O homem com o *keffiyeh*, Reuben, era um jornalista espanhol e a loira, Florence, uma fotógrafa.

Olhei-a com mais atenção e percebi que já a tinha visto antes. Demorou alguns segundos para a ficha cair. Era a mulher francesa que eu e Imo encontráramos brevemente naquele dia com Roshana, aquela que tinha as fotos para a matéria de Imo. Ela me olhou — houve um vislumbre, mas nada disse. Talvez eu fosse um de muitos rostos que ela não conseguira memorizar, ou talvez apenas tenha decidido me ignorar.

A casa era pouco mobiliada. Havia grossos tapetes no chão, um sofá marrom com o revestimento puído, poucas peças de mobília feia, provavelmente herdadas com a casa, um pôster kitsch do general Massoud com a inscrição "Leão de Panjshir" na parede, estantes cheias de livros, uma coleção de CDs incrivelmente eclética. Havia barras nas janelas e cadeados para todo canto. Era uma casa triste — mais como uma caixa destinada a conter estrangeiros de passagem de que um lar para qualquer pessoa. Duvidei de que um dia tivesse acolhido uma família, com crianças crescendo — não tinha alma e não possuía memórias.

Jeremy fez para mim um prato com os restos. Espaguete frio com molho de tomate congelado.

— Quer que eu esquente para você?

— Não, por favor. Está bem assim, mesmo.

Olhei em torno enquanto os outros enchiam seus copos com o que restava do uísque e retomavam o rumo de suas conversas interrompidas, um rosário de histórias e rumores chocantes. Era a conversa local, como eu viera a perceber. Enquanto os ouvia recitar, fiquei mais uma vez chocada como poucos de nós estrangeiros — incluindo aqueles que viviam ali havia anos — pareciam realmente saber sobre o que acontecia de verdade no país. As fontes nunca eram citadas, as histórias pareciam mais adivinhações, ou ouvir dizer. A rodada de hipóteses devia ser um mantra repetido todo dia para manter o pior a distância — outra forma de exorcismo.

O intérprete de um colega que vivia em Herat tivera a garganta cortada em plena luz do dia como ato de retaliação. Parecia que insurgentes haviam aberto fogo contra um comboio inglês, na província de Helmand, que o amigo paquistanês que trabalhava para uma organização de ajuda às crianças, em Bamyan, recebera uma ameaça de morte, que o pessoal da ONU seria repatriado a qualquer momento. O incidente do dia não fora nada, apenas um aviso. O grande ataque aconteceria no dia seguinte.

Não havia no que diziam apreensão nem medo, apenas fadiga. Na verdade, agora que conseguia vê-los melhor, todos pareciam ter se tornado como suas roupas: amassadas, desbotadas de tanta lavagem. Haviam perdido forma e brilho. Talvez aquela descoloração progressiva ocorresse precisamente porque faltava-lhes a dose necessária de loucura e cinismo que tinham os homens do Hotel do Babur, com suas armas automáticas nos criados-mudos e os salários estratosféricos.

Olhei para Florence.

— Já nos encontramos antes, talvez não se lembre. Fui falar com Roshana com Imogen Glass, a jornalista inglesa.

Florence lançou-me um olhar inquisitivo. Seu suéter havia puído em torno dos pulsos, as mangas eram compridas demais e cobriam metade das mãos longas e finas. Ela parecia precisar de calorias e roupas mais quentes, mas era muito bonita, apesar de sua aparência algo trágica.

— Ah, sim, agora me lembro. Você é a fotógrafa, certo?

— Sim.

Não disse mais nada e começou a mexer na bolsa pendurada em sua cadeira, procurando cigarros. Eu mexia com alguns farelos de pão na mesa e podia sentir o olhar de Florence ainda rondando.

— Conseguiu fotografar a mulher que tentou cometer suicídio? — perguntou, com o que detectei ser um tom de apreensão ou suspeita.

— Não, claro que não.

Não ofereci qualquer explicação. Houve uma pausa. Ambas fingimos estar acompanhando a conversa na mesa. Meu desejo era ignorá-la pclo rcsto da noite. Mas engoli meu orgulho.

— É provável que minha colega entre em contato com você se precisar de fotos — acrescentei. — Roshana nos disse que você fez um grande trabalho em torno de Herat com as mulheres do hospital.

Ela aquiesceu, tragando o cigarro.

— Depende. Estou tentando fazer um livro com essas fotos. Não quero que sejam publicadas antes. Mas se me pagarem bem, dá para arranjar. Depende de que tipo de revista as deseja. Não vou vendê-las para qualquer um.

Apesar de meu tom amigável, estava na defesa.

— É o *Observer*. Acho que poderia valer a pena — eu disse, ainda tentando soar auspiciosa.

Florence deu de ombros e deu aquele tipo de suspiro de enfado que apenas os franceses ousam dar. A insuportável emissão de ar através de lábios comprimidos que às vezes faz o papel de irritação, às vezes de desprezo, ou simplesmente de tédio.

Não deixei que aquilo me atingisse, embora achasse difícil ser simpática com ela.

— Foi bom ver você de novo — disse, levantando-me da mesa —, mas agora vou dormir. Estou completamente exausta.

Dormi em uma cama monástica no segundo andar. Um *Código da Vinci* provavelmente deixado por outro hóspede em trânsito estava sobre a mesa do lado da cama, e um aquecedor a gás queimava a um canto.

Jeremy levara-me até lá, mostrara-me o banheiro e ensinara como evitar inundar o chão. Pareceu bastante bêbado quando disse "boa noite", e o vi oscilar um pouco na escada enquanto retornava para seus convidados.

* * *

Estrondos distantes me acordaram ao amanhecer.

Pulei da cama como um boneco de dentro de uma caixa e olhei pela janela, com o coração na garganta. O mundo parecia a parte de dentro de uma geladeira vazia, tudo branco, o céu opaco como leite. Ouvi os carros abrindo caminho pelo asfalto: os estrondos agourentos não eram bombas a distância, mas suspensões frágeis nos buracos.

Não havia ninguém na cozinha, mas alguém já a limpara. Pratos limpos pingavam de um secador na pia, a mesa fora limpa e os cinzeiros esvaziados. Coloquei água em uma panela e fiquei esperando ferver para esquentar o café.

O silêncio da cozinha era quebrado apenas pelo tique-taque de um velho despertador. Percebi que era a primeira vez que sentava sozinha e ficava quieta desde que deixara Milão. Era bom sentir a quietude. Estava precisando.

Enquanto o cheiro de café enchia a sala, algo insinuou-se lentamente sob meu esterno e gradualmente espalhou-se, inofensivamente, como tinta na água. Uma erupção de saudade e nostalgia que eu nem sabia ter em mim.

Fora há quase dez anos. Minha mãe estava no hospital nos primeiros dias de sua doença. Era de manhã. Meu irmão e eu procurávamos pelo médico em toda a enfermaria, desesperados para saber o que ele tinha a dizer. Finalmente, desabamos em silêncio no posto de enfermagem. Não havia mais nada que pudéssemos dizer um ao outro. Finalmente vimos o médico chegando, um homem surpreendentemente jovem com um rosto agradável. Por alguma razão, achei que poderia ser mais simpático e amigável que um médico mais velho. Mas, como soube, ele não tinha tempo para rodeios. "Vi os exames", disse, sem olhar para nenhum de nós. Foi muito rápido, afirmando que o que vira não deixara dúvidas. Leo e eu o encaramos enquanto pronunciava o nome da coisa que iria matar minha mãe. Era uma palavra difícil — nenhum de nós conseguiu retê-la para repeti-la depois a nosso pai. O médico disse que sentia muito, mas pude perceber que estava impaciente para se livrar de nós. Havia outros pacientes, outras famílias, outras más notícias a dar.

Mais tarde, naquela noite, dolorosamente cobri batentes e instalações com fita adesiva e repintei as paredes de minha cozinha de verde-pistache, possuída por uma determinação inabalável. Pintei durante toda a noite, fria, até sentir como se alguém tivesse enfiado uma faca entre minhas escápulas. Ao limpar os pincéis, com o céu começando a clarear, já planejava como iria pintar a sala e o quarto de uma cor diferente. Chequei o horário da loja de tintas, pensando em ir lá assim que abrisse. Parecia muito importante no momento terminar tudo direito.

Eu sei como é, aquele sentimento novo que aflora com a proximidade da dor. Uma necessidade de entorpecimento, de um anestésico pessoal. Quando vi minha mãe no hospital, de novo, no dia seguinte, algo havia mudado. Tive vergonha de admitir na hora, mas eu mudara, mesmo que apenas por uma fração.

Endurecera, quando deveria ter amolecido.

E agora a cena me vinha como vêm os sonhos, sem pedido, com chocante clareza.

Jeremy estava de pé na porta da cozinha me vendo chorar. Tocou meu ombro ao ir desligar a água do café.

— Aconteceu alguma coisa?

— Não, nada. Eu só... Não sei... — Limpei rapidamente meu nariz com a manga.

— Tudo bem. Açúcar?

— Não, obrigada. Seus amigos foram embora?

— Não todos. Alguns ainda estão dormindo.

Sentou-se, encarando-me. Havia apenas o som das colheres mexendo o café das xícaras. Eu funguei.

— Desculpe. É que...

— Não precisa se desculpar. Você não tem ideia de quantas pessoas vi caírem no choro nesta cozinha logo de manhã. Você ficaria surpresa de saber que acontece com os homens também, e como é muito mais difícil consolá-los.

— Aposto que sim.

— Supõe-se que pessoas normais desmoronem debaixo deste tipo de pressão. Acostumar-se é o primeiro sinal de insanidade.

— Engraçado você dizer isso. Lembro que me pareceu tão relaxado com tudo, com a questão da segurança, quando viemos aqui a primeira vez — falei, enxugando os olhos com um guardanapo de papel.

Jeremy riu.

— Há dias em que eu gosto de parecer mais macho do que sou.

Sorri e tomei um gole do café.

— Este é um bom expresso.

— Italiano. Gostaria de um chip cookie de chocolate? Reuben trouxe-me de Madri.

Abriu um pacote de biscoitos de chocolate e comeu um cuidadosamente, saboreando-o. Imaginei se Florence ainda estava lá. E em qual quarto.

Reuben — o jornalista espanhol com o *keffiyeh* — entrou tropeçando na cozinha com uma camiseta velha, descalço, e com um sarongue indiano amarrado na cintura. Limpou a garganta, cumprimentou-me com um sorriso amigável e começou a abrir e fechar os armários da cozinha.

— Aquele vinho tinto de ontem à noite. Puxa, cara... ou talvez tenha sido o uísque — disse, em seu inglês americano quase perfeito.

Jeremy levantou-se e tocou-o levemente no ombro.

— Ei, sente aí, deixe-me preparar mais um pouco de café.

Reuben sorriu.

— Obrigado. Vai fazer bem.

Observei-os se movimentando pela cozinha, com facilidade, como se os dois fossem igualmente familiarizados com o espaço. Detectei um ligeiro e quase imperceptível movimento de excitação na cozinha, como se um tipo diferente de energia tivesse sido gerada pelos seus corpos. Subitamente ocorreu-me que pudessem ser o casal da casa e que eu tivesse entendido tudo errado.

Depois de colocar a água do café de volta ao fogo, Jeremy olhou seu relógio.

— Tenho de me apressar. Hoje vai ser um dia louco de trabalho, por causa do atentado de ontem. Não acho que vá conseguir encontrar você e Mark para almoçar.

— Não se incomode. Foi só uma ideia.

Jeremy tirou um cartão da carteira e entregou-me.

— Aqui tem o número de Hanif. Você verá: fará você chegar em casa em um voo ou outro. A melhor coisa, em geral, é pegar um voo para Islamabad, os mais prováveis de partir. De qualquer forma, lá tudo é mais simples, como você sabe. Islamabad tem um aeroporto normal. Quer dizer, não é um hospício como o daqui. Informe se precisar de alguma ajuda. E você tem meu número.

— Obrigado. Você foi tão... — Não consegui pensar em um adjetivo bom o bastante. — Não sei o que eu teria feito sem...

— Sim, sim, tudo bem. — Fez um gesto com a mão para que eu parasse e sorriu. — Caso ainda não tenha conseguido embarcar, ligue-me no escritório. Esta noite, se não houver outra explosão como a de ontem, podemos sair para jantar, ou ver um DVD aqui. Se você quiser.

Quando liguei para Hanif ele pareceu realmente assustado, como se fosse sua culpa eu ainda estar em Cabul. Ficou repetindo que sentia muito, que nunca deveria ter me deixado sozinha, que deveria ter esperado até que o avião decolasse.

Mas eu estava tão contente de ouvir, finalmente, sua voz que fiquei rindo — senti-me como se tivesse me reunido fortuitamente com um irmão, havia muito perdido, depois de muitas aventuras — e assegurei-lhe que não importava, que não se preocupasse, não fora sua culpa. Tudo o que queria era que me ajudasse a embarcar em um voo, qualquer voo. Eu absolutamente tinha de partir aquela noite. Ele poderia me ajudar?

— Sim, sim, sem problemas. Chego aí assim que puder — falou, quase sem fôlego. — Há muito trânsito. Vai demorar um pouco porque estou do outro lado de Cabul.

Ao aparecer na casa de Jeremy duas horas depois — nesse meio-tempo lera famintamente uma edição de estilo da *New Yorker* de cabo a rabo que fora deixada no sofá, ao lado de minha bagagem —, Hanif pareceu mais descabelado do que eu jamais o vira. Até seu uniforme de inspetor Clouseau, usualmente impecável, estava amassado. Sorriu para mim com uma ternura comovente.

— Hoje tem alerta vermelho — anunciou como se fosse uma boa notícia, enquanto colocava minha bagagem no porta-malas.

— Como assim?

— Dizem que talvez o grande ataque seja hoje. Disseram na Al Jazeera também.

— Eu também ouvi. Você acha possível?

Hanif deu de ombros e chacoalhou as chaves do Ford, ansioso para ligar o carro e começar o dia. Aquele tipo de notícia tinha, obviamente, deixado de afetar os habitantes de Cabul. O rumor de outra explosão provavelmente soava como uma tempestade de neve anunciada na previsão do tempo.

— Quem sabe. De qualquer forma, o que podemos fazer?

A neve reduzira-se a uma lama marrom e suja e havia no ar um cheiro de querosene de todos os aquecedores da cidade, fumaça negra e buzinas.

Movimentávamo-nos lentamente, e Hanif falava ao celular.

Observava-o, impressionada como sempre com seu jeito despachado — e, a julgar pelo estado de sua roupa, tive uma sensação de que poderia ter dormido vestido. Seu cabelo também precisava ser lavado.

Acenou com a cabeça, agradeceu a alguém e fechou o telefone. Talvez, disse, um amigo em uma agência de viagens pudesse ajudar. Dirigimos por um tempo em silêncio.

— Como está sua esposa? — perguntei a ele.

A expressão de Hanif mudou, como se minha pergunta finalmente lhe tivesse dado permissão de falar no que estava realmente pensando.

— Não está bem. Tem febre alta.

— Onde? Ela ainda está no hospital?

— Sim.

Passou a mão pelo bigode.

— Sim. Há uma infecção. Ela está bastante doente.

— Mas o que é? Por que ela tem uma infecção?

— Não sei. Hoje outro médico irá vê-la.

— Quando liguei esta manhã você estava no hospital?

Fez que sim, como se fosse normal deixá-la lá para correr e buscar-me. E agora eu me sentia culpada de perguntar se ela estava mal, não ousava perguntar se havia risco de perder o bebê. Tudo que disse foi que sentia muito ter de incomodá-lo, que teria preferido deixá-lo em paz. Mas Hanif sorriu e jurou que não tinha problema, que era sua tarefa cuidar de minha segurança até o fim e que eu não devia me preocupar.

Nós dois sabíamos que aquilo não era verdade, mas ambos fingimos que era e nos arrastamos pelo trânsito.

Na agência de viagens, havia uma multidão de gente que esperava havia muito tempo em uma fila desordenada. Reconheci alguns passageiros de meu suposto voo da noite anterior. A mesma nuvem de pesado descontentamento os seguira e pairava agora sobre suas cabeças.

Um homem corpulento de cabelo cinzento e ar escandinavo de um instrutor de esqui (funcionário de grupo de ajuda? Diplomata? Médico?) ergueu os olhos de um livro de 500 páginas que trouxera com ele — alguma espécie de história narrativa, a julgar pelo título em dourado na capa — para ver Hanif furar a fila. Observou-o esquivar-se da multidão com despreocupação, apoiar-se no balcão e chamar um dos funcionários. Agora o homem encarava-me com aberta hostilidade para demonstrar que sabia perfeitamente bem que eu fizera meu quebrador de galhos furar a fila daquela forma, com flagrante desrespeito de precedência. Outros também perceberam, mas eram afegãos, e portanto acostumados aos atalhos que os ocidentais achavam que mereciam.

Pelo canto dos olhos, segui as negociações de Hanif, a face dúbia do funcionário ao ver meu bilhete da Turkish Airlines. O homem coçou o queixo. Hanif o interrogava repetidamente. O homem continuava examinando o bilhete, e depois a tela do computador, sem responder.

Hanif voltou e entregou-me o bilhete. Disse que o aeroporto ainda estava fechado e poderia reabrir no dia seguinte. Também informou-me que se quisesse sair no próximo voo, teriam de emitir um novo bilhete para Dubai com a PIA, e de lá para a Europa. Aparentemente, minha melhor chance era deixar o dinheiro com seu amigo atrás do balcão, e assim que os voos fosse reiniciados ele me reservaria um assento.

— Todas estas pessoas estão esperando pelo primeiro voo para sair de Cabul. Ele é meu amigo, e se você deixar o dinheiro ele pode fazer um favor e comprar o bilhete direto.

— Claro. Quanto é?

— Setecentos dólares.

Tirei meu cartão de crédito. Hanif coçou a cabeça, em dúvida.

— Não tem dinheiro? — perguntou.

— Não, não tenho. — Balancei meu cartão Visa. — Mas isto é como dinheiro.

Hanif mostrou o cartão a seu amigo atrás do balcão, mas ele balançou a cabeça.

— Só dinheiro — Hanif respondeu desapontado, como a se desculpar de o país ainda não ter entrado no mundo de dinheiro de plástico.

— Mas eu *tenho* de partir amanhã — insisti, com um tom novo e agressivo em minha voz.

Hanif aquiesceu e olhou gravemente as pontas de seus sapatos.

— O que podemos fazer? — perguntei.

Olhamos um para o outro. Ambos sabíamos que havia apenas uma solução para o problema.

Hanif colocou a mão no bolso.

— Posso emprestar-lhe o dinheiro — respondeu-me, apenas com a mínima hesitação. Tirou um rolo de dólares, seu pagamento de uma semana de trabalho. Era um bolo de notas de 50 dólares.

— Hanif, você não tem de fazer isso — disse, hesitante.

— Tenho. É o único jeito. Temos de pagar agora.

Eu também sabia. Ainda assim não conseguia acreditar na rápida certeza de sua oferta.

— Hanif, eu juro, eu lhe devolvo imediatamente. Dou minha palavra de honra. Eu mando o dinheiro por Jeremy. Na próxima semana, no máximo, você o terá de volta.

Sorriu polidamente.

— Com certeza. Sem problemas — garantiu, encaminhando-se para o balcão. Observei enquanto tirava o elástico do rolo de notas e, com o mesmo experimentado movimento do dedão, contou as 14 notas.

Não havia nada que pudéssemos fazer a não ser esperar. Assim que voltamos ao carro, sugeri que fôssemos ao hospital ver sua mulher. Estava cansada de ser apenas um incômodo.

— Vamos esperar o médico, e assim você poderá falar com ele — eu disse.

— Não, o hospital fica muito longe e, além disso, não é um lugar muito agradável. Levo-a ao escritório de Jeremy. É melhor.

— Não, por favor, não se preocupe comigo agora. Vamos ver como está sua mulher. Eu sento em algum canto e leio um livro. Olhe, tenho um aqui na minha bolsa.

Hanif olhou seu relógio. Sentou-se no banco do motorista e girou a chave na ignição. E sorriu, inquieto.

— Está bom, então. Vamos.

Cruzamos a cidade de novo, na direção oposta. O céu abaixara e pairava pesadamente sobre nós, como uma manta recheada de neve.

— Fale-me de sua esposa — pedi-lhe. — Conte-me sobre como vocês se conheceram.

Subitamente me dei conta de que começara a falar-lhe no mesmo tom com que Imo o faria, um cruzamento entre o terno e o condescendente. Também tive consciência de que estava começando a me sentir bastante confortável na vestimenta de Imo.

— Ela era a filha de um de meus vizinhos em Peshawar. Sua mãe é professora e o pai, impressor. São uma boa família, muito bem-educados. Viviam aqui em Cabul, mas fugiram para o Paquistão quando o Talibã chegou ao poder. Eu costumava sempre vê-la voltando da faculdade, sempre carregada de livros. Lia mesmo no riquixá.

Hanif fez uma pausa, olhando para a frente, esperando que o tráfego se desemaranhasse.

— Gostei daquilo.

— Do quê?

— Do fato de ela ler. Não queria uma mulher de um vilarejo. Queria alguém com quem pudesse conversar. Sobre qualquer coisa. Sobre o mundo.

— É claro. Com certeza. Isso é importante — encorajei.

— E daí?

— Depois que eu falei com seu pai, sobre o casamento, ela lhe disse: Tudo bem, mas só vou casar com a condição de que não me leve de volta para Cabul. Porque na época Cabul estava sob um estrito regime Talibã, e não queria viver em um lugar onde não pudesse trabalhar. Quando nos encontramos pela primeira vez ela me disse, se eu tiver uma filha, quero que ela seja educada. Eu prometi que assim seria. Nós voltamos para Cabul apenas quando o Talibã foi expulso. E veja agora Talvez tenhamos de fugir de novo. — Ele suspirou.

Pensei que talvez fosse uma boa ideia desviar a conversa de previsões políticas sombrias.

— Posso fazer uma pergunta pessoal?

— Claro.

— Por que você a escolheu, precisamente? Como você sabia que se entenderiam pelo resto de suas vidas?

Hanif deu uma pensada. Algo soltou-se, relaxou.

— Não sei, mas da primeira vez que a vi, senti algo aqui. — Colocou sua mão aberta sobre o peito e a agitou.

— Ah, sim, eu sei. Nós chamamos de *farfalle nello stomaco*.

— Como? — Hanif franziu a sobrancelha.

— Borboletas no estômago. Vê? — Fiz com a mão um movimento de bater de asas. — Elas mexem suas asas assim.

Hanif aquiesceu vigorosamente com a cabeça e riu.

— Ah, claro, borboletas. Isto mesmo. — E quando eu vi os olhos dela — acrescentou.

— Os olhos dela?

— Sim. Verdes, como os de um gato.

— Foi tudo o que foi preciso?

Ele fez que sim.

— Nós dizemos, quando um homem sente, um homem *sabe*.

Na entrada do Rabia Balkhi Hospital havia um sinal com um desenho do que parecia ser uma arma de brinquedo e o aviso: "Proibido portar armas."

Segui Hanif pelos corredores e rapidamente chegamos à maternidade, que cheirava a Lisol. Vozes e barulhos ribombavam com um eco estranho, como assustadores sons submarinos.

Vi uma mulher descalça enfiando o que pareciam ser lençóis dentro de tubos de alumínio. A água que espirrava no chão estava manchada de sangue.

Hanif fez um gesto para que me sentasse em um banco no corredor com outras mulheres.

— Sente-se, por favor. Eu já volto.

As cabeças das mulheres estavam cobertas e apenas algumas tinham casacos e sapatos fechados, naquela temperatura congelante. Em sua maior parte, vestiam chinelos de plástico sem meias e roupas de algodão fino. Com as crianças nos pescoços, seguravam garrafas térmicas e embrulhos de comida caseira que haviam trazido para seus parentes. Espremeram-se para me dar lugar, surpresas com minha presença. Da pele delas vinha um cheiro de temperos, fumaça de cozinha e suor, e senti os seus olhos me examinando, checando minhas roupas, minhas botas pesadas, minha cabeça descoberta. Senti que era tarde demais para colocar meu xale, mas desejei ter pensando naquilo antes. Tirei o livro de minha bolsa, para que pudessem me espiar em paz.

Sentia-as empurrarem-se suavemente para os dois lados, muito gradualmente retomando posse do espaço que haviam me cedido. Todas olhavam para mim, algumas apontando e sussurrando umas para as outras. Obviamente queriam que eu fizesse parte do grupo e ficaram desapontadas de me ver ler. Uma delas bateu em meu ombro e me ofereceu uma xícara de chá verde bem quente que retirara da garrafa térmica. Agora todas encaravam-me, encorajando-me a beber. Eu sorri e disse: *"Tashakor"*, obrigada. Elas balançaram as cabeças, algumas riram, cobrindo com as mãos os dentes escurecidos. Tomei alguns goles e devolvi a xícara, sinalizando que fora o suficiente. Isto pareceu fazê-las felizes.

Uma enfermeira mais velha de roupa branca abriu a porta de vidro para a enfermaria. Fez para nós um gesto com as mãos — finalmente chegara a hora das visitas — e as mulheres juntaram suas coisas, rearranjaram os bebês nos cobertores e agruparam-se com suas crianças, cestas e garrafas térmicas. Voltaram-se para me olhar, esperando que as seguisse, mas eu fiz um gesto como que dizendo que estava bem onde estava, e que não se preocupassem comigo. Esperaram alguns segundos e, vendo que eu mantinha minha cabeça balançando, afastaram-se, desiludidas, talvez, de perder tão rápido seu objeto de interesse.

— Há um problema grande agora.

Hanif afundou no banco a meu lado. Havia uma nova densidade. Coloquei imediatamente de lado meu livro.

— Minha mulher precisa de uma transfusão, mas eles não têm seu tipo de sangue neste hospital.

— Não?

— Não. Ela é RH negativo.

Hanif olhou seu relógio.

— O que podemos fazer? Por azar, não sou RH negativo, senão... — Eu queria ter uma ideia brilhante, sugerir algo que salvasse a situação, mas não consegui pensar no quê.

— Oh, não, por favor. Isso não é necessário, mas agradeço. Tenho de ir procurar em outro hospital porque eles não têm um banco de sangue aqui. O médico me disse que eu posso encontrar lá.

— OK, vamos, então.

Levantei, juntando minhas coisas.

Hanif hesitou um momento, coçando a cabeça.

— O que foi?

— Nada. Talvez seja melhor que eu vá. E talvez você possa... bem... talvez você possa ficar com minha mulher, caso algo aconteça... Sei lá, se houver uma emergência, você pode ao menos me chamar. Os homens não são admitidos nas enfermarias.

— Como assim, não são?

— Não. Em respeito às outras mulheres. Os homens podem ficar com elas apenas em situações críticas. Nos momentos finais, os médicos os deixam entrar. E eles podem entrar para recolher o corpo, claro.

Falou aquilo com um estranho distanciamento, como se fosse apenas outro hábito do país que estivesse explicando a uma estrangeira.

— Claro, sem problemas. Eu fico.

— A mãe e a irmã estão a caminho de ônibus de Peshawar. Minha irmã está no médico hoje e nossa vizinha virá mais tarde. Então, agora não há nenhuma mulher da família que possa ficar aqui. Eu vou e volto tão rápido quanto puder.

— Tudo bem, mesmo. Não se preocupe.

Liguei meu celular e o apontei para ele, simulando uma conexão entre nossos telefones. Hanif balançou a cabeça e sorriu.

— Tudo pronto. Se alguma coisa acontecer, a gente se fala — assegurei, levantando o telefone.

Sentada do lado de fora do quarto, olhando-a, revelou-se imperdoável o fato de nunca ter perguntado seu nome antes.

Hanif conduzira-me pelas escadas ao segundo andar, até outra enfermaria, onde sua esposa estava. Espiei através das cortinas de plástico que protegiam os quartos superlotados, vislumbrando mobília de aço enferrujado, azulejos quebrados nas paredes, corpos embrulhados em lençóis. Havia duas mulheres em uma cama, deitadas invertidas, cochilando.

— Esta é Leyla.

Tinha um quarto só para ela. Hanif a tinha apontado para mim do corredor. Parecia algum tipo de sala de emergência, cheia de equipamentos obsoletos.

Sentei-me em um banco no corredor, logo do lado de fora do quarto. A porta estava bem aberta e podia vê-la perfeitamente de onde estava. Ela tinha um dreno no braço com um líquido azulado fluindo. Atrás, pendurado na parede, havia um tanque de oxigênio descascado. Tive a impressão de que a maquinaria e o equipamento não funcionavam e estavam ali apenas juntando poeira. O quarto, como o resto do hospital, estava gelado.

Estava sentada havia quase uma hora quando meu celular tocou. O número de Imo apareceu no visor.

— Maria! Acabei de ler sua mensagem de texto! Inacreditável! Você não consegue sair no próximo voo? Falei com Pierre, que terá de ver as coisas por seu lado, diga-me se você...

— Não se preocupe, estou bem. De verdade.

Informei-lhe onde estava e falei sobre Leyla. Tentei soar calma e não afetada pelo que estava acontecendo.

— Querida, vou garantir que coloquem você naquele avião. Vão trazê-la de volta na classe executiva. Custe o que custar. Não se preocupe. Tomarei conta disso. Todos tomarão.

— Tudo bem, tudo bem. Não se preocupe. Eu estou bem, mesmo.

— Você é mesmo uma artista.

Eu ri.

— Na verdade, não sou não. Você devia ver este hospital. Estou sentada em frente a uma placa que diz "Unidade de Maternidade Laura Bush". Perto de Leyla há um tanque com água suja, a janela tem uma cortina esfarrapada, canos vazam no chão, é apavorante.

— Ótimo. Tire uma foto.

— Já tirei. Você tem aquela garrafa de vinho tinto e o resto todo?

— Sim — ela riu. — Um monte do resto todo.

— Muito bom, então — concluí. Não queria que gastasse uma fortuna com a chamada, ainda que sua conta telefônica devesse entrar como despesas.

— Espere. Não desligue. Adivinhe? Vou tentar vender um par de matérias sobre o Afeganistão para meu editor da revista do *Times*. Se gostarem da ideia da Roshan, pode ser que tenhamos de voltar logo logo.

Sorri. Apesar do fato de que tudo o que quisesse naquele momento era tomar um avião e voltar para casa, a ideia de que ela levara a sério trabalharmos juntas, em breve, alegrou-me.

— Maria, está me ouvindo?

— Sim, sim. Você estava falando da revista do *Times*.

— Vou vender esta pauta e a outra, sobre as licenças de ópio. Mais tarde, ainda hoje.

— Você ficou maluca.

— Eu não. Só maníaca. Você está nessa?

Fiz uma pausa. Ela falava sério.

— Sim, claro. Por que não?

— Maravilha. Só queria ter certeza de poder contar com você.

Foi bom ter ouvido sua voz de novo. Lembrou-me de como a atmosfera que Imo criava, fosse onde fosse, que sempre a cercava como um spray perfumado, tinha um tom mais leve e seguro do que o mundo em que eu habitava, especialmente naquele momento. Percebi que não queria terminar a ligação porque precisava de um pouco mais daquela preciosa fragrância.

A hora de visitas terminara, mas ninguém veio me dizer que saísse, e não saí do banco em frente à porta do quarto de Leyla. Fiquei esperando que Hanif voltasse do outro hospital e tentei voltar à leitura do livro. Mas era difícil concentrar-me na história, naquela voz, sentada lá, com o pensamento em Leyla deitada na cama, bem próxima a mim. Parecia bem mais fraca e doente do que eu esperava. Ninguém veio vê-la no tempo em que estive sentada. Não sabia se fora esquecida — e nem saberia a quem perguntar —, e assim levantei os olhos do livro e caminhei nas pontas dos pés até sua cama.

Inclinei-me para observá-la de perto.

Hanif não tinha exagerado ao dizer que ela era rara. Tinha uma pele muita branca e suave, quase translúcida. Sua boca era pálida e carnuda, com uma sombra de penugem sobre o lábio superior. Embaixo dos olhos fechados, dois crescentes escuros, quase púrpura, enfatizavam a palidez do rosto. Alguns cachos castanhos haviam escapado do lenço na cabeça e cobriam as maçãs de seu rosto e puxei-os delicadamente para o lado com a ponta do dedo. Ela não se mexeu. O corpo parecia muito pequeno, quase ossos, a não ser sua barriga redonda e cheia, grávida.

Esperava que abrisse os olhos para que eu os visse também, aqueles olhos de gato, verdes, descritos por Hanif. Também gostaria de que ela me visse, para que eu pudesse sorrir, apertar sua mão, dizer-lhe que estava tudo bem, que seu marido logo voltaria. Que tudo ia ficar bem com o bebê.

De início não soube bem por que fiz aquilo, mas tirei minha Leica digital da bolsa. Quando focalizei-a, dei-me conta da agressividade do gesto, em tal situação. Mesmo assim, não pude evitar — tinha aquela necessidade urgente, afinal sozinha, sem ninguém me impedindo, sem medo de ofendê-la, de vê-la de perto através de minhas lentes.

A pele estava agora perfeitamente em foco. Dava para ver os pequenos poros. O que vi não foi apenas sua compleição impecável, mas um rosto que perdia calor, cor, e tornava-se mais e mais remoto, sobrenatural, por conta do que a deixava. Leyla não parecia sofrer, nem mesmo dormindo. Parecia ter-se recolhido a algum recesso profundo, como se aquilo fosse meramente seu corpo deixado vago, suave e frio como uma linda estátua deitada em um leito de mármore. Subitamente senti uma nova determinação, como se aquela foto fosse a mais importante de todas, aquela pela qual arriscaria qualquer coisa. Não sei se percebi na hora, mas o que me impeliu a capturar sua imagem foi a sensação de que ela fugia. Eu queria recuperá-la de alguma forma.

Apertei o obturador. Ela não abriu os olhos. Apertei de novo. E de novo. Passei minha mão em seu ombro. Deixei-a repousar sobre sua pele. Estava fria e rígida, puxei os cobertores para agasalhá-la. Mas a sensação do frio manteve-se em meus dedos.

Saí para achar alguém, esperando conforto, alguém que me dissesse estar tudo sob controle, que não havia nada a temer. Enquanto andava pelos corredores desertos, ouvindo o choro de recém-nascidos de dentro de quartos, portas batendo, passos apressados, portas de armários metálicos rangendo, enquanto andava em direção àqueles sons em busca de alguém que pudesse me assegurar de que na verdade eu não tinha de me preocupar, fui assaltada por um pensamento terrível: quando segurava minha câmera tão próxima do rosto de Leyla, nem chequei para ver se ainda respirava.

* * *

Tudo se dilatava e esmaecia como em um sonho. Os corredores alongavam-se e pareciam infinitos, como aqueles dos pesadelos. Entrei nos quartos procurando uma enfermeira, uma assistente, e tudo que via eram mulheres dormindo, com a respiração pesada e cansada. Para mim todas pareciam abandonadas, como corpos empilhados um em cima do outro. Enquanto entrava e saía, entrava e saía, abrindo e fechando portas, percebia que a situação era mortalmente perigosa. Que desespero. Como eu podia ter ignorado a palidez, a temperatura do corpo de Leyla? Tudo me dizendo o que queria ignorar. A vida abandonava-a rapidamente. Não sabia qual a coisa certa a fazer: se era mais urgente procurar ajuda naquele labirinto congelado ou ficar perto dela. Pareceu-me subitamente terrível o fato de tê-la deixado sozinha. Pensei em Obelix. Como segurei sua mão até o fim. Não suportava tê-la abandonado.

Tentei ligar para Hanif, mas uma voz mecânica em dari me disse que estava fora de alcance. Mas mesmo que eu o tivesse encontrado, o que mais ele poderia fazer além do que já estava fazendo? Ao voltar apressadamente para o quarto de Leyla, cruzei com uma mulher descalça com um avental de plástico verde. Apontei para a porta de Leyla e gritei:

— Doutor! Doutor! — A mulher sacudiu a cabeça e afastou-se, mas eu não sabia se ela entendera que tinha de chamar alguém.

Ao entrar no quarto de novo, vi os olhos de Leyla. Um olhar que não posso esquecer.

Os olhos verdes estavam abertos, amplos e fixos, como se acabasse de acordar de um pesadelo. Corri para ela e tomei-lhe a mão na minha. Debrucei-me e vi suas pupilas dilatarem-se e encolherem. A pupila negra, cercada de pintas douradas navegando no verde-musgo da íris. Sim, eram os olhos de uma gata, mas agora estavam me encarando, alarmados, inquisitivos.

Onde estou? Quem é você? O que acontece? Estou morrendo?

Sua respiração mudara. Agora era fraca e estridente. Como se não conseguisse oxigênio suficiente dos pulmões.

— Tudo bem. Está tudo bem — sussurrei e acariciei as costas de sua mão. Estava fria como pedra.

— Hanif vem vindo. Está a caminho.

Escurecera quando Hanif chegou. Conseguira apenas um saco de sangue para a transfusão. Foi tudo que conseguira encontrar em toda a cidade.

— E apanhei seu bilhete — disse, como se fosse muito normal ter parado na agência. — Seu voo é amanhã, 9 horas da manhã.

O envelope da agência tinha meu nome escrito errado.

— Ah, Hanif. Obrigado, não deveria ter feito isto. Eu poderia buscá-lo mais tarde.

— Não foi nada. Estava no meu caminho.

Nesse meio-tempo chegaram uma prima e a vizinha. Eram mulheres ossudas com a mesma feição doentia de quem passa tempo demais dentro de casa. No começo, pareceram mais impressionadas com minha presença do que com a palidez e a rigidez de Leyla. Agora agitavam-se em torno da cama, ajeitando lençóis e travesseiros.

Hanif informava-as em dari. Elas balançavam a cabeça e ao mesmo tempo me examinavam, olhando de esguelha. Hanif falava rapidamente, com um tom mais autoritário do que me acostumara a ouvir. Depois, inclinou-se sobre Leyla e sussurrou-lhe alguma coisa.

— Sua respiração está... — A voz tensionou-se. Ele acariciou-lhe o rosto com as pontas dos dedos. Também parecia pálido, rígido de medo.

— Sim, eu sei — disse. — Temos de chamar alguém. Agora.

— Estão vindo. Deixei o sangue no andar de baixo e disseram que estavam se aprontando para...

— Não. Eles têm de vir *agora* — repeti incisivamente. — Diga-lhes que corram aqui depressa. Não podemos esperar nem mais um minuto.

Hanif encarou-me por um instante, limpou a garganta e olhou em torno.

— Você fica aqui, está bem? Caso aconteça alguma coisa.

Não terminou a sentença, tirou o telefone do bolso e olhou-me. Fizemos um gesto de cabeça, um para o outro, e ele se foi.

Fiquei sentada no banco do lado de fora do quarto pelo que me pareceu uma eternidade, a prima e a vizinha sentaram-se ao lado da cama de Leyla. Mantive os olhos fixos nelas, pronta para ler qualquer sinal de que algo de novo acontecia e checando constantemente a porta basculante no final do corredor. As duas mulheres haviam tirado comida de uma vasilha de plástico e comiam lentamente com os dedos, sentadas no chão de pernas cruzadas. Pareciam calmas, como se estivessem sentadas em sua própria cozinha. Por fim vi Hanif aparecer, sem fôlego, atrás de uma mulher alta e corpulenta com óculos de lentes grossas, uma verruga na bochecha e cabelos muito negros manchados por uma mecha branca. Presumi que devia ser a médica. Usava um jaleco branco manchado e falava alto com um par de enfermeiras que a seguiam.

Tudo agora acontecia muito rápido, em uma sucessão de ordens, pessoas se apressando, a médica erguendo a voz, as enfermeiras entrando e saindo do quarto. O que antes estava calmo e parado transformou-se subitamente em um caos. Um redemoinho de gente, apreensão, adrenalina. Mesmo que não entendesse o que diziam, senti que havíamos entrado em outro território. Vi Leyla sendo levada em uma maca. Tive um vislumbre de seu rosto, os olhos ainda fechados, os cílios tão pesados que pareciam costurados. Estava sendo empurrada com tanta pressa que sua cabeça batia de um lado para o outro, como se seu pescoço estivesse quebrado. E foi a última vez que a vi.

A médica falou rapidamente com Hanif, em tom de urgência. Ele a olhou com uma expressão de súplica e, logo antes de ela sair, colocou sua mão sobre o coração e murmurou:

— *Tashakor, tashakor...*

Olhou para mim com os olhos brilhando e sussurrou alguma coisa. Não entendi o que disse e pedi que repetisse.

— Vão fazer uma cesárea. Tentarão salvar o bebê.

Mas não consegui entender se aquilo queria dizer que ainda era possível salvar Leyla.

Encontrei-me mais uma vez sozinha no corredor largo e vazio. Os sons do hospital reverberavam, cavernosos e obscuros. Fiquei na janela por uns minutos, olhando os flocos de neve que começavam a cair no pátio deserto. Só agora me tornara consciente do frio entrando pelos ossos.

Liguei para Jeremy:

— Sim, eu sei. O Rabia Balkhi Hospital. Chego aí em 45 minutos.

Deviam ser quase 2 horas da manhã.

Tínhamos bebido juntos uma garrafa de vinho com pedaços de rolha e agora bebíamos vodca em pequenas xícaras de café. Os restos de uma omelete encontravam-se sobre a mesa próximos de um cinzeiro transbordando. Viéramos do hospital horas antes, mas Jeremy não conseguira falar com Hanif pelo celular até as 23h30.

Não houve nada que pudessem fazer, lamentou. O sangue não era suficiente para uma transfusão, e havia outras complicações. Mas o bebê sobrevivera. Uma menina.

— É pequena, mas os médicos disseram que ficará bem — Hanif falara.

Fiz um gesto para que Jeremy me passasse o telefone, mas assim que ouvi a voz de Hanif, soube que não conseguiria prosseguir.

— Hanif... Hanif... — murmurei ao telefone. — Sinto muito.

— Obrigado, obrigado. Você é muito gentil. Sou grato por tudo que você fez. Obrigado, Maria.

Sua voz trincou ligeiramente. Como vidro.

— Não, sou eu que devia estar... Hanif, de verdade, qualquer coisa que você... Eu sinto muito mesmo... Só queria que você soubesse que se precisar...

Gaguejei, incapaz de dar aquele passo extra e ir além da natureza de nossa relação. Acabei fungando, enquanto Hanif permanecia polidamente silencioso do outro lado da linha.

Aquele homem que era tão gentil, tão composto, tão reservado em sua dor.

— Por favor, desculpe-me por amanhã cedo...

— Por quê? — perguntei.

— Porque infelizmente não poderei levá-la ao aeroporto. De manhã eu tenho que...

— Por favor, Hanif. Nem pense nisso. É você quem tem de me perdoar. Por causa de mim e de Imo você não pôde passar estes últimos dias com Leyla. Eu fui... e Imo também... nós fomos tão... — Subitamente, lembrei-me da imagem absorta de Hanif dirigindo, o modo como lutava constantemente para conseguir um sinal em seu telefone, gesticulando e falando ao vento, subindo e descendo qualquer colina.

— Oh, meu Deus, eu sinto muito, sinto muito mesmo.

Mas cada palavra que me vinha à mente parecia inadequada e pequena demais.

Deixava Cabul graças a um bilhete pago com metade do salário de Hanif, uma soma que aceitara sem hesitação. Sentira, não mais que algumas horas antes, que tivera todo o direito de agir assim. No momento, não me parecera possível que alguém pudesse estar em mais perigo do que eu. Se é verdade que ficamos mais dignificados em face da morte, temi não me sentir nada dignificada no caso daquela morte.

Jeremy fumava, olhando o fundo do cinzeiro enquanto remexia as guimbas com a ponta de seu enésimo cigarro. Migalhas de pão se agarravam à lã de seu suéter. Ele as sacudiu com as costas da mão.

— Eu não a conheci, nunca a vi. — Cuspiu uma lasca de tabaco presa em seu lábio. — Você conhece alguém há tanto tempo, faz tantas coisas juntos, ele até salva sua vida e então... então você se dá conta de que nunca esteve em sua casa, nem conhece a cara de sua mulher. É deprimente.

Perguntei se iria ao funeral. Sacudiu os ombros.

— Não sei. Acho que não.

— Por quê? Iria significar muito para ele, tenho certeza.

Jeremy suspirou.

— É diferente aqui. É uma cerimônia mais fechada. Para não muçulmanos, quer dizer. Mas sei lá. Vou ver.

Ficamos sentados em silêncio, tentando lidar com nosso constrangimento e a sensação de inadequação que nos seguiram desde o hospital até em casa. Não falamos do assunto, mas ambos partilhávamos a consciência de que nós — nós, os estrangeiros — não sabíamos o que fazer de nós mesmos em um momento como aquele. Quando tudo que era necessário era ser capaz de estar perto. De Hanif. Um do outro.

— Nem uma vez, nestes dez dias, ele disse alguma coisa que sugerisse... — comecei a falar. Sentia-me culpada, envergonhada. Tinha de justificar minha falta de cuidado. — Quer dizer, não acho que tivesse qualquer ideia de que era sério, ou ele teria...

— É claro que ele não sabia — interrompeu Jeremy. Sua voz tinha um tom amargo. — Mas precisava trabalhar, precisava do dinheiro. Não podia se dar ao luxo de ficar ao lado dela monitorando a situação de perto. E é por isso que ele está se odiando.

Houve uma pausa. Senti-me enjoada.

— Peguei emprestado metade do dinheiro dele para pagar meu bilhete — confessei.

Jeremy olhou-me, incrédulo. Enterrou o rosto nas mãos. Eu me apressei a me defender:

— Isto foi quando eu não tinha a menor ideia do que iria acontecer. Eu juro que...

— Quanto?

— Setecentos dólares.

Jeremy encarou-me e deu de ombros.

— Merda.

— Eu disse que você poderia adiantar o dinheiro a ele, que eu pagaria a você de volta e...

— É claro que eu adiantarei.

— Se você pudesse fazer isso amanhã. Pensei que ele agora fosse precisar para... — fiz uma pausa — ...para o funeral.

— Claro, sem problemas.

— É muito importante.

— Eu sei, eu sei. Não se preocupe. Não vou esquecer. — Jeremy colocou mais vodca em sua xícara e a tomou de um gole só. — Se a mulher de Hanif não conseguiu se salvar em um hospital no centro de Cabul, imagine as outras mulheres no resto do país. No inverno, todas as estradas ficam bloqueadas pela neve. Se houver uma emergência, não passa nada, nem helicópteros, caminhões, nada. Uma em cada sete mulheres afegãs morre em trabalho de parto, sabia? É horrível.

Exalou o resto da fumaça e esmagou a guimba no cinzeiro, junto com as outras.

Pensei em como Imo e eu estivéramos principalmente concentradas em levar nosso trabalho para casa e sair de lá o mais rápido possível e inteiras.

— O que me mata é que estávamos ocupadas demais fazendo uma matéria sobre violência contra a mulher para prestar atenção ao fato de que uma delas estava morrendo no parto. Se não fosse uma vergonha, diria que é irônico.

— As duas coisas. — Jeremy roía as unhas, olhando para a parede com os olhos saindo de foco. — E essa é exatamente a questão. Como jornalista ocidental tenho que decidir a cada dia qual parcela de sofrimento dessas pessoas será meu tema do dia e qual terei de ignorar, para que ela não fique no caminho.

Balancei a cabeça e permanecemos em silêncio.

Jeremy levantou-se e colocou um CD. Agora as notas começavam a percorrer a sala, expandindo-se lentamente, espalhando-se como uma névoa que baixava entre nós. Jeremy esticou-se no sofá e estendeu a mão para mim.

— Venha. Tire essas botas.

Deslizei para o lado dele e apoiei minha cabeça em seu ombro. Seu braço me apertou levemente, com uma pressão delicada. Ajustei-me para encontrar minha posição. Ouvia sua respiração e a música.

— O que é isso?

— Um cara do Kentucky. Não lembro o nome.

— Onde está Reuben? — perguntei, depois de um silêncio.

— Está deitado. Terá de acordar muito cedo amanhã.

Então estava certa. Eu sabia que nada iria acontecer entre nós, e aquilo me fez sentir melhor. Precisávamos apenas gerar algum calor para contrabalançar o frio no lugar que fora deixado vazio. Fechei os olhos.

— Levo você ao aeroporto amanhã.

— Obrigada.

A ponta de meu nariz esfregou em seu pescoço. Tive uma ligeira percepção do seu cheiro: era seco, salino, como uma concha encontrada na areia.

— Está com frio?

— Não, estou bem.

— Então vamos ficar aqui.

De tão próxima, conseguia distinguir seus cílios, estranhamente longos para um homem, os pelos curtos de sua barba amarelada que começava e crescer em seu queixo, todo o magnífico panorama de seus traços. Havia muito tempo não sentia a respiração regular de um homem tão próxima, seu hálito quente em meu rosto.

Dormimos assim, sem falar. Em algum momento durante a noite senti Jeremy sair do sofá. Voltou com um edredom e colocou-o suavemente sobre mim. Teve o cuidado de não me acordar e deitou-se a meu lado de novo. Acomodei-me no mesmo oco de seu ombro, fingindo ser um movimento automático, feito na inconsciência do sono, pelo puro prazer de me sentir acolhida de novo, como se fôssemos um casal habituado a dormir daquele jeito toda noite e aquela fosse nossa posição costumeira.

Levantei-me antes do amanhecer, deixando Jeremy dormindo profundamente no sofá.

Andei pela sala e entrei em seu pequeno estúdio. Estava atolado de jornais, livros e grossas pastas. Sentei-me em sua mesa e rapidamente chequei meus e-mails em seu laptop. Esperava encontrar uma mensagem de meu pai ou de Leo. Precisava ouvir a voz deles, saber que estavam me esperando. Em vez disso, achei um e-mail de Pierre.

"Maria, Imo está entusiasmada com você, a editora está muito excitada e quer usar a matéria como capa. O problema é que, de acordo com Imo, você não conseguiu tirar o retrato da mulher que tentou o suicídio, que é o que vamos precisar para a capa. Imo mencionou que você passou o dia no hospital em Cabul por causa de um problema com a mulher de seu auxiliar, por isso escrevo com pressa, esperando alcançá-la antes da partida. Por favor, tente tirar aquela foto. Precisamos de uma imagem forte de uma mulher linda e sofrendo. A esta altura, não importa se veremos as queimaduras ou não. Mas tente, está bem? Seria uma vergonha se tivéssemos de comprar a foto de outra pessoa. Não esqueça que você conseguiu a foto da Barbie por acaso!"

Não respondi. Não conseguiria explicar.

Fiz um café. Ainda estava escuro lá fora. Sentei-me e esperei o sol aparecer por trás da montanha.

O céu clareara. Minha cabeça ainda doía da vodca, mas sarava lentamente. O amargor, o desespero que sentira na noite anterior falando com Jeremy, sumira como vapor se dissolvendo na primeira luz da manhã. A luz ia ser de novo tão bela.

Foi então que, ao ver o primeiro raio piscar atrás da silhueta da montanha, soube que ia sentir falta de tudo daquele lugar. Tinha me apaixonado de novo e nem sabia.

Ouvi o primeiro carro aos solavancos nos buracos, a voz de um homem cantando a distância. Logo as ruas de Cabul estariam de novo cheias de homens envoltos em seus *pattus* de camelo, e as barracas do mercado carregadas de maçãs e romãs brilhantes.

Era outro dia, e todos naquela cidade precisavam de uma outra dose de esperança para seguir em frente.

Eu tocara a pele fria de Leyla, seu corpo frágil. Segurara sua mão, murmurara em seus ouvidos. Fora a última pessoa que ela viu quando abriu os olhos por um momento. Agora, eu deixava Cabul com um coração diferente. Pulara do trampolim e flutuara de volta à superfície. E o que agora via da janela parecia lindo — de partir o coração, mesmo —, mas nada do que via parecia mais distante ou alheio. Uma pequena parte de mim pertencia àquilo agora. De alguma forma estranha, eu sentia que mudara.

Sim, eu estava amando de novo.

E não estava fugindo. Estava apenas indo embora.

O AVIÃO NA TELA refaz, agora, a rota de volta da Ásia para a Europa. De meu assento sigo o ícone no mapa: vejo Dushanbe,

Samarcanda, Tashkent, Baku, Teerã, e depois Budapeste e Baden. Há uma sensação de conforto no retorno, e não consigo explicar por quê.

Lembro-me de algumas imagens, fragmentos aleatórios.

A maneira como as mulheres encontradas no vilarejo abriam suas mãos, com as palmas para cima, passando-as por seus rostos para limpar lágrimas ou suor, em um gesto que era ao mesmo tempo brutal e gracioso. E como Malik, ao falar, oferecia suas palavras, uma a uma, e de vez em quando fazia um gesto particular, juntando o dedão e o indicador e os abrindo de novo, como se quisesse que recebêssemos aquelas palavras em particular, uma por uma, separadas do resto.

Como se as estivesse colocando, suavemente, na superfície da água. Deixe que o rio as leve, como uma oferenda.

O céu clareia enquanto sobrevoo o Hindu Kuch. Imo deve estar acordando ao lado do homem com quem fez amor na noite anterior. Jeremy lava minha xícara de café na cozinha, tirando com sabão o anel escuro que deixei na mesa de fórmica. Zuleya provavelmente está de volta ao vilarejo do hospital e sopra o fogo enquanto a água esquenta para o chá e o pão assa no forno de barro. E Hanif.

Hanif prepara-se para enterrar sua mulher.

Não sei o que é que mantém todas estas imagens juntas, mas há algo que liga umas às outras como contas de vidro em um colar. E por um instante nenhuma mais parece distante ou separada da outra.

Não sei como explicar isto — como traduzir o pensamento —, mas sinto a excitação, e uma esperança súbita. E o sinto com a minha mão.

A sensação é de que é redonda, com sua superfície lisa e suave, como uma pérola brilhante que eu viro e reviro entre as pontas de meus dedos.

De: Hanif Massoudi mailto:h.massoudi@yahoo.com
Para: Maria Galante mailto:mgalante@fastwebnet.it
Assunto: Saudações

Cara Maria,

Estou feliz por você ter feito uma boa viagem e se reunido à sua família. Espero que a saúde de seu pai esteja boa e que você esteja bem.

Agradeço a Deus por ainda estar vivo (nós agradecemos por isto todo dia aqui em Cabul!) e por, como você sabe, Deus Todo-Poderoso ter me presenteado com uma filha que a cada dia fica mais bonita. Obrigado por mandar os setecentos dólares por Jeremy, sou muito grato a você. E particularmente quero agradecer pela foto que me mandou. É um retrato verdadeiramente lindo e faz justiça a minha mulher e como me lembro dela e sempre a terei em meu coração. O retrato está em uma moldura perto de minha cama, e é a primeira coisa que olho toda manhã quando acordo. Assim, um dia a pequena Leyla vai saber como a mãe dela era bonita. Por isso sempre seremos gratos a você, Maria, e à sua gentileza.

Se precisar de alguma coisa, me diga. Sempre ficarei feliz em ajudá-la.

Que a paz e as bênçãos de Deus recaiam sobre você.

Hanif

Agradecimentos

Sou profundamente grata a meu editor, Robin Desser, e a meu agente, Toby Eady.

Quero agradecer a Angus McQueen, Joe Oppenheimer e Mark Brickman, sem os quais este livro não teria sido escrito.

Gostaria também de agradecer a Susan Adler e Filippo di Robilant.

E obrigada de coração a Hanif Sherzad.

Este livro foi composto na tipologia Classical Garamond BT,
em corpo 11/15,7, impresso em papel off-white 80g/m²,
no Sistema Cameron da Divisão Gráfica
da Distribuidora Record.